U0943969

广西北部湾发展研究院资助课题成果

# 北部湾经济区未来发展驱动因素研究

高剑平　王　皓　刘战雄　周玉玲　吴易安　著

中国社会科学出版社

**图书在版编目（CIP）数据**

北部湾经济区未来发展驱动因素研究/高剑平等著. —北京：中国社会科学出版社，2015. 12

ISBN 978 - 7 - 5161 - 7087 - 8

Ⅰ. ①北… Ⅱ. ①高… Ⅲ. ①北部湾—经济区—区域经济发展—研究 Ⅳ. ①F127. 67

中国版本图书馆 CIP 数据核字(2015)第 274578 号

---

**出 版 人** 赵剑英
**责任编辑** 王 曦
**责任校对** 周晓东
**责任印制** 戴 宽

---

**出 版** 中国社会科学出版社
**社 址** 北京鼓楼西大街甲 158 号
**邮 编** 100720
**网 址** http：//www. csspw. cn
**发 行 部** 010 - 84083685
**门 市 部** 010 - 84029450
**经 销** 新华书店及其他书店

---

**印刷装订** 三河市君旺印务有限公司
**版 次** 2015 年 12 月第 1 版
**印 次** 2015 年 12 月第 1 次印刷

---

**开 本** 710 × 1000 1/16
**印 张** 17. 25
**插 页** 2
**字 数** 305 千字
**定 价** 68. 00 元

---

凡购买中国社会科学出版社图书，如有质量问题请与本社营销中心联系调换
**电话：010 - 84083683**

# 本书作者简介

**高剑平**，湖南祁东人，哲学博士，经济学博士后，现任广西民族大学教授，兼任广西自然辩证法研究会秘书长，中国自然辩证法研究会科技文化专业委员会副秘书长，中国自然辩证法研究会理事，中国自然辩证法研究会技术哲学专业委员会常务理事，中国自然辩证法研究会科学方法论专业委员会理事。从事区域经济、科学技术哲学、马克思主义理论等方面的研究。迄今为止获得广西壮族自治区及国家民委等省部级社会科学优秀成果奖8项，其中二等奖2项，三等奖6项。出版著作3部。主持完成国家社科基金西部项目1项，教育部规划基金1项，广西北部湾发展研究院重大招标课题1项，其他省部级课题6项。在《马克思主义与现实》、《自然辩证法通讯》、《自然辩证法研究》、《科学学研究》等一级期刊和CSSCI来源期刊发表论文40余篇，多篇论文被《新华文摘》、《中国社会科学文摘》摘编，以及被中国人民大学复印资料中心全文转载。

**王皓**（1988—），男，湖北宜昌人，东南大学人文学院哲学与科学系科学技术哲学专业2014级博士研究生，研究方向为技术哲学、技术人类学、科学技术与社会等。在《中国科技史杂志》、《东北大学学报》等核心期刊发表论文多篇。

**刘战雄**（1985—），男，河北邢台人，2013级东南大学人文学院哲学与科学系科学技术哲学专业、荷兰代尔夫特理工大学技术、政策与管理学院价值、技术与创新系专业联合培养博士生。研究方向为技术哲学、创新哲学、负责任创新、产业哲学、科学技术与社会等。在《自然辩证法研究》、《科技经济进步与对策》、《企业导报》、《投资与合作》等期刊发表论文多篇。

**周玉玲**（1976—），女，广西陆川人，外国语言文学及应用语言学专业研究生学历，文学学士学位，现为广西卫生职业技术学院讲师。主要论文有《CBI大学英语教学模式的基本构架——基于“通”与“专”、“语言驱动”与“内容驱动”》、《语用前提的不对称与翻译补偿策略》、《英语测试形式的选择——基于信度与效度的权重取向》等。

**吴易安**（1973—），女，湖南南县人，现任广西民族大学监察室副主任、纪委办公室主任，研究方向为高校纪检监察、思想政治工作等。主持广西教育科学“十二五”规划2014年反腐倡廉研究专项课题1项［“高校纪律检查体制机制改革和创新研究”（批号：2014ZJ036）］，发表论文多篇。独著《高校反腐倡廉制度创新新探》一文获第一届漓江廉政论坛暨“中国监察学会中南学联组理论研讨会”论文二等奖，独著《浅论新形势下如何推进高校纪检监察工作创新——以广西高校为例》一文，获2012年度广西壮族自治区纪检监察系统优秀论文二等奖。

# 目　　录

# 第一章　绪论

放眼全球，为了提高经济效益和推动社会向前发展，任何国家和地区都会千方百计地提升其生产力与产品的竞争力，于是各种各样的努力便汇成了当今蔚为大观的两大基本趋势：全球一体化和区域一体化。其目的是获取规模利益和比较利益，其手段则是生产要素的流动，乃至迫使其流动的速度越来越快，这就是资本时代发展经济的方式与传统发展经济方式的根本区别。

为取得竞争优势，地理相邻的区域内不同国家之间、不同地区之间，在地缘接近的地区和国家之间，其经济政策沿着两个方向演化：一是相互补充，二是互为一体。其具体的政策工具则是协调区域内各个国家之间、各个地区之间总的经济政策，消除相互之间的贸易或非贸易壁垒，以国家间的条约、谅解备忘录、协定等方式扩展生产和贸易空间，使要素在区域内快速流动，充分发掘生产力，从而使得区域内所有成员共同繁荣。这就是所谓的“双赢”或者共赢的经济理论基础，这已然成为当今经济发展的一大潮流。①

而在一个国家之内，同样为取得竞争优势，地理相邻的不同省份和区域，或一省之内的特殊地理区域，纷纷成立经济区以获取比较利益和规模利益，其要素流动、生产组织、贸易日益一体化和市场化，从而持续推动区域协调与经济的发展与繁荣。广西北部湾经济区就是在这种背景下建立的。

---

① 高剑平：《生产力互利合作与北部湾次区域经济发展——马克思资本扩张理论视角》，《学术论坛》2009 年第 9 期。

## 第一节　研究背景

1978 年 12 月召开的党的十一届三中全会，开启了中国特色社会主义发展道路的新探索。改革开放国策的推行，使我国与世界的联系日益紧密。进入 1990 年，特别是 2000 年以来，积极参与全球和区域经济合作，成为我国重要的战略取向。

由于边境、中越战争等种种原因，20 世纪 90 年代以前的广西与经济高速发展擦肩而过。步入新世纪，广西不想再一次错过经济与社会发展的良机。2006 年 3 月，广西成立“广西北部湾经济区”（以下简称北部湾经济区），由南宁、北海、钦州、防城港四个地级行政市组成，陆上国土总面积约为 4.25 万平方千米，总人口约为 1300 万人。

就广西来讲，成立经济区的目的非常明确：以经济区的高速发展带动广西的发展。而从国家战略的层面来考量，北部湾经济区还有一个使命：带动云贵川等腹地的经济发展。

2008 年 1 月，经过广西多年的努力，同时也是当时国内区域经济发展的形势使然，《广西北部湾经济区发展规划》（以下简称《规划》）被国务院批准实施，于是《规划》上升为国家战略。北部湾经济区将建设成为中国经济发展的新一极。2012 年 10 月闭幕的党的十八大提出到 2020 年全面建成小康社会宏伟目标。具体到广西北部湾经济区，要实现如此宏伟的蓝图，有一个自始至终都无法回避的问题：驱使北部湾经济区持续发展的内部动力和外部动力究竟在哪里？因此，详尽而系统地研究北部湾经济区未来发展的驱动因素，便成为时下有关北部湾经济区研究的学术关切点。

我国的改革开放是以一种独特的节奏进行的。换句话说，以邓小平、陈云为核心的我国第二代领导集体在把握和引领我国改革开放的国策时，是有着其独特的时间和空间节奏的。这其中有继承第一代中国领导人毛泽东智慧的因素。毛泽东的军事思想里有集中优势兵力打歼灭战，先打弱敌，后打强敌；先清扫外围，后歼灭堡垒等军事智慧。改革开放刚开始时，首先是在深圳、珠海建立经济特区，实行优先发展的政策安排。20

世纪 80 年代，以深圳、珠海为经济“火车头”，推动珠三角地区经济与社会发展，获得了举世瞩目的成就，珠三角经济圈随之形成，粤港澳连为一体。20 世纪 90 年代则对上海实行倾斜政策，尤其是上海浦东新区的开放开发，上海迅速崛起，以上海为龙头，以南京和杭州为支撑的长三角经济圈随之形成，并拉动整个长江沿岸的腹地，如此到 20 世纪末，我国的“两角”经济格局——即“珠三角”和“长三角”经济格局开始形成。①

随后在我国沿海地区自南至北建立了 14 个经济特区，并以此为契机，以点带面，推动沿海地区的改革开放与经济发展。

2000 年以后，我国则先后对“两湾”和“两岸”实行优惠的政策安排。“两湾”即是我国华北的“环渤海湾”和华南的“北部湾”。“环渤海湾经济圈”以“天津滨海新区”为抓手，带动京津冀鲁沿海地区以及辽宁东南沿海地区的经济发展。“环北部湾经济圈”将以“北部湾经济区”为抓手，带动广东西南地区、整个海南、整个广西，乃至带动贵州省、云南省、四川省等地的经济与社会发展。②

深刻而细致地考察一下，进入 21 世纪，我国沿海经济发展呈现出两个崭新的政策引导特征：一是由 20 世纪 80—90 年代的以“引进来”政策为主，到 21 世纪的“引进来”与“走出去”并重的政策转变。③ 二是从 20 世纪 90 年代中期到加入 WTO 以后所开始的由我国单方面的对外开放到参与或推进区域经济一体化的政策转变。④

先说第一个转变。

从要素的层面来说，20 世纪 80—90 年代，无论是我国的资金积累，还是我国的技术储备、人才的培养抑或是管理的经验等都是相对不足的，有些甚至是极为欠缺的。因而这一时期，我国的对外开放是以引进资金、引进技术、引进人才、引进项目为主。一时间，“招商引资”在大江南北、长城内外遍地开花。中国人对资本、技术和管理经验的渴望，吸引了全球的资本纷纷到中国安家落户。客观上起到激活我国生产要素的作用，

---

① 高剑平：《生产力互利合作与北部湾次区域经济发展——马克思资本扩张理论视角》，《学术论坛》2009 年第 9 期。

② 同上。

③ 同上。

④ 同上。

尤其是激活了我国庞大的人力资源，加入到制造产业创造财富的历史进程之中。不能不说，这一时期的政策是极为成功的，全盘引进外资的政策取得了巨大的成功。

20 世纪 90 年代中期以后，由于有了十五六年的改革开放的基础，我国的经济总量已经有了很大的跃迁，一些产业领域和部门也积累了相当可观的资本，锻炼并培养了大量的人才，其管理经验也在改革开放之中得到快速的积累，于是我国渐渐开始了“走出去”的政策引导。北部湾经济区就是在这种宏观经济的形势下成立的。北部湾经济区的建设进程，直接关涉“走出去”战略的成效与否。直接关涉中国—东盟自由贸易区建设进程的快慢。广西北部湾经济区不仅在其中担当示范和服务后方的作用，而且扮演着极为重要的角色。

2003 年 10 月 11 日至 14 日，党的十六届三中全会在北京召开，此次会议提出了“五个统筹”的战略方针：统筹城乡发展、统筹区域发展、统筹经济社会发展、统筹人与自然和谐发展、统筹国内发展和对外开放。①

因此，北部湾经济区的适时成立，不仅仅肩负着为广西摸索出一整套经济与社会发展的重大使命，而且肩负着“五个统筹”的重大历史责任。北部湾经济区不仅要为广西“走出去”找到准确的定位和合适的空间，而且必须配合国家“走出去”的战略；既要为云贵川等经济腹地各种产品寻找市场，又要为沿海及内地的各种资本寻找增值扩张的空间，进而不仅推动广西的经济社会向前发展，更为重要的是，北部湾经济区还肩负着拉动广大的经济腹地一同步入经济发展快车道的历史重任。

再说第二个转变。

即是从 20 世纪 90 年代中期到加入 WTO 以后所开始的由我国单方面的对外开放到参与或推进区域经济一体化的政策导向转变。

回顾我国对外开放的历史进程，总体上来看有三个阶段。

20 世纪 80—90 年代中期是我国的改革开放之初，可以看作是第一阶段。此一阶段是以引进来为主，引进所有可为我用的资金、技术、项目等，目的是引进资本并广泛学习全世界的先进技术和管理经验，做大经济

① 中国共产党第十六届三中全会《关于完善社会主义市场经济体制若干问题的决定》。

盘子，扩展贸易总量。

20 世纪 90 年代中期至 2001 年 11 月加入 WTO，可以看作是我国改革开放的第二阶段。第二阶段除了继续第一阶段之引进国外资金、技术、项目等工作外，还加强了有关领域的对外开放。由于调整了国内生产关系，特别是党的十四大确立了“社会主义市场经济体制”，我国各个层次的生产力积极性都得到最为广泛的调动，我国的制造行业和对外贸易都得到了空前的繁荣。在第二阶段里，我国吸引外资总量全球最多。这些吸引进来的资本，进入到我国经济的各个层面，重新塑造并壮大我国的产业结构，其结果是在第二阶段里，我国的进出口总量迅速攀升，跃居全球第三位。由于经贸形势持续向好，我国国内资本也开始聚集，开始尝试着走出去，这是我国对外开放第二阶段的主要经济表现。也就是说，在这一阶段，除了“引进来”，也尝试着“走出去”。

2002 年 11 月，朱镕基在柬埔寨金边与东盟十国领导人正式签署《中国与东盟全面经济合作框架协议》，这标志着“中国—东盟自由贸易区”的正式启动，同时也标志着我国对外开放进入到了第三阶段。其主要目标是尝试着参与世界经济发展的区域一体化进程，并适时加以推进。参与和推进区域一体化是第三阶段的主要战略目标。从 2002 年开始，我国陆续参与并推进了 13 个自由贸易区的建设，诸如中韩、中国—新西兰、中国—澳大利亚、中国—巴西、中国—阿根廷、中国—南非、中国—海湾阿拉伯国家合作委员会，等等。第三阶段的主要特征是“引进来”与“走出去”并重。

通过“走出去”，通过参与区域一体化的具体进程，我国多年来积累的国内资本开始走向世界前台，也开始与国际资本共同在产业经济这个全世界的舞台上博弈，这中间有过跌跌撞撞，有过磕磕碰碰，得到了很多教训，但同时我们也收获了经验，取到了发展经济的真经。国内资本在“走出去”的同时发展壮大，我国的经济总量也进一步提升。中国经济在全球范围内进一步扩张、发展和壮大。

在参与和推动区域一体化的进程中，中国—东盟自由贸易区是我国参与并推进的第一个一体化区域，也是最重要的一个一体化的区域，并且由此可以整合并推动东亚的区域经济一体化。在这一背景下，广西北部湾经济区的建立，不仅将促使广西经济持续快速发展，而且将进一步充实和丰富中国—东盟合作的内涵，使之成为中国—东盟合作新的增长极，从而促进东亚经济整体合作的深入发展。①②

广西北部湾经济区有着得天独厚的地缘优势：一是战略地位极为突出。地处中国沿海西南端，南拥北部湾入怀，俯瞰南中国海战略水道，东连国内经济发达地区粤港澳，背靠资源优厚的大西南，面向东盟十国，西南与越南接壤。无论是海上还是陆地，北部湾经济区均为交通要冲。二是处于多个经济圈的结合部，商贸发展潜力巨大。北部湾经济区是中国—东盟自贸区、泛北部湾经济合作区、大湄公河次区域、中越“两廊一圈”、泛珠三角经济区、西南六省（区、市）协作等多个区域合作交会点。三是自然资源优越，可以持续支撑经济发展。广西北部湾经济区内，无论是海洋资源，岸线港口资源，还是陆上的土地资源、淡水资源，抑或是农林资源、风景名胜旅游资源，更进一步的还有人文历史资源等都极为丰富。尤其是这里环境优美，生态系统良好，无论是水资源还是土地资源都充分展示着良好的经济发展承载能力。

随着北部湾经济区建设日益步入快速轨道、区内经济建设提速以及区内社会迅速发展，北部湾经济区日下已经成为国内区域经济发展的一个闪光点，在全国产生较为重大的影响并日益扩大。根据统计数据：2007—2012 年，经济区内地区生产总值从 2007 年的 1764.6 亿元增加到 2012 年的 4316 亿元，增长了 1.45 倍；经济区内财政收入从 2007 年的 204.38 亿元增长到 2012 年的 714 亿元，增长了 2.5 倍；经济区内全社会固定资产投资从 2007 年的 965.03 亿元增加到 2012 年的 4513 亿元，增长了 3.67 倍。北部湾经济区已从若干年前的产业布局谋篇期进入到目前以及下一个阶段的产业发展收获期，并将拥有源源不断的动力。从几年前的主要依赖基础设施的投资驱动，转为工业发展、进出口、消费等同时驱动，其发展的质量、结构性变化、均衡性、持续性等都将大大增强。

2012 年国家颁布《西部大开发“十二五”规划》。在新一轮的西部大开发战略中，广西北部湾经济区的战略定位是“三区一极”。即把北部

① 高剑平：《生产力互利合作与泛北部湾次区域经济发展——马克思资本扩张理论视角》，《学术论坛》2009 年第 9 期。

② 关立坡：《北海城市发展战略与融资模式研究》，硕士学位论文，广西大学，2007 年。

湾经济区建设成为现代产业发展的重要集聚区域、生态文明建设的先行区域、统筹城乡改革发展的示范区域，以及构建具有全局及战略意义的新的经济增长极。[①]“三区一极”的新定位显著提升了北部湾经济区在整个国民经济中的比重及其战略地位，这将必然促使人流、物流、资金流、信息流向北部湾经济区迅速聚集，为北部湾经济区的又好又快发展带来源源不断的新的动力。

## 第二节　研究动态

本课题研究的学术动态分为两个部分：区域协调发展研究以及针对北部湾经济区的研究。前一个问题属于理论基础的研究范畴，后一个问题属于应用研究范畴。

对于第一个问题，学术界对区域协调的内涵、区域发展的动因、动力、机制等有过比较多的研究。对于区域协调发展的内涵，学术界有五种比较有代表性的观点。

第一种观点，以陈秀山为代表，可以概括为整体发展论。在 2006 年第 1 期的《党政干部学刊》上发表题为《区域协调发展要健全区域互动机制》的文章，该文认为区域发展是一种战略，是一种既要达到区域间的互动，又要达到区域内部增长的一种共同发展的战略。其内在的理念以及要达到的区域发展的目标是：在整个国民经济的发展过程中，首先要做到高效，其次要达到均衡，务必使区内、区间的差距控制并稳定在合理的范围之内，以做到各区域协调发展，从而达到社会和谐发展的目的。[②]

第二种观点，可以概括为优势互补发展模式论，以高志刚为代表。高志刚在 2003 年第 2 期《经济师》上发表题为《新疆区域经济协调发展若干问题探讨》的论文，表达的就是这种观点。[③]

第三种观点，可以概括为持续均衡发展过程论，以张敦富、覃成林为

---

① 参见《中共中央国务院关于深入实施西部大开发战略的若干意见》。

② 陈秀山：《区域协调发展要健全区域互动机制》，《党政干部学刊》2006 年第 1 期。

③ 高志刚：《新疆区域经济协调发展若干问题探讨》，《经济师》2003 年第 2 期。

代表。2001 年两人在中国轻工业出版社合作出版专著《中国区域经济差异与协调发展》。该著作的观点是：随着国民经济的高速发展，区域均衡被打破，从而反过来制约经济发展的速度，以至于违背经济发展的初衷。为防患于未然，应该加强区域间的联动，注重区域间的动态平衡与相对协调，自始至终关注从均衡到不均衡再到均衡的整个过程，随时用宏观政策进行调整，以实现区域的持续均衡和谐发展。①

第四种观点，可以称之为要素禀赋决定论，以郝寿义为代表。2007 年他在上海人民出版社出版《区域经济学原理》一书，其主要观点是：区域发展有一个绕不过去的前提：地理区位与自然禀赋。因此，区域的发展自始至终都要坚持一个理念：在自然资源和社会资源的前提下，依据发展条件，确定合理分工，既要高速发展，又要看自身条件，还要控制区域相互之间的发展差距。用一句俗话来说，就是看菜吃饭、量体裁衣。②

第五种观点，可以表达为区间合理分工论，以彭荣胜为代表。彭荣胜在他的博士学位论文《区域经济协调发展的内涵、机制与评价研究》里，表达了这样一种观点：要想达到区域之间既要高速又要协调发展的目的，有一个非常重要的问题需要解决，那就是区域间的合理分工布局，让自然联系和发展联系融为一体。随着经济的发展、交往的密切、联系的加深，这种谋划是否合理得当就显得尤其重要，谋划得当就会成为区域发展的助推器，否则，就可能成为区域发展的“瓶颈”。③

上述五种观点，概括起来就是：一纲四目。一纲是区域之间必然联系之存在的客观性；四目就是要素禀赋各异，区域分工合理，经济联系密切，整体协调增长。用哲学的话表达就是内在联系原理的具体运用；用经济学的话来说，就是比较优势理论的具体运用。

就区域经济发展的动力和需求而言，其主要观点有四种：第一种是基于国家宏观层面的战略需求；第二种是单方面的具体空间地域内迫切发展经济的内在渴求；第三种是两个空间区域联手发展经济，取长补短、共存共荣的共同需求；第四种是三个以上的空间区域相互联动，区域协调、协

① 张敦富、覃成林：《中国区域经济差异与协调发展》，中国轻工业出版社 2001 年版。

② 郝寿义：《区域经济学原理》，上海人民出版社 2007 年版。

③ 彭荣胜：《区域经济协调发展的内涵、机制与评价研究》，博士学位论文，河南大学，2007 年。

同一致的共同发展的诉求。但从哲学层面加以归纳，无外乎两种动因：内因和外因。

就内因而言，具体的经济发展区域，基于其自然及人文资源的禀赋，必然衍生出一整套与之相关的经济发展方略，以最大限度地吸引资本和技术，最优限度地配置优质资源，从而发挥本地域的先天和后天的优势。其具体的办法不外乎两个：一是空间吸附，即通过制度、政策等手段营造出充分的要素流通的氛围。各地方政府的种种招商引资政策，即可归入此类。二是空间延伸及拓展，通过承接产业转移，延伸产业链条，重新定位区域经济发展的角色，从而共同促进区域空间内的经济发展，获得共赢。各种的产业集团组建即可归入此类。①

就外因而言，主要是域外的强力推动，这种驱动无外乎地理相邻的区域与中央政府。中央政府作为经济发展的“守夜人”，有着均衡各区域发展的责任与义务。因此，制定较为全面与均衡的发展方略，依据资源禀赋、地理位置与人文资源等，有区别地规划各区域的重要任务和阶段性任务，实现全国协调和有序发展，避免东西失衡和南北失衡。这是中央政府带来的强大外部推动力。地理相邻的区域，一旦找到其经济发展的共同钥匙，便会迅速步入区域联合的节奏，共商经济发展大计。这是地理相邻的区域各自给对方带来的外部推动力。

因此，无论是内因还是外因，换句话说，无论是外部推动力还是内部驱动力，都需要一个具体的合适的经济发展空间作为载体，这个空间必须具备吸引力并满足各种要素流动的地缘经济优势，在宏观的经济政策推出之后，诸如技术、资金流、物流、人流、信息流等源源不断地被吸纳进这个特殊的空间。一体化区域便逐渐形成了。发展区域经济的内因是获取利益，资本、技术等域外因素的加入其目的也是追逐利润。如此则内因与外因相互缠绕、互为推动，为了追逐利益，便走到一起来了。唯物辩证法告诉我们，外因是变化的条件，内因是变化的根据，正是内因与外因的合理推动，外部推动力和内部驱动力的深刻关联，掀起了蔚为大观的区域一体化的经济发展浪潮。因此本课题的研究，将从内在和外部两个方面去研究

① 覃成林、姜文仙：《区域协调发展：内涵、动因与机制体系》，《开发研究》2011 年第 1 期。

和探寻北部湾经济区未来发展的驱动因素。

就国际经验而言，最典型的莫过于欧盟的成功经验。通过多样化的协调发展政策和措施，欧盟在缩小地区经济发展差距，实现区域经济协调发展方面取得了显著的成就。而就国内经验而言，发达区域如“珠三角”、“长三角”等在历经多年经济高速发展后，为了参与更大范围的外部竞争，主动探索区域合作的有效途径，形成区域经济协调发展的内在秩序。这些区域的范例指明了区域协调发展的前景，也为其他区域投身实践提供了客观指导。①

就经济区的运行机制或者说治理机制而言，学术界取得共识的有四种机制：市场经济机制、空间组织机制、区域合作机制、政策保障机制。

（1）市场经济机制。无论是区域内的发展，还是区域之间的协调，市场机制都是不二选择，是实现其发展目的的根本途径。这已被国内外发展的正反例证所证明。正面的例子如美加墨自由贸易区、东盟自由贸易区等。与之相对应的例子如苏联、东欧国家计划经济的失败，以及我国计划经济的低效率等。为什么？这是因为经济发展是任何地域任何人的内在需求，追求幸福美好的生活是所有地球人的共同目标。在此目标下，区域之间因资源禀赋的相同或相异而自发地采取与之相关的政策，以协调其经济发展，各种相关的政策在地缘经济、地缘政治、国际关系等种种因素以及市场机制的复杂性作用下，或是技术发明，或是技术创新，或是产业转移，或是内在扩张，等等。这些都是在自组织的自然状态下进行的。即都是自发的、自然的、自组织的，用一句话表达，即是自发演进的结果，其目的是逐利。因此，必须营造市场经济环境，即只有营造资源高效快捷配置的环境，才能达到区域发展的目的。

（2）空间组织机制。尽管市场经济体制快捷高效，但它也可能向着相反方向演进，即存在着扩大区域差距的可能性，并从而演化出“马太效应”，使强者越强弱者越弱，违背区域发展的初衷。故而，单一的市场机制不能确保区域经济的持续协调发展的目的。这从近三四十年来实行市场经济的拉美各国发展中可以看到。

---

① 覃成林、姜文仙：《区域协调发展：内涵、动因与机制体系》，《开发研究》2011 年第 1 期。

市场经济与计划经济这两种发展经济的思路与体制，是人类迄今为止所找到的最为典型的经济发展方式。两者各有优缺点，就公平而言，计划经济更能彰显人与人的平等，更能体现社会整体的发展。就效率而言，市场经济更能调动单个人的积极性。我们所走的是中国特色社会主义道路，就是首先要注重人的平等、人的解放，在此基础上最大限度地调动人的积极性。这就意味着社会主义市场经济体制需要兼顾社会整体与个体、兼顾效率与公平。因而，空间组织机制就有着特别重要的作用。放眼全球，美国五大湖的产业空间组织结构、日本东京城市圈的空间组织结构等概莫能外。

而经济学界之空间结构理论的演进，则经历了三个较为长期的阶段：第一阶段是从 19 世纪初到 20 世纪 40 年代，此阶段是基于产业、企业的区位选择、空间行为和组织结构规律性的研究阶段；第二阶段是第二次世界大战结束以后至 20 世纪 80 年代，此阶段是区域总体空间结构与形态演化规律的研究阶段；第三阶段是 20 世纪 80 年代以后的新空间经济学研究阶段。其理论的重心是针对经济活动的空间集聚和增长集聚进行动力学分析。系统科学的演化动力学是其主要方法，尤其是混沌学理论的相关方法。至此，区域经济的动力学研究为区域经济空间结构演化研究提供了新的思路与方法。伴随着区域经济空间结构演化理论的发展，其相应的方法也从静态分析模拟逐步向动态过程的空间演化模拟发展。①

任何区域的发展都必须依托具体的空间，并通过其特定的网络组织形式形成其空间结构。所谓结构不过是空间排序。结构决定功能。良好的空间结构不仅有利于资源和要素的集聚，而且有利于形成“节约成本—规模扩张—形成规模经济—空间优势充分释放—区域整体效益提高”这样一个良性链条。

（3）区域合作机制。需要强调的是，区域合作必须在市场经济的前提下，本着自愿参与、优势互补、平等协商、互惠互利的基本原则来规划或者制定合作机制。诸如在产业政策制定、技术设备更新换代的研发、各种经验的交流、人才的培养与引进、物资供应、具体的融资、资源的开

① http：//zhidao. baidu. com/link？url = kzxCRVNEfJtrhhoLB6K0YaTO3kJpEdy4orxG4dpbjjDV7WLpCj_ vdx6JP0t5rnYUq8A_ DfmW2ziLptkzvpzoWa.

发、生态环境保护与治理、基础设施建设、对外经贸、信息共享等方面，建立全方位的自愿参与的权利与义务对等的经济技术合作关系，把分散在区域内或者区域之间的经济活动要素集聚起来，规避劣势，优势共享或者优势叠加，激活其潜在的活力，获取整体优势和综合优势，达到各方共同发展的目的。

合作机制是区域协调发展的一个十分重要的方式，是区域协调发展理念的集中体现。区域合作可以实现区域之间经济发展的优势互补、优势共享或优势叠加，把分散在不同区域的经济活动有机地组织起来，激发相关区域的潜在经济活力。促进区域内产业优化，获得综合优势和整体经济效益。

（4）政策保障机制。主要包括两个方面的治理内容：一是在区域协调发展相关机制体系中，通过全程的、持续的、跟踪的、不间断的制度改革及其创新，为市场经济机制、空间组织机制、区域合作机制等发挥作用提供充分必要的政策条件，以促进各机制之间、各政策之间能够相互兼容、相互融合；二是设立专门的治理机构，当然包括正式的、非正式的机构，以使区域协调发展有一个可以依托的制度运作乃至运行的平台。①

上述四个机制构成区域经济协调发展的整体，它们相互联系、相互支持、相互依赖、彼此制约。一荣则俱荣，一损则俱损。这就要求决策者们要从宏观着眼去规划，从微观着手去努力，及时反馈各种信息，及时修正政策偏差。

第二个问题：关于北部湾经济区的研究。近年来，国内对于北部湾经济区的研究围绕着生产力的提高，围绕着经济与社会发展这两大主题，主要涵盖四个层面：政治、经济、社会、生态。政治层面主要是政策的制定及协调机制的建立研究等；经济层面研究主要包括资本的引进、产业的布局、增长极的建立等；社会层面主要是城乡一体化发展研究；生态层面的研究归属于经济层面，主要研究北部湾的循环经济与生态经济，强调可持续发展。

而对于北部湾经济区未来发展的驱动因素，主要围绕政策设计与产业布局、劳动力和自然资源、资本和技术三个视角进行研究。政策设计与产

① 覃成林、姜文仙：《区域协调发展：内涵、动因与机制体系》，《开发研究》2011 年第 1 期。

业布局研究属于宏观经济学范畴，带有计划经济的基因；从劳动力、自然资源、资本和技术等入手研究，属于微观经济学范畴，这些经济要素如想活跃并不断发展壮大，必然要为其提供市场经济体制。

就政策制定和产业布局方面而言，李步芬在其硕士学位论文《广西北部湾经济区产业空间布局政府作用研究》里面有过比较深入的研究，并将其归纳为五种比较典型的观点。

第一种观点认为，产业布局政策的目的在于使其趋于合理。政府的角色应该是协调者、仲裁者以及促进者。政府要尽最大的力量把市场的参与者都团结起来，为其提供良好软性环境，建立有利的产业制度，建设好硬性的支撑性的基础设施，创造有效的激励机制。据此，将政府在产业布局中的作用归纳为：提供正式和非正式交流的场所；确保公共机构培育与产业界的联系；勾画一个富有挑战性的经济前景，创造一个鼓励创新和不断升级的氛围；建立一个稳定的、可预测的经济和政治环境，等等。①

第二种观点认为，政府在产业布局中的作用可归纳为两种。一是自上而下型的政策取向；二是自下而上型的政策取向。第一种政策取向，政府设置国家战略优先原则，从而形成了一个具有挑战性的远景规划。第二种政策取向，政府则着重于改进市场的不完善、培育动态的市场功能，立足于以市场为主、以政府为辅的功能。这时，政府只作为市场运作的助推器或缓和器，并组织各行为者在政策过程中对话。之后，进一步的产业集聚就成为一个市场主导的过程，无须再由政府干预。②

第三种观点认为，产业布局是自生自发秩序的结果，政府在产业布局中的作用比想象的小得多。政府所要做的，就是尽可能少地干预市场。③

第四种观点认为，传统的经济发展政策往往关注特定企业和产业的需要。产业布局政策则将企业和产业作为一个系统进行考虑，支持产业的集中、系统发展。这种观点鼓励将城市和区域经济发展所需的有限资源进行有效分配，使得产业基础多元化，并为产业的扩充和完善提供支持，从而形成产业集群，在已有产业优势的基础上，促进区域经济的快速发展。学

---

① 李步芬：《广西北部湾经济区产业空间布局政府作用研究》，硕士学位论文，华南理工大学，2010年。

② 龚虹波、许继琴：《国内外产业集聚政策研究综述》，《生产力研究》2004年第10期。

③ 同上。

者将产业布局政策作用归纳为六点：一是建立一个稳定的、可预测的经济及政治环境。二是为自由市场的有效、动态运作创造一个有利的结构性条件，以改善市场的不完善。三是通过提供战略性信息以克服信息失真问题。四是促进改革系统内各行为者（团体）之间的知识和信息交流。五是改善政府失效和阻碍产业集聚化改革进程的政府规划。六是解决改革系统的制度不协调及组织失效问题。①

第五种观点认为，应从产业布局的政府作用出发，归纳出几个制定产业政策的指导性原则和政策工具。一是政府要从现有的产业出发，制定相应规划和政策，而不是试图创造新的产业集聚；二是产业布局的政策目标是鼓励地区间的企业合作和一体化，重点放在为需要或有潜在服务需要的企业提供尽可能完善的基础服务，如提供信息、建立交流的渠道和对话的平台；三是公共部门和政府只是产业集聚的催化剂和润滑剂，企业才是产业集聚的主导者。②

上述种种观点，加以归纳，无外乎强调三点：一是产业布局政策旨在加强区域内企业之间的协作联系，满足企业的各种需要；二是产业布局要具有显著的地域性，并且不同区域间由于产业的类型、环境以及发展阶段、发展目标的不同，相应的产业政策要有显著的差异；三是要注意宏观、中观、微观产业布局规划政策的协同。

就劳动力、自然资源、资本和技术等要素而言，学术界有以下观点：

从资本市场发展的本质来看，发展资本市场不但是经济增长的内在要求，而且是资本市场对经济增长起促进作用的体现。“长三角”、“珠三角”的经济实践证明，他们的快速发展离不开资本。因此，北部湾经济区同样离不开资本市场及其支持。故而亟须建立健全规范、高效、多层次的资本市场，为北部湾经济区经济增长募集更多的资金，为经济增长提供动力。这是因为一方面从资本市场融入的资金可以引进和研发先进技术，可以引进高素质的劳动力和开发经济增长所必需的自然资源。另一方面资本市场可以使产业结构转型和优化，通过配置资金提高资金使用效率从而

---

① 李步芬：《广西北部湾经济区产业空间布局政府作用研究》，硕士学位论文，华南理工大学，2010 年。

② 同上。

带动经济的快速增长。而北部湾经济区在经济增长过程中资金的投入有两条基本的途径：一是银行的间接融资即银行信贷，二是通过资本市场的直接融资。银行信贷的间接融资有高成本的压力，这种压力会导致经济增长的短期效应和增长的难以继续，而资本市场直接融资的低成本、高流动性以及对资金的配置等优点可以带来经济的持续快速增长。①

而将上述观点加以归纳，不外乎强调三点：一是避免市场的失灵。因为任何市场经济，无论是资本主义市场经济，还是社会主义市场经济，都有失灵的时候，要做到未雨绸缪，需要政府导向。二是避免政府的失灵。因为政府如果不是担任市场经济“守夜人”的角色，它就会引发角色错位，演化成企业型的政府，就会与民争利，从而使政策走偏，因此要从制度上防范。三是避免恶性竞争。空间及产业布局的相对合理，可从源头上堵住并避免恶性竞争。

## 第三节 研究路线

### 一 研究目的

取一张世界地图，沿着东亚和太平洋西岸方向仔细观察，我们可以发现：自北向南依次排列成为一个巨大的一字长蛇阵：俄罗斯—库页岛—日本—韩国—中国东部沿海地区—新加坡—东南亚。这个巨大的一字长蛇阵恰恰构成了当今世界上经济最具活力的东亚环太平洋经济带。在这一带林立的是现代化的港口群、城市群以及产业群。

然而，自北部湾以下—南中国海—中南半岛—马来西亚—印度尼西亚这一带，即中国和东盟的交会区域，由于20世纪的两次世界大战、冷战、越战等各种历史和政治原因，经济与社会发展相对落后，成为一个断裂的区域。广西北部湾经济区的适时建立，正好将这个断裂的区域与环太平洋经济带连接起来，使中国的经济与东南亚的经济能够相互融合。更为深刻的是，广西北部湾经济区的适时建立，不失时机地将广西融入中国—东盟

① 桂许寿：《资本市场促进北部湾经济区经济增长的研究》，硕士学位论文，广西师范大学，2010年。

自由贸易区之中，不失时机地将中国—东盟融入世界经济之中。由于广西北部湾经济区的地缘特殊性：东连粤港澳，西接云贵川，背靠大西南，面向东南亚。无论是粤港澳经济圈的资金、技术乃至人才流向云贵川或流向东南亚，还是云贵川或东南亚的自然资源、劳动力资源流向粤港澳，都必将经过广西北部湾经济区。也就是说，广西北部湾经济区是必由之地，不仅仅可以东西兼顾，更能南北得利，在各方面的发展中，自身也必然快速发展起来。而随着北部湾经济区经济发展水平的提高，又会吸引越来越多的投资。

理性、全面、冷静地审视北部湾经济区，可以得出一个结论：广西北部湾经济区已然具备带动多个区域发展的潜力和能力。当今的北部湾经济区已经成为一个要点、一个关键点，是所谓的“手筋”：区域联动、东西联动、南北联动、江海联动、陆海联动的关键点。离开北部湾经济区，所有的联动都是一句空话，所有战略乃至关键步骤离开北部湾经济区都要大打折扣。而北部湾经济区又必须有足够的发展速度和足够的发展强度，才能够担当上述所有的重任。因此，研究北部湾经济区未来若干年经济与社会发展的驱动因素，不仅具有重大的理论意义，而且具有极为重要的现实意义。

因此，本课题的研究目的就不言而喻了，至少要达到下述四个目的：一是摸清北部湾经济区的自然禀赋、文化积淀、人才状况、贸易状况、经济状况、发展状况等。二是发现问题，即北部湾经济区发展的“瓶颈”究竟在哪里？有哪些困难和难题妨碍了经济区的发展？三是从现实数据和理论上找到北部湾经济区未来发展的驱动因素。四是从政策和实践层面上寻找破解难题的具体办法，以期对当下北部湾经济区的经济与发展起到一定的宏观指导作用。

## 二 研究视角

本课题的理论视角有以下四个方面：

首先是生态哲学视角。①

生态哲学是当代哲学界在人类面临严重生态危机的情况下，反思人与

① 桂许寿：《资本市场促进北部湾经济区经济增长的研究》，硕士学位论文，广西师范大学，2010 年。

自然关系的演化进程，为实现人类文明的延续，寻求人与自然和谐相处之道的哲学。生态哲学将人视为生态主体，宣扬生态理念，注重保护环境，提倡生态技术和生态产业，追求生态文明。生态哲学研究人类与自然环境的整体性规律，强调人与自然同属一个系统；研究生产关系和上层建筑对社会生态系统的作用规律，强调人类的理念、行为等对自然环境的影响。生态哲学认为，人类只有实现价值观、行为、技术和产业等的生态转向，才能解决目前的生态危机，实现可持续发展。但生态哲学中的极端生态中心主义并不可取。①

其次是技术哲学视角。②

技术哲学是对技术的总体性思考，着重研究技术发展的普遍规律，不只研究技术是什么，还研究技术应该是什么，研究人和技术的相互影响，寻求人与技术和谐相处的路径和方法，技术与生态环境也是技术哲学研究的重点内容。人文主义传统的技术哲学认为，技术具有两面性，传统技术造成的生态危机就是技术负效应的重要方面，因此要实现技术的生态转向，以消解技术的负效应，价值矫正、伦理制约和风险控制是实现这一转向的重要途径。

马克思主义技术哲学开创了从生态视角对技术进行审视的先河，认为技术的演化决定着人与自然关系的演化，技术决定并实现着人对自然的利用和控制，技术致使生产和消费活动生成的废弃物超过了生态环境的承载力，是造成现代环境问题的深刻物质根源，导致自然对人类的报复，抵消甚至淹没了人类利用技术取得的成果。因此要对技术进行生态批判，以实现人与自然的和谐统一。③

再次是产业哲学视角。④

产业哲学是对产业整体进行哲学思考的学问，包括产业发展规律，社会对产业的建构，人与产业的关系，产业与技术、科学以及工程的区别与

---

① 桂许寿：《资本市场促进北部湾经济区经济增长的研究》，硕士学位论文，广西师范大学，2010 年。

② 刘战雄：《基于生态技术的广东战略性新兴产业发展研究》，硕士学位论文，华南理工大学，2013 年。

③ 同上。

④ 同上。

联系等。正如马克思所说，工业的历史和工业已经生成的对象性的存在，是一本打开了的关于人的本质力量的书，是感性地摆在我们面前的人的心理学。① 产业哲学认为，产业是技术的目标和归宿，是相关技术标准化、规模化的批量生产，使技术人工物变成社会之物。技术是产业系统中的第一要素，自主产业技术是产业的核心竞争力。技术结构决定着产业的结构，其进步特征和结构是产业结构演化机制的重要动因。作为人类社会重要的物质生产方式，产业必须实现生态化，才能实现科学发展。②

最后是社会建构论视角。③

社会建构论否认事实、理论、科技、行为和现象等人类世界中诸事物的唯一性，反对事物生成的前定、命定和给定，强调人类主观能动性在其中的作用，认为这些事物都是由社会建设、构造，是后定、选定和待定的。利益（群体）分析法、系统分析法和操作者—网络理论（actors - network）是社会建构论主要的三种分析方法。以技术为例，社会建构论认为技术是一个大系统，其发展并不是由技术规律单一决定的，而是在不同的操作者（自然、个人和社会等，尤其是相关利益群体）的技术争论中形成了多条路线。技术是由社会建构的，产业更是如此，因为产业与社会的交叉重叠域更多。不过建构永远都只能是有限的部分的建构，我们只能在规律限定的边界内，在客观条件的基础上对事物进行建构，而无法超越其外进行建构。④

### 三 研究方法

第一，运用马克思主义哲学的一般方法。辩证唯物主义和历史唯物主义既是北部湾经济区未来驱动因素研究的理论指南，又是指导本课题研究的一般方法论。这一分析方法贯穿整个课题。运用这一分析方法的目的是，力图将研究结论建立在反映客观事实、揭示事物内在联系的必然性上，以做到真正全面、系统的研究。北部湾经济区未来发展的驱动因素究竟是什么？北部湾经济区怎么建？怎么发展？其实现的路径是什么？等

① 《马克思恩格斯文集》第一卷，人民出版社 2009 年版，第 192 页。

② 刘战雄：《基于生态技术的广东战略性新兴产业发展研究》，硕士学位论文，华南理工大学，2013 年。

③ 同上。

④ 同上。

等，要回答这些问题都要从物质决定精神，社会存在决定社会意识，社会生活和社会实践是认识的源泉及发展动力等辩证唯物主义的一般原则出发，离开了这些原则和方法，就会迷失方向。

第二，运用马克思主义经济学的方法，尤其是运用经典作家的区域经济思想和马克思的资本扩张理论，分析和研究北部湾经济区之生产力布局所应该遵循的原则，并揭示其深层动力——资本扩张。

第三，运用空间经济学的方法，尤其是运用国际贸易与区际分工、空间经济学等相关经济学原理，分析和研究北部湾经济区空间结构重组的动力——集聚，分析和研究北部湾经济区的实现模式及其路径等若干理论和实践问题。

第四，运用理论和实践相结合的方法。北部湾经济区的建设，既涉及理论经济学，又涉及应用经济学；既涉及理论问题，又涉及实践问题。但理论最终要为实践服务，这就要求我们在研究过程中，不仅要注意一般的理论问题，更要注意实践问题。运用这些相关的理论和方法研究北部湾经济区建设过程中可能遇到的种种困难和问题，并提出针对性的措施，这样，才会使我们的研究既具有理论意义，又具有实践意义。

第五，文献法和实地调研法。文献是研究的基础，通过对专著、期刊论文、报告、学位论文、新闻报道等各种文献的收集、分析、学习与吸收，来获得理论和数据支持，进而研究北部湾经济区发展的实际情况。实践出真知，通过实地调研，获取第一手资料，为研究的进行提供数据支持和实证支撑。

第六，比较法和系统法。把北部湾经济区放在全广西或者全国乃至东亚的坐标系中，通过与其他地区的对比，针对广西北部湾经济区发展具体实际乃至特色进行研究；根据系统论，将广西北部湾经济区放到社会发展的复杂巨系统当中，视其为子系统，以此宏阔的视野来寻求北部湾经济区未来发展的驱动因素。

第七，多学科交叉协作的综合方法。因为本课题涉及研究领域较多，运用单纯的某一学科的研究方法是不够的，必须多学科交叉协作，经济学、技术哲学、产业哲学、科技社会学、生态学、管理学等共同攻关。

## 四　研究模型

本书的理论研究模型如图 1－1 所示。

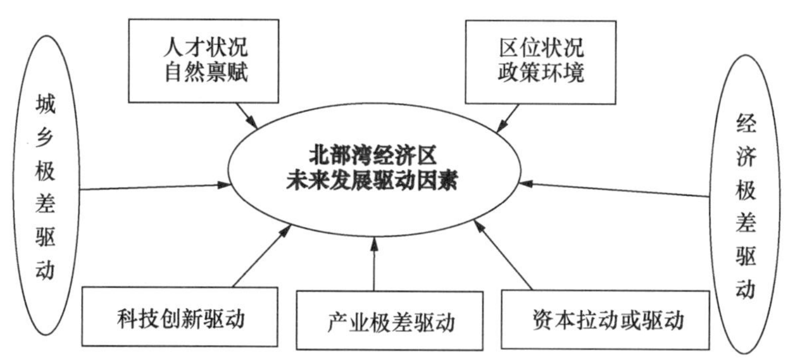


**图 1－1　理论研究模型**

目前无论是广西壮族自治区内还是国内，都还没有全面而系统地对北部湾经济区未来发展的驱动因素作深入的研究，而这恰恰是本课题的难点所在，也是本课题的创新所在。本课题组所有人员，经过五个月的联合攻关，又经过近两年的修改，以马克思主义经济学与邓小平理论为指导，用区域经济学、空间经济学理论、产业哲学理论、技术哲学理论等对北部湾经济区未来发展的驱动因素作了较为深入和全面的研究，不仅希望丰富关于北部湾经济区的研究成果，希望能够对当下中国的区域经济方面的研究有所丰富和充实，能够在这方面的研究，贡献我们这个课题组的绵薄之力；而且希冀我们的研究成果及其相关结论和建议，能够对北部湾经济区的宏观治理的实效性起到一定的指导作用。

# 第二章　北部湾经济区：基本情况、功能定位与若干难题

马克思曾经说过，时间是空间的纵向堆积，空间则是时间的水平分布。从经济哲学的角度看，一个地方的经济发展，绝不仅仅是单向度的时间延伸问题，同时它也是空间的聚集创造过程。因为任何产品的生产、商品的交换、财富的实现，既离不开劳动者空间上的相互协作，也离不开劳动者时间上的投入和延续。从哲学意义上说，世界是在时间和空间中按内在固有的规律运动着的物质世界。因而，从属性上看，空间是物质存在的广延性；从结构上看，空间是物质的分布形式和分布范围。一定的体积、一定的位置，就是物质的空间形式。

哲学上的空间，在经济学上演变成特殊的地理区域；哲学上的时间，在经济学上演变成经济发展之具体的制度和政策。因为经济发展都是在具体的制度和政策前提下，依托特殊的地理区域空间完成的，古今中外，概莫能外。特殊的空间区域，必然体现出其特殊的资源禀赋、空间特色、地缘经济优势等，而经济发展的制度和政策则只能依托特殊的空间区域来进行量身定做。因此，一个地方的经济发展模式的总的要求是——既能够体现其资源禀赋、区域特色，又能够持续向前、不断拓展。

因此，对北部湾经济区未来发展的驱动因素研究，第一个需要弄清的问题，就是必须摸清其家底。即必须弄清楚北部湾经济区区域内的相关家底。毛泽东说："没有调查就没有发言权。"① 本章将对北部湾经济区这个特定的我们有待研究的区域的基本情况、功能定位以及若干难题进行调查研究。

① 《毛泽东文集》第二卷，人民出版社 1993 年版，第 248 页。

## 第一节　北部湾经济区概述

### 一　北部湾简介

北部湾的全称为南中国海北部湾，位于南中国海的西北部，北接广西壮族自治区，南与南中国海相连，东临我国的雷州半岛和海南岛，西接越南北部的一大片海湾。海域全部在大陆架上，大陆架宽约130千米，平均水深42米，最深处达100米，总面积为13万平方千米，比渤海湾面积略大。

整个北部湾南北纬度横跨赤道附近热带地区与赤道北部的亚热带地区，总体来讲受中国大陆及太平洋的季风气候的影响。夏秋两季属湿季，气候炎热，热湿气流从热带海洋吹往大陆，刮南风，湿热多雨。海面平均温度达30℃以上，时常有台风，每年约有4—8次的台风肆虐北部湾，多的年份可达8次，少的年份也有4次，一般5次左右。强热带风暴往往带来强降雨，范围广，不仅遍及北部湾，甚至大范围地影响广西周边的云南、贵州、湖南、广东等地。北部湾的冬春两季属于干季，海湾内多吹发源于西伯利亚的东北风，风干而冷，海平面的平均气温大约为20℃。

北部湾内海水的流向在一年之中是不同的。冬春两季与夏秋两季，海湾内海水的流向截然相反。冬季呈逆时针方向流动，夏季则呈顺时针方向流动。整个海湾内海水的年平均水温达24.5℃。北部湾内的海潮属全日潮范畴，每天一次，海潮涨落之间的最大落差达到7米。北部湾的潮流则是属于往复流的范畴，一天一次，一来一往，周而复始，往复流淌。

北部湾海底的地质状况属于大型沉积盆地，其生成年代则属于地质考古学上的新生代，且厚度非常可观，达到了数千米之厚。这种地质条件，从理论上具备了生成并储藏大规模油气资源的自然地理条件，据相关钻探及勘探资料证明，北部湾海底盆地蕴藏着丰富的资源。北部湾的沿岸地貌，则是自海南岛起至雷州半岛，再至广西的北海、钦州、防城港，再至越南的北部湾沿岸，形成一个三面由陆地环抱的海湾。有广西北海的南流江，广西钦州的钦江与茅岭江，广西防城港的防城河，中越边境的北仑河，越南的红河等河流注入北部湾。

北部湾的资源，无论是其海水所产鱼类资源，还是珍珠资源；无论是海底的石油和天气资源，抑或是其海岸线滩涂资源、河流入海口的红树林资源等都极为丰富。首先驰名中外的南珠的产地，就在钦州的合浦，自汉代以来，即为皇家钦定的贡品。对于珍珠的质量和品位，向来就有“西珠不如东珠，东珠不如南珠”的业界评价。其次是南流江、茅岭江、防城河、北仑河等入海口的红树林，栖息着丰富的珍稀物种资源。再次北部湾沿岸多是富庶之地，由于众多河流的入海，大量的陆地饵料被冲刷入海，给各种海洋鱼类提供了丰富的食料，故而北部湾海湾内有着丰富的海洋渔业资源，各种珍稀贝类有20余种，各种珍稀鱼类有50余种。诸如海参、墨鱼、鱿鱼、鲷鱼、金枪鱼、蒲鱼、鲈鱼、比目鱼等昂贵鱼种都在北部湾内栖息繁衍。北部湾内的沿海滩涂，为海水养殖提供了优越的条件。而就海底的油气资源而言，有莺歌海油田，及2014年我国的981号钻井平台在海南陵水所发现的深海油气田。

从其战略地位来说，北部湾是我国大西南地区出海口最近的通道。重要港口有北海港、防城港、钦州港、湛江港和洋浦港等。

## 二 北部湾经济区简介

2006年3月22日，广西壮族自治区人民政府批准成立“广西北部湾经济区规划建设委员会及其办公室”（以下简称北部湾经济区）。从此，广西沿海地区的经济发展与开放开发，开始谱写历史的新篇章。北部湾经济区是一个有着党和政府的组织领导、统一规划、统筹协调的经济区域。

党中央和国务院对北部湾经济区的开放开发给予了亲切的关怀和大力支持。胡锦涛曾先后四次作出指示，广西北部湾经济区要发展成为国内新的一极。多位中央领导先后到广西考察，对广西北部湾经济区开放开发提出要求，指明了科学发展、和谐发展、跨越发展的战略方向。

2008年1月16日，广西壮族自治区人民政府上报国务院的《广西北部湾经济区发展规划》（以下简称《发展规则》）得到批复，被批准实施。原先仅仅局限于广西开放开发的北部湾经济区战略，随之上升为国家战略。由原来的地方发展题材，上升到全国乃至东南亚国家来此寻找机会的投资热点。广西人民发展经济的热情，充分体现在以北部湾经济区建设为龙头的战略实施上，七年来，其经济增长的平均年增长速度都在15%左右。随着北部湾基础设施建设——诸如北海、钦州、防城港等港口设施，与周边省份诸如广东、湖南、贵州、云南等地高速公路、高速铁路的开工建设及提高完善，及临海工业、钢铁、粮油加工、石化项目等大型投资的进驻，从2009年开始，北部湾年平均投资量达到了1000亿元。

北部湾经济区处于广西的南部，由南宁市、北海市、钦州市、防城港市4个市所管辖的行政区域组成，面积为4.25万平方千米。其人口数量，统计到2008年年底，约1300万人。广西壮族自治区党委和政府，出于区域联动发展的需要，把邻近沿海的玉林、崇左两市也纳入广西北部湾经济区统筹考量，通盘考虑。①

北部湾经济区是我国西部唯一沿海的地区，处于西南六省（区、市）协作区域的交叉区域。从南到北，从大到小，有中国—东盟自贸区、泛北部湾经济合作区、大湄公河次区域、泛珠三角经济区、中国大西南经济圈、中越“两廊一圈”等，南拥北部湾入怀，背靠大西南等广阔腹地，东连珠三角经济高地，面向东南亚海上东盟六个国家，西南与越南接壤且是连接陆上东盟的“桥头堡”，不仅仅是与东盟国家交往的海陆枢纽，更是促进中国与东盟全面合作的重要桥梁和基地，区位优越，战略地位突出，发展潜力巨大。

北部湾经济区地区生产总值从2005年的1180亿元增加到2010年的3022亿元，创造了年均增长16.3%的高速度。这五年来，北部湾经济区无论是财政收入、对外经济贸易的进出口总额，还是固定资产的全社会总投资额度，抑或是规模以上的工业增加值等各项经济发展指标，无不在五年内翻了一番以上，可见增长之快速。②

2011年，北部湾经济区之国内生产总值在全广西壮族自治区的比重达到了33%之多，也就是说，占据了全广西的1/3，并且保持着强劲的上升势头。北部湾经济区无论是国内出产总值的增长速度、区域内的财政收入的增长速度，还是区域内规模以上工业增加值，抑或是区域内全社会的固定资产投资之增长幅度、区域内对外经济贸易的进出口额度的增长幅度等，比之广西西江经济带上之沿西江之7个市，比之广西之西江经济带，

① 邓萍：《增强海洋意识，发展海洋经济——访自治区政协副主席李彬》，《广西时报》2009年10月30日。

② 《广西北部湾经济区情况》，http：//blog. sina. com. cn。

比之广西西部之资源富集区，均不同程度高出了4.7个百分点、4.7个百分点、9.6个百分点。[①]

2011年全年，北部湾经济区内的11个重点产业园区所完成的国内生产总值第一次突破了1000亿元，达到了1358亿元。同比增长了1.17倍。在全部的11个重点产业园区中，其国内工业总产值达到或超过100亿元以上的产业园区达到了5个。园区内国内工业总产值达到或超过1亿元以上的企业数量达到了119个之多。[②]

大港口呼之欲出，货物吞吐能力从2005年的3195万吨发展到2010年的1.2亿吨，增长2.75倍，跨入亿吨大港行列，相当于5年再造了两个北部湾港。2011年，北部湾港口吞吐量继续上升到1.53亿吨。同样是2011年，北部湾港口的集装箱吞吐量达到了73.8万标箱，这个指标较之2010年，不仅增长幅度达30.92%，而且也远远超过了同在北部湾沿岸的广东湛江港。[③]

大交通快速形成，经济区出海出边公路、铁路和航空网络快速构建，从我国交通末梢一跃成为中国—东盟国际大通道的枢纽。

大物流初步成型，钦州保税港区从无到有建成封关，南宁保税物流中心创造了我国海关特殊监管区建设的新速度，凭祥综合保税区在贴近中越边境的崇山峻岭中开辟了一片新天地。

大产业在这里集聚，临海产业从无到有、从小到大，石化、钢铁、林浆纸、电子、能源五大产业雏形初现，2010年经济区规模以上工业增加值突破1000亿元，钦州石化产业园、防城港大西南临港工业园和北海工业园区工业产值突破100亿元。[④]

2012年第一季度，经济区开工产业项目11个、竣工3个项目，开工基础设施项目14项。其中，南宁电厂2号机组、南宁劲达兴纸浆有限公司化学浆项目（一期）、娃哈哈果汁饮料生产项目等多个项目将投产运营。南宁双汇食品有限公司肉类综合加工项目、亚马逊电子商务南宁运营

---

① 《广西北部湾经济区情况》，http：//blog. sina. com. cn。

② 同上。

③ 同上。

④ 参见《北部湾经济区成立五周年：中国“新一极”蓬勃崛起》，《广西日报》2011年3月22日。

中心项目等多个项目开工建设。2012年，经济区计划开竣工项目284项，总投资超过2000亿元。同时，重点产业园区、港口建设、保税物流体系以及经济区同城化、合作园区建设等成为推进的重点。

经过多年努力，北部湾经济区的发展取得重大进展：基础设施日益完善，产业基础逐步形成，保税物流体系初步建成，临海产业布局初具规模，金融服务体系初步搭建，综合经济实力跃上新台阶。

在可预见的未来一段时期内，广西将围绕广西北部湾经济区的建设目标，持续加大基础设施的建设与投资，持续加大大型项目的落实并启动。将加大对高速公路、高速铁路、港口码头等基础设施的投资建设力度。对于大型项目的落实与启动，将引入临海工业项目、能源工业项目、钢铁冶炼加工制造项目、石油重化工项目等进驻广西北部湾经济区，年均投资总量将达到1000亿元以上的规模。据有关方面初步估算到2020年，整个北部湾经济区的投资规模将会达到2万—2.5万亿元的巨量。① 这些天量的资金将分别流向基础设施领域（约为4000亿元）、大型产业项目领域（约为9500亿元）、城市建设领域（约为4400亿元）、房地产等投资领域（约为3000亿元），这些巨量的投资将会极大地驱动北部湾经济区的发展。②

上述各种经济数据，无不表明：北部湾经济区用不到全自治区1/5的面积、不到1/4的人口，却创造了全自治区1/3的经济总量，既为今后加快发展奠定了坚实基础，也初步显示了其引领、辐射和带动广西加快发展的龙头作用。

## 三　北部湾经济区：发展目标与功能定位

### （一）北部湾经济区的资源禀赋与比较优势

#### 1. 北部湾经济区的区位优势

广西北部湾经济区有着得天独厚的地理区位优势。我们取一张世界地图，以东南亚为起点，从南到北、从东到西的逆时针方向观察北部湾经济区，不难发现：北部湾经济区地处东南亚的东盟经济圈、我国的华南经济圈、我国的西南经济圈的交叉结合部。也就是说，北部湾经济区是中国大

① 《广西北部湾经济区情况》，http：//blog. sina. com. cn。

② 同上。

陆东部、中部、南部、西部四大地带交会区域。不仅东临粤港澳，西接云贵川，而且背靠大西南，面向东南亚。它是我国西部省份唯一的既沿海又沿边、沿江的地区。这种独特的地缘区位，注定了北部湾经济区的地缘经济角色。北部湾经济区在我国的对外开放和经济发展中承担着独特的角色与使命。这表现在，一是要承担东部粤港澳发达地区的技术和产业转移的使命；二是要担当西南云贵川渝等我国大西南地区的出海通道的重任；三是展示我国对外改革开放尤其是对东南亚改革开放形象的窗口。因此，北部湾经济区独特的地理区位优势，直接决定并引发了其独特的战略地位以及无可替代的重要作用。[①]

2. 北部湾经济区的资源优势

广西北部湾经济区由于其独特的位于北回归线以南的地理位置，加上其独特的气候，因而，无论是其土地资源、淡水资源、林木资源、物种资源、矿产资源、海洋资源、海产资源、岸线资源等，还是其人文历史资源、人力资源、技术资源等都异常丰富。就外向型经济发展最为依赖的岸线资源来说，北部湾海岸线总长度为 1595 千米，其中适合兴建海港码头并列入自治区规划的海岸线长度为 228 千米。尤其是深水码头资源，其潜力就可以达到年吞吐能力 3 亿吨以上。而目前的开发力度不到 10%。就土地资源来说，可用于城市建设和工业开发的土地面积占经济区总面积的 9%，而目前只开发了 2.18%。就有色金属资源来说，广西是全国 10 个重点有色金属产区之一。目前已经探明的有色金属矿藏的种类就达到了 97 种，这个数字占到了全国有色金属矿藏种类总量的 45.8%。而广西在全国占储量第一的有色金属有 12 种之多，包括铝、锰等。这就是全国大型的锰矿和大型的铝矿及其锰铝冶炼企业均落户在广西的原因。就水能资源来说，广西的水能蕴藏量排在全国的第七位，多达 1700 多万千瓦。横贯广西的红水河是全国优先开发的三大水电基地之一，总装机容量可达 1300 多万千瓦。就经济作物资源来说，广西的蔗糖、木薯、蚕茧产量，长期以来雄踞全国之首。尤其是蔗糖，无论是产量还是质量，早已跻身全世界十大产糖地之一。广西的中草药资源更是名列全国第二位，可以开发的中草药种类的数量达到了 4623 种之多。广西的林木资源以及水果资源

---

① 《广西北部湾经济区概况》，http：//www. bbw. gov. com。

也异常丰富，号称亚热带水果王国。就渔业资源来说，广西的鱼类多达500多种，蟹类虾类也多达220多种，可以捕捞的经济鱼类多达50多种，可以捕捞也可养殖具有较高经济价值的虾类蟹类也达10多种。至于闻名中外的南珠，则只有北部湾独特的地理环境与气候才可以孕育并出产。①

3. 北部湾经济区的生态优势

北部湾经济区生态环境良好，气候宜人、风光旖旎、旅游资源丰富。空气质量优良，负离子浓度极高。为了保护好广西的生态，广西壮族自治区政府在北部湾经济区划出了22个自然保护区，总面积达到4899平方千米，是北部湾经济区总面积的11.53%。在全国沿海滩涂的红树林资源都呈萎缩的态势下，广西的红树林保持着原生态，其红树林总面积达到了8375公顷，占全国红树林总面积的近40%，居全国第二位。同时，近年来，通过大力改善政务环境，提高行政效能，各级政府的服务意识不断加强，服务质量不断提升，营造了良好的投资软环境。②

4. 北部湾经济区的政策优势

北部湾经济区不仅享受西部大开发政策，还可享受沿海开放政策，亦可享受少数民族自治政策以及边境地区开放政策。而且国家批准的《发展规划》里又给予了崭新的政策支持，即国家不仅在诸如保税物流体系的构建、财政的投入、金融的支撑、重大项目的落户等方面给予大力支持，而且在土地管理制度、市场经济体系构建、行政管理体制改革、综合配套政策设定等方面给予政策支持。③

5. 北部湾经济区的后发优势

北部湾经济区面临国家深入实施西部大开发战略、中国—东盟自贸区建设加快推进和泛北部湾经济合作等多区域合作、国际国内产业转移、国家批准实施《发展规划》的重大机遇，在发展过程中，可以吸收借鉴发达地区的经验教训，承接发达国家和发达地区的产业转移；利用发达地区产业结构调整与升级的机会，直接实现产业结构的合理化；可以直接引进先进科学技术，实现经济技术跨越式发展；引进外来资本以解决发展起步

① 《广西北部湾经济区概况》，http：//blog. sina. com. cn。

② 同上。

③ 《广西北部湾经济区概况》，http：//www. bbw. gov. com。

阶段资本积累严重不足的问题。“后发优势”将使北部湾经济区的开放开发能够在更高的起点来谋划和推进，实现又好又快发展。①

（二）北部湾经济区的发展目标②③

根据《发展规划》，北部湾经济区的发展目标是：

经过10—15年的努力，把北部湾经济区建设成为我国沿海重要经济增长区域，在西部地区率先实现全面建成小康社会目标。

——经济实力显著增强。在优化结构、提高效益、降低消耗、保护环境的基础上，到2010年，实现人均地区生产总值较大幅度提高；到2020年，人均地区生产总值超过全国平均水平，经济总量占广西的比重提高到45%左右。

——经济结构更加优化。合理的产业结构基本形成，三次产业协调发展，自主创新能力和产业竞争力显著增强，现代产业基地、区域新能源发展和能源安全保障基地基本形成，社会主义新农村建设取得重大进展，城乡协调互动发展，城镇化水平稳步提高，中心城市辐射带动作用显著增强。

——开放合作不断深入。国际区域经济合作区基本建成，经济外向度大幅提高，外贸外经外资规模明显扩大，在国际分工中的地位有所提升，服务带动能力显著增强，开放合作的体制机制基本建立。

——生态文明建设进一步加强。海陆生态环境质量保持优良，成为南中国海海洋生态安全重要屏障区；节能减排效果显著，循环经济形成较大规模，资源环境支撑能力不断增强，基本形成节约能源资源和保护生态环境的产业结构、增长方式、消费模式，可持续发展能力显著增强。

——人民生活全面改善。城乡居民收入稳定增长，居民消费率稳步提高，终身教育体系基本形成，社会就业更加充分，社会保障全面覆盖，基本医疗卫生服务人人享有，公共服务水平显著提高，人居环境舒适优美，社会安定和谐进步。④⑤

① 《广西北部湾经济区概况》，http：//www. bbw. gov. com。
② 参见《广西北部湾经济区发展规划》第二节之“发展目标”。
③ 参见《广西北部湾经济区发展规划》，http：//wenku. baidu. com。
④ 以上引自《广西北部湾经济区发展规划》第二节之“发展目标”。
⑤ 另参见《广西北部湾经济区发展规划》，http：//wenku. baidu. com。

（三）北部湾经济区的功能定位[1][2]

根据《发展规划》，北部湾经济区的功能定位是：

立足北部湾、服务“三南”（西南、华南和中南）、沟通东中西、面向东南亚，充分发挥连接多区域的重要通道、交流桥梁和合作平台作用，以开放合作促开发建设，努力建成中国—东盟开放合作的物流基地、商贸基地、加工制造基地和信息交流中心，成为带动、支撑西部大开发的战略高地和开放度高、辐射力强、经济繁荣、社会和谐、生态良好的重要国际区域经济合作区。[3]

围绕实现上述功能定位，北部湾经济区发展的战略重点是[4]：

——优化国土开发，形成开放合作的空间优势。优化空间布局，密切区域合作，强化城市间功能分工，保护生态环境，打造整体协调、生态友好的可持续发展空间结构。

——完善产业布局，形成开放合作的产业优势。充分利用两个市场、两种资源，优化投资环境，以市场为导向，发挥比较优势，大力发展高起点、高水平的沿海工业、高技术产业和现代服务业，承接产业转移，形成特色鲜明、竞争力强的产业结构。

——提升国际大通道能力，构建开放合作的支撑体系。加快建设现代化沿海港口群，打造泛北部湾海上通道和港口物流中心，构筑出海出边出省的高等级公路网、大能力铁路网和大密度航空网，形成高效便捷安全畅通的现代综合交通网络。

——深化国际国内合作，拓展开放合作的新空间。积极参与中国—东盟自由贸易区建设，打造开放合作的新平台，进一步提升中国—东盟博览会的影响力和凝聚力；大力推进泛北部湾经济合作，继续参与大湄公河次区域合作，推动南宁—新加坡通道经济带建设，形成中国—东盟“一轴两翼”区域经济合作新格局；深化国内区域合作，加强与珠江三角洲地区的联系互动，发挥沟通东中西的作用。

——加强社会建设，营造开放合作的和谐环境。大力发展教育卫生、

① 《广西北部湾经济区发展规划》第二节之“功能定位”。

② 另参见《广西北部湾经济区发展规划》，http://wenku.baidu.com。

③ 参见《广西北部湾经济区发展规划》第二节之“功能定位”。

④ 同上。

劳动就业、文化体育、广播电视、社会保障等各项社会事业，加强基本公共服务体系建设，维护社会稳定，促进社会和谐。

——着力推进改革，创新开放合作的体制机制。加快建立行政区和经济区在促进经济发展方面有机结合的体制机制，加大企业改革力度，建立生态补偿机制，深化土地管理、投融资、劳动就业等方面的体制改革，加快建立统一开放竞争有序的现代市场体系。①②

根据空间布局和岸线分区，规划建设 5 个功能组团：南宁组团、钦（州）防（城港）组团、北海组团、铁山港（龙潭）组团、东兴（凭祥）组团。③

南宁组团。主要包括南宁市区及周边重点开发区，发挥首府中心城市作用，重点发展高技术产业、加工制造业、商贸业和金融、会展、物流等现代服务业，建设保税物流中心，成为面向中国与东盟合作的区域性国际城市、综合交通枢纽和信息交流中心。

钦（州）防（城港）组团。主要包括钦州、防城港市区和临海工业区及沿海相关地区，发挥深水大港优势，建设保税港区，发展临海重化工业和港口物流，成为利用两个市场、两种资源的加工制造基地和物流基地。

北海组团。主要包括北海市区、合浦县城区及周边重点开发区，发挥亚热带滨海旅游资源优势，开发滨海旅游和跨国旅游业，重点发展电子信息、生物制药、海洋开发等高技术产业和出口加工业，拓展出口加工区保税物流功能，保护良好生态环境，成为人居环境优美舒适的海滨城市。

铁山港（龙潭）组团。主要包括北海市铁山港区、玉林市龙潭镇，充分发挥深水岸线和紧靠广东的区位优势，重点建设铁山港大能力泊位和深水航道，承接产业转移，发展临港型产业，建设海峡两岸（玉林）农业合作试验区。

东兴（凭祥）组团。主要包括防城港东兴市、崇左凭祥市城区和边

① 参见《广西北部湾经济区发展规划》第二节之“功能定位”。

② 参见《广西北部湾经济区发展规划》，http：//wenku. baidu. com。

③ 参见《广西北部湾经济区发展规划》第二节之“功能定位”。

境经济合作区及周边重点开发区，发挥通向东盟陆海大通道的门户作用，发展边境出口加工、商贸物流和边境旅游，拓展凭祥经济技术合作区功能，建立凭祥边境综合保税区。[①]

（四）北部湾经济区的区域界定[②]

根据《发展规划》，北部湾经济区主要由南宁、北海、钦州、防城港四市和玉林、崇左两个市物流中心“4 + 2”所辖行政区域组成，陆地面积4.25万平方千米（不含玉林、崇左），2008年末总人口约1300万人。

## 第二节　广西北部湾经济区的空间独特性

北部湾经济区的空间独特性，使得其有着得天独厚的发展优势。概括来说，北部湾经济区的空间优势可以分为四个方面：第一，在国际上，北部湾经济区是连接大西南与东南亚的交通要道；第二，在国内，东临粤港澳地区，西接云贵川地区；第三，在经济上，是华南经济圈、西南经济圈和东盟经济圈的结合部；第四，在本区域内，存在城乡极差、产业极差、经济极差，为经济区的发展提供了独特的推动力。

### 一　背靠大西南，面向东南亚

从地理位置上来说，北部湾经济区是连接大西南与东南亚的交通枢纽，具有突出的区位优势：对内而言，北部湾地区具有沿海的优势，为西南诸省市提供了最为便捷的出海通道；对外而言，北部湾地区具有沿边的优势，是我国面向东南亚诸国的门户重地。

我国大西南的云南、贵州、四川三省深处内陆，与传统的港口城市距离遥远，出海口的稀缺成为制约云贵川发展的重要问题。北部湾出海通道距离昆明923千米，距离贵阳717千米，距离成都1374千米。北部湾作为西南地区最便捷的出海口，成为西南诸省的关注重点。近年来，来自云贵川的考察团多次到访北部湾地区，彰显了大西南力图打通西南出海通道的决心，这也成为北部湾地区发展的一大机遇。

① 参见《广西北部湾经济区发展规划》第二节之“功能定位”。

② 同上。

为了充分发挥区位优势，打通西南出海通道，北部湾地区加快了交通建设的步伐：重点建设通往云贵方向的南宁—百色—昆明、南宁—河池—贵阳的高速公路，通往云南的南昆铁路复线也在加快建设中，黔桂铁路、云桂铁路的扩能改造工程已经完成。在连接腹地的集输运配套交通网络建成之后，北部湾地区真正成为整个大西南最为便捷的出海通道。

背靠大西南的同时，北部湾地区也是中国面向东南亚的门户之地：在陆路上，广西与越南有着637千米长的边境线，有东兴—芒街、凭祥—同登、友谊关—友谊关、水口—驮隆、龙邦—茶岭5个国家一类口岸和7个国家二类口岸，南宁与河内之间开设有国际列车；在海路上，钦州、北海、防城港距离越南海防的距离都在500千米以内。北部湾地区同东南亚的合作交流，无疑具有独特的地缘优势。

正是由于这一地缘优势，北部湾经济区的对外贸易发展迅猛，外资不断增加，对外投资大幅度提升。

在对外贸易总额方面，2011年北部湾经济区四市（南宁、北海、钦州、防城港）进出口贸易总额为1131469万美元，与2008年同比增长86.3%，其中，出口为461701万美元，同比增长61.8%，进口669768万美元，同比增长108%。

在外资利用方面，截至2012年6月，北部湾经济区四市累计吸引外商投资项目数为415个，实际到位外资金额为23.7亿美元，分别占全区总额的52.6%和54.1%，是广西利用外资最集中的区域。其中，2008—2011年，北部湾经济区实际利用外商投资以年均20.3%的速度增长，为广西经济社会发展提供了强劲的推动力。

在对外投资方面，2008—2011年，北部湾经济区四市共获批准设立境外投资机构90个，协议投资总额45757.82万美元，投资主要针对东盟、澳大利亚、西班牙、美国、英国、韩国等国家和地区。投资领域包括农业、服务业、房地产、化工、运输、矿业和贸易等。

可以看到，伴随着运输网络的建立与完善，北部湾经济区成为大西南的出海大通道，成为面向东南亚的南大门，这一区位优势将为北部湾经济区未来发展提供强大的驱动力。

### 二　东临粤港澳，西接云贵川

过去我们对北部湾地区的定位是“背靠大西南，面向东南亚”。这一定位彰显了北部湾经济区作为沿海开放口岸的作用。但是，这一定位却并没有指出北部湾经济区在国内的区位优势。

从国内的地理形势来看，北部湾经济区不仅是西南地区的出海通道，同时也紧邻着泛珠三角这一经济发达区，是连接粤港澳与大西南的交通枢纽。发挥北部湾地区的区位优势，不仅应该发挥北部湾经济区对外门户的作用，也应该挖掘广西作为华南通往西南通道的作用。

广西壮族自治区政府原主席陆兵，曾在2014年10月13日的《广西日报》上发表题为《积极参与国际国内区域合作，努力实现生产力跨越式发展》的文章①，文中呼吁："充分发挥广西作为西南地区出海通道和华南通往西南通道的作用，加强与粤港澳的全面经济合作，借粤港澳兴桂，同时巩固发展与大西南的经济合作，促进华南经济圈与西南经济圈的对接互动，推进泛珠三角经济区建设。"②

泛珠三角地区是我国经济最发达地区之一，加强与泛珠三角地区的经济互动，能够使北部湾经济区的发展得到大量的资金、技术、人才等方面的支持；同时，珠三角地区也急需大西南及北部湾的矿产、人力等资源。作为连接粤港澳与云贵川的通道，北部湾经济区完全可以在发挥其通道作用的同时，得益于粤港澳与云贵川之间的经济交流，实现自身的跨越式发展。

同时，北部湾经济区"东临粤港澳"的另一大优势在于从粤港澳与东盟国家的交流中得益。北部湾经济区不仅是我国大西南地区同东盟国家交流的通道，同时也是粤港澳地区同东盟国家交流的通道。

北部湾经济区的这一地理区位优势是显而易见的，北部湾经济区的资源优势、生态优势，乃至政策优势、后发优势也都是有目共睹的。但是要将这一切转化为经济优势，转化为经济发展的红利，在现实工作中还有很多工作要做。而要达到这一目的，首要的是广西北部湾经济区的地理区位优势必须要转化为物流优势，必须要转化为东靠西联、通江达海、南向发展、内联外贸的实实在在的能力才行。因此，广西的交通系统与周边的省

---

① 陆兵：《积极参与国际国内区域合作，努力实现生产力跨越式发展》，《广西日报》2004年10月13日。

② 同上。

份无缝对接，与周边的国家无缝对接就显得尤为重要了。不仅要做到无缝对接，而且要做到人流物流的快速化、通关的便利化。而对于当下的广西的交通设施及出行的便利化，一是要做国际层面需要协调的工作，二是要做国内周边省区及上报国家需要协调的工作，三是要做好广西自身的交通改善工作。国际层面即需要上报国务院及有关部委做好与越南的海陆交通的对接及通关的便利。国内层面，需要做好与周边省份的交通对接，尤其是高速铁路与高速公路的对接。通过几年的努力，终于在 2014 年年底，南宁至深圳、南宁至广州、南宁至贵阳等地的高速铁路都建设完毕并已开通高速铁路客运系统。与此同时，南宁至北京、南宁至长沙、南宁至武汉、南宁至上海、南宁至厦门的高速铁路都已经开通运行。此外，新开工修建了柳州至肇庆、合浦至湛江的铁路；对一些既有的铁路运输线如黎塘至湛江进行了技术升级、扩能改造，贵阳至广州高速铁路广西路段，已经于 2014 年年底通车。而自治区内，除了加快南宁机场的更新换代建设、西江黄金水道的通航能力建设外，主要要做好三大运输动脉的建设，即做好“一纵两横”的建设工作。所谓“一纵”指的是从北到南纵贯八桂境内的交通大动脉，即桂林—柳州—来宾—黎塘—南宁—北海—钦州—防城港；所谓“两横”分别是河池—柳州—桂林—贺州的桂北交通线，以及百色—南宁—玉林—贵港—梧州的桂东南交通线。

只有将上述举措落实，扎扎实实实现交通对接之后，北部湾经济区真正成为粤港澳与云贵川连接的咽喉枢纽，“借粤港澳兴桂”的战略蓝图才能真正付诸现实。

### 三　东盟经济圈、西南经济圈与华南经济圈的结合部

在地缘上，北部湾经济区位于粤港澳、云贵川及东盟的中枢地带；而在经济上，北部湾经济区则与华南经济圈、西南经济圈和东盟经济圈共同构成了一个经济空间。

在现实生活中，我们可以看到，水流在落差大的地方流速快，而在落差小的地方流速慢。资本的流动也与之相似：在发展水平不平衡的两极之间，资本的流动更加活跃，两极之间差距越大，经济活动的动力就越旺盛，我们借用统计学中的术语，用“极差”一词来表示经济极之间的差异。

经济空间可以分为静态的经济空间和动态的经济空间，我们可以根据

极差的明显程度来判断这一经济空间的属性：静态的经济空间内极差较少，没有明显突出的增长极，也没有经济水平差异较大的二元对立，在这样的经济空间内，资本的流动缺乏动力，发展速度也会相对缓慢；动态的经济空间内则存在着极差聚集的现象，有经济发展水平不均衡的二元存在，而这二元之间的发展水平则存在巨大差距，在这样的经济空间内，资本的流动活跃，发展速度也会更快。

北部湾经济区所处的华南经济圈、西南经济圈和东盟经济圈结合部这一经济空间，则恰好是一个动态的经济空间。在这一动态经济空间内，以广东、香港为代表的华南经济圈为一极，是相对的经济高地，以西南经济圈和东盟经济圈为另一极，属于待发展地区。一方面，发达极的华南经济圈有扩张资本的需求；另一方面，发展极的西南经济圈和东盟经济圈有进行资本积累和技术积累的需求。二极间在北部湾经济区内源源不断激活生产要素，为北部湾经济区的发展带来不竭动力。

（一）华南经济圈的比较优势

比之相对低洼的东盟经济圈和西南经济圈，华南经济圈是相对的经济高地，其经济发展的优势是全方位的，这表现在较高的发展水平、较大的经济总量、先进的发展理念以及完善的发展体系等方面。我们可以通过表2-1来加以说明。

**表2-1　　2012年全国各省人均GDP排名表**

| 排名 | 省区市 | 2012年GDP（亿元） | 2011年常住人口（万） | 人均GDP（元） | 人均GDP（美元） | 在世界各国（地区）人均GDP排名 |
|---|---|---|---|---|---|---|
| 1 | 天津 | 12885.18 | 1355 | 95093.58 | 15129.04 | 45 |
| 2 | 北京 | 17801.02 | 2019 | 88167.51 | 14027.13 | 47 |
| 3 | 上海 | 20101.33 | 2347 | 85646.91 | 13626.11 | 48 |
| 4 | 江苏 | 54058.22 | 7899 | 68436.79 | 10888.04 | 61 |
| 5 | 内蒙古 | 15988.34 | 2482 | 64417.16 | 10248.53 | 65 |
| 6 | 浙江 | 34606.3 | 5463 | 63346.70 | 10078.23 | 66 |
| 7 | 辽宁 | 24801.3 | 4383 | 56585.22 | 9002.50 | 71 |
| 8 | 广东 | 57067.92 | 10505 | 54324.53 | 8642.83 | 71 |

续表

| 排名 | 省区市 | 2012 年 GDP（亿元） | 2011 年常住人口（万） | 人均 GDP（元） | 人均 GDP（美元） | 在世界各国（地区）人均 GDP 排名 |
|---|---|---|---|---|---|---|
| 9 | 福建 | 19701.78 | 3720 | 52961.77 | 8426.02 | 71 |
| 10 | 山东 | 50013.24 | 9637 | 51897.10 | 8256.64 | 71 |
| 11 | 吉林 | 11937.82 | 2749 | 43426.05 | 6908.92 | 80 |
| 12 | 重庆 | 11459 | 2919 | 39256.59 | 6245.58 | 83 |
| 13 | 湖北 | 22250.16 | 5758 | 38642.17 | 6147.83 | 84 |
| 14 | 陕西 | 14451.18 | 3743 | 38608.55 | 6142.48 | 84 |
| 15 | 河北 | 26575.01 | 7241 | 36700.75 | 5838.95 | 88 |
| 16 | 宁夏 | 2326.64 | 639 | 36410.64 | 5792.80 | 88 |
| 17 | 黑龙江 | 13691.57 | 3834 | 35710.93 | 5681.48 | 89 |
| 18 | 新疆 | 7466.32 | 2209 | 33799.55 | 5377.38 | 93 |
| 19 | 山西 | 12112.81 | 3593 | 33712.25 | 5363.49 | 93 |
| 20 | 湖南 | 22154.23 | 6596 | 33587.37 | 5343.63 | 93 |
| 21 | 青海 | 1884.54 | 568 | 33178.52 | 5278.58 | 93 |
| 22 | 海南 | 2855.26 | 877 | 32557.13 | 5179.72 | 93 |
| 23 | 河南 | 29810.14 | 9388 | 31753.45 | 5051.86 | 93 |
| 24 | 四川 | 23849.8 | 8050 | 29627.08 | 4713.56 | 96 |
| 25 | 江西 | 12948.48 | 4488 | 28851.34 | 4590.14 | 97 |
| 26 | 安徽 | 17212.05 | 5968 | 28840.57 | 4588.43 | 97 |
| 27 | 广西 | 13031.04 | 4645 | 28053.91 | 4463.27 | 98 |
| 28 | 西藏 | 695.58 | 302 | 23032.45 | 3664.38 | 105 |
| 29 | 云南 | 10309.8 | 4631 | 22262.58 | 3541.89 | 107 |
| 30 | 甘肃 | 5650.2 | 2564 | 22036.66 | 3505.95 | 107 |
| 31 | 贵州 | 6802.2 | 3469 | 19608.53 | 3119.65 | 114 |
|  | 全国 | 519322 | 135404 | 38353.52 | 6101.90 | 84 |

注：2012 年人民币兑美元汇率中间价为 6.2855。

如表 2－1 所示，以华南经济圈的核心省份广东省为例，2012 年广东省的 GDP 为 57067.92 亿元，位居全国第一，仅其一省的 GDP 就已超过了云南（10309.8 元）、贵州（6802.2 亿元）、四川（23849.8 亿元）、广西

(13031.04亿元)四省的总和,可见其在经济总量上拥有着巨大的优势。在经济发展水平方面,2012年广东的人均GDP为54324.53元,大大超过云南(22262.58元)、贵州(19608.53元)、四川(29627.08元)和广西(28053.91元),可见其在经济发展水平上也是具有优势的。

同时,广东的经济发展也有着至少三方面的阻碍因素:

第一,矿产与能源缺乏,广东的矿产资源总量只是全国中等水平,能源等大宗、支柱性矿产资源短缺,查明矿产资源储量控制程度较低。在能源方面,广东由于能源需求巨大,而自身能源供给不足,已经多次陷入"电荒"。广东是我国最早建设核电站的省份,也是核电技术应用最广泛的省份。这种核电技术的"在场"说明了广东电能的"不在场",广东的核电发展得越好,表明其能源的供给越不足。

第二,劳动力资源缺陷,近几年来广东一直存在着企业"用工荒"的问题。据相关部门的统计数据显示:珠江三角洲城市群近年来用工不足的形势越来越严峻,这表现在两个方面:一是大量技术工种及技术工作找不到合适的人来做,二是大量的大学毕业生找不到工作。这中间的用工缺口在广东全省就有100万人之多,其中主要用工地比如东莞用工缺口20万人,深圳用工缺口20万人,广州用工缺口15万人,珠海用工缺口10万人。虽然连续几年来大学生的就业都被称为"史上最难就业季",但广东却依旧面临"史上最严重用工荒",究其原因是广东缺少的是专业技术工人而不是大学毕业生。专业技术工人的短缺使得广东许多中小企业面临倒闭的危险。

第三,政策的转变造成广东发展亟须寻找新的推动因素,过去深圳是改革开放的试点,受到政策的倾斜性照顾,广东经济也借机得到飞速发展。但随着西部大开发和中部崛起等战略的实施,广东的经济发展明显放缓,2012年广东的GDP增速只有8.2个百分点,落后于全国平均水平。"北上广"中之"广"的地位将受到挑战,广东亟须寻找新的动力。

综上所述,以广东为代表的华南经济圈,在现阶段经济发展水平、经济总量、科学技术等方面都有着优势,但在矿产、能源、劳动力、政策上则有着缺陷,亟须补足。

### (二)西南经济圈与东盟经济圈比较:优势、不足与需求

反观西南经济圈和东盟经济圈,其优势在于丰富的矿产与能源、充足

的劳动力资源以及近年来的政策扶持。

第一，西南地区与东盟地区矿产丰富，能源充足。在矿产资源方面，锡、磷、钒、钛、铅的储量位居世界前列；在能源资源方面，煤和天然气的储量丰富，足以满足经济发展的需求。除矿产外，西南地区和东盟有着丰富的水能资源，仅就西南地区而言，在全国可开发水能资源中，华东、东北、华北三大区共占6.8%，中南5地区占15.5%，西北地区占9.9%，西南地区则占了67.8%，其中云贵川三省占全国的50.7%。

第二，西南地区拥有丰富的劳动力资源。西南地区的四川、贵州、广西一直是我国的劳务输出大省，劳动力资源丰富，合理利用这一优势，会成为西南地区经济发展的动力。

第三，不可否认，在当前阶段我国的经济发展对政策的依赖程度很大，而近年来国家对西南地区经济发展的政策倾斜，为西南地区经济发展创造了条件。我国政府向来重视与东盟国家的经济合作，尤其是21世纪以来，积极推进中国—东盟自由贸易区的建设，在政策上也有很多优势。

西南经济圈与东盟经济圈的发展制约因素也很明显，以西南三省中经济最为发达的四川省为例，其经济发展存在着几大问题。

首先是产业结构不合理，2010年年底，四川省三次产业结构为14.7∶50.7∶34.6，而广东同年的三次产业结构为5.0∶50.4∶44.6。其第三产业比之广东省，要少10个百分点。第三产业的发展不足，成为制约四川经济发展的主要问题。

其次是资金不足，四川省2011年的人均可支配收入为17899元，位列全国第24位。人均可支配收入是衡量经济发展活力与潜力的一项重要指标，居民的可支配收入高，才会有足够的资本在市场流通，从而促进市场的繁荣，促进经济的发展。而四川省的人均可支配收入低，使得发展资金不足，制约了经济发展。

此外，四川省的经济发展还存在着高新科技转化率低、现代企业发展经验不足等问题。

总之，产业结构不合理、资金不足、现代发展经验有限、高新技术应用不够，这几大问题是西南经济圈和东盟经济圈共同存在的问题。

### （三）北部湾经济区：多种极差集聚之地

由上述可见，华南经济圈、西南经济圈和东盟经济圈之间存在着各自的优势与不足。而这些优势与不足又恰好是满足各自需求与供应的互补关系。比如，华南经济圈急需西南经济圈和东盟经济圈的资源、能源、劳动力等要素优势，并希望借助于西部大开发的政策优惠和中国—东盟自由贸易区的政策优惠来为自身经济发展提供新的动力；而对于西南经济圈和东盟经济圈而言，无论是技术的升级换代、产业结构的改善，还是管理经验的借鉴，抑或是资本与金融的支持，等等，都将离不开强大的华南经济圈的支持。

可以预见，三大经济圈之间将会开展更加广泛和深入的经济合作。而作为三大经济圈结合部的北部湾经济区，在未来若干年将有着大量的物流、人流、资金流在此聚集、转移。借助这一机遇，北部湾经济区在三大经济圈之间极差的带动下，无论是经济发展人、财、物的流动，还是资本流动，抑或是各种产品的产、供、销，等等，都将汇聚成一股强大的洪流，驻足北部湾，为北部湾经济区的发展提供强大的动力。

### 四　极差集聚：城乡极差、产业极差、经济极差

在大区域背景下，北部湾经济区存在着极差集聚，这主要表现在区域内外两方面。从次区域的外部来看，整个经济区存在着二元极差，这就是华南经济圈处于资本技术人才经济等的领先地位，经济发展充满活力。而西南经济圈和东盟经济圈则相对低洼，经济发展的动力因素相对不足，其中，资金、技术或是人才都显得相对不足。因此，两相比较，前者和后者之间存在着二元极差。而从北部湾经济区的内部观察，同样也存在着二元极差的情况，正是这种二元极差的存在，为经济发展提供了动力。北部湾经济区内部所存在的极差主要表现为：城乡极差、产业极差和经济极差。

#### （一）城乡极差

北部湾经济区内部，城乡极差的现象十分严重。

这种城乡极差首先表现在各市之间城镇化水平差别大。以南宁和钦州为例，2011 年年末，南宁的城镇化率为 54.6%，而钦州的城镇化率为 37.5%，二者相差了 17 个百分点。2012 年南宁城镇人口为 274.55 万人，钦州城镇人口为 106.97 万人。无论是城镇化的规模还是城镇化的水平南宁都远高于钦州。

另外，这种极差还表现在城市居民生活水平和乡村居民生活水平的差异上。以钦州为例，钦州 2012 年城市居民人均可支配收入为 21600 元，

人均消费性支出为 13095 元，城镇居民恩格尔系数为 45.41%，城镇居民人均住房建筑面积为 43.65 平方米。而农民人均纯收入仅为 7140 元，恩格尔系数高达 48.86%，人均住房建筑面积仅为 26.35 平方米。可见，北部湾经济区内城市居民收入比农村高，消费结构更优化，住房面积更大，城市居民生活水平远高于乡村居民生活水平。

城镇化水平和城乡居民生活水平的巨大差别说明了城乡极差的存在，辩证地看待这一问题，倒也并不是一件坏事。城乡极差大，也可以理解为城镇化的潜力和动力大。北部湾经济区内城乡极差产生的势能将为今后广西城乡一体化建设提供能量。

（二）产业极差

北部湾经济区内各市，在三次产业结构上也有着极差。以南宁和北海为例，2012 年南宁的三次产业结构为 12.95∶38.3∶48.75，北海的三次产业结构为 18.8∶46.6∶36.6。在整体结构上，南宁达到了所谓“三二一”的较为理想的产业结构标准，而北海尚未达到。从细节上来说北海的第一、第二产业所占比重都高于南宁，第三产业所占比重则远低于南宁。北海的产业结构与南宁相比无论在整体上还是在细节上都有着巨大的差距。

产业结构上的差距说明了北部湾经济区内产业极差的存在，虽然南宁自身的产业结构也有很多需要优化的地方，但作为北部湾经济区的标杆，可以为北部湾其他城市的产业结构调整提供参考，同时，南宁产业结构的优化也对整个地区的产业结构调整起到拉动作用。

（三）经济极差

北部湾经济区内的经济极差更是明显。以南宁和防城港为例，2012 年，南宁全年全市生产总值为 2503.55 亿元，而防城港市 2012 年全市生产总值仅为 457.53 亿元。南宁的生产总值为防城港的 5 倍多，单从经济规模而言，南宁是北部湾经济区内当之无愧的“领头羊”。但是，2012 年南宁的人均 GDP 为 35138 元，而防城港市的人均 GDP 则达到了 51836 元。① 这说明在经济规模和经济发展水平上出现了分化。南宁的规模更大，但防城港等港口城市在发展水平上也有自身的优势。由此可见，北部

① 北部湾另外两大港口城市中，北海的人均 GDP 为 40890 元，超过南宁，而钦州则低于南宁。

湾经济区内有着较为复杂的经济极差，一方面是南宁依托面积和人口优势形成的经济规模极；另一方面是防城港等城市依托自身特色形成的经济密度极。虽然极差复杂，但这对于北部湾经济区的发展是一件好事，因为极差越多，经济发展的潜力和动力越大。

通过这些分析我们可以得出结论，北部湾经济区在地理位置上是粤港澳、大西南、东南亚的连接点，在经济地位上受三大经济圈的共同作用。北部湾经济区的空间独特性，使得城乡极差、产业极差、经济极差将成为未来北部湾经济发展的三大驱动因素。

## 第三节　北部湾经济区面临的外部挑战

北部湾经济区已经成为国家区域发展战略的重要组成部分，尽管北部湾经济区有着天时、地利等众多因素，经济发展潜力巨大。但就其外部环境来讲面临着两方面的挑战：一是区域竞争日益激烈的挑战，二是外部生态环境日益严峻的挑战。

首先，近年来，国家先后批准设立了重庆两江新区、天津滨海新区、长株潭城市群两型社会配套改革试验区、成渝统筹城乡综合配套改革试验区、海南国际旅游岛、山东半岛蓝色经济区等，出台了一系列促进区域协调发展的文件或规划，区域发展正在形成“西部提速、东北攻坚、东部发展、东西互动、拉动中部”的格局。

然而，国家先是于2013年8月22日批准了上海自由贸易试验区，同年9月29日正式挂牌。接着又于2015年4月批准了天津自由贸易区、福建海峡两岸自由贸易区、广东自由贸易区这三个自由贸易区。接下来，还有重庆自由贸易区、武汉自由贸易区、湖南长潭株自由贸易区、广西北部湾自由贸易区等地正排队等着中央政府的优惠政策安排。中央政府赋予各地方政府的各种优惠的政策安排将会逐步趋同。这就意味着，原先在时间的间隔上由于政策颁布先后顺序的不同所造成的地方经济发展效应的不同将会逐步走向同一，不再有政策上的不同和倾斜所导致的“头羊效应”。各地发展经济主要看各地政府及其领导班子对经济规律的理解，对市场，对生产，对供应，对销售，对地缘经济，对制度调控等的深刻理解及其工作效率与经济工作的能力。因而，对于北部湾经济区而言，随着东盟自由贸易区的发展壮大，随着周边省份比如广东、湖南经济的快速发展，随着云南、贵州两省的奋起直追，来自区域外部的各种各样的竞争压力不断加大。

其次，经济快速发展与环境保护之间的矛盾凸显。一方面，广西北部湾经济区加快发展布局的石化、冶金、林浆纸、火电、临海重化工业等产业，其产生的万元工业增加值能耗、二氧化硫排放量以及其他污染物的排放量将会对北部湾经济区形成新的排污增量。另一方面，国家于"十二五"及"十三五"以及接下来二三十年里，将会持续不断地强调环境保护，强调绿色经济，强调循环经济，强调生态经济，强调可持续发展，等等。如此一来，既要发展经济，加快产业发展，又要确保完成节能减排任务，最大限度减少污染物的排放量，将给北部湾经济区带来极大的压力。

## 第四节　北部湾经济区面临的内部难题

不仅仅是北部湾经济区的外部环境面临着两个方面的挑战，就其内部来讲，也面临着诸如资本供给不足、产业化程度不高、科技发展水平落后、腹地支撑薄弱、城乡统筹水平偏低等经济发展难题。

### 一　资本供给不足

首先，从整个北部湾经济区来看，依据2007年的统计数据，北部湾经济区及广西人均GDP、人均固定资产投资和人均金融机构各项存款余额等影响和反映资本供给的指标均比全国平均水平低（见表2－2）。其次，从北部湾经济区内部来看，在北部湾四个城市中，除了防城港人均GDP及人均固定资产投资比全国平均水平稍高外，其余各市各指标均低于全国平均水平。再次，从区域外部的资本供给来看，2007年，北部湾经济区和广西人均利用外资水平也远低于全国平均水平，其中，广西人均利用外资额仅为13.67美元，不足全国人均56.59美元的1/4，北部湾经济区人均为36.26美元，与全国的平均水平也有一定差距。最后，从北部湾经济区各市来看，防城港利用外资水平较高，为71.34美元，高于全国平均水平，其他各市均低于全国平均水平。

**表 2－2　　2007 年北部湾经济区资本供给情况表**

| 地区 | 人均 GDP（元/人） | 人均固定资产投资（元/人） | 人均金融机构各项存款余额（元/人） | 人均实际利用外资（美元/人） |
|---|---|---|---|---|
| 全国 | 18665.00 | 10386.74 | 30349.13 | 56.59 |
| 广西 | 12408.00 | 5938.56 | 11495.28 | 13.67 |
| 北部湾 | 14217.00 | 7544.37 | 18940.62 | 36.26 |
| 南宁 | 15685.00 | 8196.22 | 27380.87 | 27.07 |
| 北海 | 15821.00 | 8659.16 | 13913.13 | 45.80 |
| 钦州 | 9552.00 | 4660.81 | 5829.66 | 41.50 |
| 防城港 | 19091.00 | 12425.59 | 15151.22 | 71.34 |

资料来源：根据中国、广西及北部湾经济区各市 2007 年国民经济和社会发展统计公报计算。

因此，基于区域内部资本和外部资本的供给指标，基本可以判断：北部湾经济区经济发展面临资本供给不足的问题。

## 二　产业化程度不高

评价产业专门化程度有区位商指标和专门化率等方法，特别是区位商能反映区域分工的基本格局与区域比较优势。本书所计算的北部湾经济区第一、第二、第三产业的区位商，是指北部湾经济区各产业 GDP 占北部湾经济区 GDP 总量的份额与广西各产业 GDP 占全区 GDP 总量的份额之比。如果北部湾经济区某产业区位商大于 1，说明该产业部门的专门化程度大于广西平均水平。

从对北部湾经济区 2006 年、2008 年三个产业的区位商（见表 2－3）测算来看，第一和第二产业的区位商均小于 1，说明北部湾经济区这两个产业的区域专门化程度低于广西，第三产业的区位商大于 1，具有一定的区域优势。从发展的趋势来看，北部湾经济区第一、第二产业的区位商均呈小幅下降，第三产业的区位商则呈小幅上升，说明随着《广西北部湾经济区发展规划》的实施，第三产业的区位优势更加突出。但是，我们看到各产业的区位商都接近 1，说明在广西内部北部湾经济区的三次产业分工不明显、分工水平不高。

表 2－3　　2006 年、2008 年北部湾经济区各产业的区位商

| 地区 | 2006 年 | | | 2008 年 | | |
|---|---|---|---|---|---|---|
| | 第一产业 | 第二产业 | 第三产业 | 第一产业 | 第二产业 | 第三产业 |
| 广西 | 21.38 | 38.91 | 39.71 | 20.27 | 42.36 | 37.37 |
| 北部湾 | 20.52 | 36.07 | 43.41 | 18.87 | 38.17 | 42.96 |
| 区位商（北部湾/广西） | 0.96 | 0.93 | 1.09 | 0.93 | 0.90 | 1.15 |

资料来源：《广西统计年鉴 2007》、《广西统计年鉴 2009》，北部湾数据根据南宁市、北海市、防城港市和钦州市的数据加总而来。

## 三　科技发展水平不高

表 2－4 是 2006 年和 2008 年广西科技水平发展情况统计计算表。

表 2－4　　2006 年、2008 年广西科技水平发展情况表

| 年份 | 地区 | 科技人员（万人） | 万人拥有科技人员数 | R&D（亿元） | R&D/GDP（%） |
|---|---|---|---|---|---|
| 2006 | 中国 | 413.2 | 31.43 | 3003.1 | 1.42 |
| | 广西 | 5.9 | 11.82 | 18.24 | 0.38 |
| 2008 | 中国 | 500 | 38.03 | 4400 | 1.5 |
| | 广西 | 6.75 | 14 | 32.83 | 0.46 |

资料来源：《中国科技统计年鉴 2007》和《中国统计年鉴 2009》。

科学技术是第一生产力，经济的发展离不开科学技术的支撑，但目前，从反映科技水平的两个关键指标万人拥有科技人员数和 R&D 占 GDP 的比值来看，广西和北部湾经济区的科技水平还很落后。2008 年，广西有科技人员 6.75 万人，万人拥有科技人员数为 14 个，虽然相对 2006 年的 11.82 个有了一定的改善，但是与全国 38.03 个的平均水平相比还有很大差距；2008 年广西投入 R&D 费用 32.83 亿元，较 2006 年的 18.24 亿元有较大幅度的提高。但是，相对于 GDP 的增长，增幅不大，2008 年广西的 R&D 费用与 GDP 之比为 0.46%，与 2006 年的 0.38% 相比，有所提高，但与全国 1.5% 的平均水平相比还有很大差距。另外，北部湾经济区的科技水平也很落后，2005 年，北部湾经济区研发费用占 GDP 的比重也仅为 0.5%。广西和北部湾经济区明显落后的科技投入和科技发展水平，使北

部湾经济区经济发展中所需的科技保障与科技支撑面临严峻挑战。广西和北部湾经济区的科技条件和科技支撑能力还亟须提高和改善。

## 四 经济腹地支撑薄弱

经济腹地对沿海港口的地区经济发展有着极为重要的影响，这种影响表现为两个方面：一是腹地的空间面积大小及人口数量的多寡，二是腹地经济发展的质量和产业结构的合理与否，而这两个方面又呈现正相关关系。空间越大、人口越多，则各种需求也越多，经济发展的动力越足，发展的时间越持久，经济发展的质量也就越高，经济产业更新换代的频率也就越快。反之，递减。资源、利益、财富等都是在人与人的社会关系中生成的。经济越发达，越需要广阔的空间去支撑与消化这些经济成果，因而经济腹地直接决定了一个城市、一个港口的繁荣兴衰程度及时间的长短。这从我国各大港口城市几百年的发展史中可以得到证明，经济腹地与港口地区经济联系越密切，其经济互动的速度越快，对于区域经济发展的推动力也就越大。

当然，经济腹地也有着直接的经济腹地和间接的经济腹地之分。所谓直接的经济腹地，指的是一个城市或者港口所直接覆盖并投射的经济区域，其他城市或者港口不得染指也无法染指。有的即便染指，也被消化或者被涵化了，直接经济腹地具有排他性。这主要是指内陆城市或内河港口所能形成的腹地，比如武汉三镇港口，长江中游地段的所有平原，包括湖北江汉平原、湖南的岳阳及洞庭湖平原等都自然被武汉所覆盖，成了武汉的直接经济腹地。又比如南宁市、南宁市周边的县市，直接就被纳入了南宁市的经济腹地，构成对南宁市的支撑。这就是直接经济腹地的相关含义及其表现。所谓间接腹地，指的是两个及以上城市及两个以上的港口所共同拥有的能够覆盖并投射力量的经济腹地。这当然是双方经济力量都能到达的交叉或重叠区域。间接经济腹地具有兼容性。

### （一）腹地经济发展水平不高

根据谢童伟、宾长初的研究，广西北部湾经济区之北海、钦州、防城港等各个港口的经济腹地可以划分为三个层次。[①] 其划分原理：按照经济

---

① 参见谢童伟、宾长初《广西北部湾港口经济腹地探析》，《东南亚纵横》2007 年第 12 期。

地理学——经济力量投射的大小、吸引资源作用力的大小以及政策影响力的大小乃至覆盖空间范围面积的多寡。

据此，北部湾经济区的经济腹地可以划分为三个明显的层次。[①]

第一个层次的经济腹地，包括广西的南宁市、北海市、钦州市以及防城港市，即人人熟知、耳熟能详的“南、北、钦、防”，也即“广西北部湾经济区”。[②]

第二个层次的腹地，是除“广西北部湾经济区”以外，全广西壮族自治区辖区内的其余部分。[③]

第三个层次的腹地，则是周边省份诸如云南省、贵州省、四川省、重庆市甚至还包括湖南省等地在内。[④]

这三个经济腹地层层放大，梯次辐射，持续支撑着北部湾经济区的经济发展。据发改委、海关总署、统计局等国家相关部门的贸易数据统计，广西北部湾经济区港口群的经贸物流，57%的流量来自广西[⑤]；剩下的43%的流量则来自云南省、贵州省、四川省、重庆市甚至还包括湖南省等地。[⑥] 而且这个数据还在不断的变化当中，经济贸易的绝对数值还在不断的增加之中。[⑦]

我们将广西北部湾经济区经济腹地主要经济发展指标列一个详细的表格（见表2－5），表2－5可以发现即便在2010年，尽管腹地（包括桂、云、贵、川、渝）人口规模达到26206万人，但人均GDP也只有10321元，只相当于我国2007年人均GDP18665元的55%，北部湾港口腹地经济发展程度依然很低，即短期内对北部湾经济区的支持力量依然显得不足。[⑧]

（二）经济腹地与北部湾经济区联系不够密切

由于腹地经济发展水平低，加上北部湾三港口与广东湛江港都以大西

① 参见谢童伟、宾长初《广西北部湾港口经济腹地探析》，《东南亚纵横》2007年第12期。

② 同上。

③ 同上。

④ 同上。

⑤ 同上。

⑥ 同上。

⑦ 同上。

⑧ 此段文稿中的数据依据各省市区“十一五规划”计算。

南作为经济腹地，湛江港分流了一部分经济联系，使得腹地与北部湾经济区港口联系不够紧密。为了分析腹地与北部湾经济区港口联系的紧密程度，本书用港口外贸依存度来分析港口与腹地的关系。①

**表 2－5　　2010 年广西北部湾经济区腹地经济主要指标表**

| 指标 | 广西 | 云南 | 贵州 | 四川 | 重庆 | 合计 |
|---|---|---|---|---|---|---|
| 人口（万人） | 5100 | 4686 | 4143 | 9027 | 3250 | 26206 |
| GDP（亿元） | 6120 | 5250 | 3060 | 11163 | 4595 | 27046 |
| 第一产业（%） | 21 | 19 | 21 | 20 | 11 | |
| 第二产业（%） | 45 | 45 | 45 | 43 | 48 | |
| 第三产业（%） | 34 | 36 | 34 | 37 | 41 | |
| 人均 GDP（元） | 15000 | 111203 | 7386 | 12366 | 14138 | 10321 |
| 进出口总额（亿美元） | 88 | 88 | 20 | 122 | 70 | 388 |
| 出口总额（亿美元） | 70 | 52 | 13 | 70 | 40 | 245 |

资料来源：据各省市区“十一五规划”计算。

总体上看，北钦防总体港口外贸依存程度较低（见表 2－6）。除了防城港历年基本在 50% 以上外，钦州、北海均较低，三港口总体及北部湾经济区总体也较低。2003 年广州的港口外贸依存度达 80%，而北钦防总体港口外贸依存度只有 18.2%，2006 年为 24.5%，整个北部湾经济区 2006 年也只有 9.8%。这说明北部湾经济区对外经济联系不够紧密，也说明了腹地与北部湾经济区的经济联系不够密切。

**表 2－6　　北部湾经济区外贸依存度表**

单位：%

| 年份 | 北海 | 防城港 | 钦州 | 北钦防 | 北部湾经济区 |
|---|---|---|---|---|---|
| 2001 | 4.7 | 34.5 | 1.8 | 9.0 | 4.6 |
| 2002 | 5.9 | 54.0 | 2.1 | 13.9 | 6.9 |
| 2003 | 8.2 | 71.6 | 2.4 | 18.2 | 7.7 |

① 港口外贸依存度计算公式为：港口外贸依存度＝（港口外贸进出口总值/港口直接腹地的生产总值）×100%。

续表

| 年份 | 北海 | 防城港 | 钦州 | 北钦防 | 北部湾经济区 |
| --- | --- | --- | --- | --- | --- |
| 2004 | 6.7 | 70.0 | 4.2 | 18.4 | 7.7 |
| 2005 | 8.1 | 71.8 | 7.7 | 20.5 | 8.2 |
| 2006 | 10.9 | 71.2 | 14.6 | 24.5 | 9.8 |

资料来源：参见谢童伟、宾长初《广西北部湾港口经济腹地探析》，《东南亚纵横》2007 年第 12 期。

## 五　城乡统筹水平偏低

无论是从国家战略层面，还是从自治区发展层面，要实现北部湾经济区的功能定位，需要处理诸多的诸如东部与西部、沿海与内地、中国与东盟、内部与外部等统筹关系问题。这其中有一个绕不过去的问题便是：北部湾经济区的城乡统筹问题。这个问题解决得好坏不仅直接影响着北部湾经济区城乡一体化建设的成败与否，影响着北部湾新型城镇化建设的成败，更影响着党中央新一届政府所倡导的北部湾经济区城乡统筹新格局能否借此形成。

那么，决定城乡统筹工作水平高低的因素究竟有哪些呢？从学术界的政府层面的讨论来看，不外乎这么几个角度：第一，从政府来看，城市乡村没有太大的治理差距，从城市到乡村，或者从乡村到城市都有畅通的通道，既不是单向的一窝蜂地往城市里挤，也不是单一地往乡下挤，无论是往城市投送资源，还是往农村投送资源，都能得到社会各阶层的响应和认同，这可以视为政治的视角。第二，经济学界所考虑的是农村生产力的提高，农村农业所创造的国内 GDP 与城市相比差距不是太大，大致能够平衡，这可以视为经济的视角。第三，社会学界所考虑的是由于历史的种种原因而延续至今的城乡二元格局社会。如果这种社会裂缝弥合了，那么城乡统筹的任务就完成了。这可以视为社会学界的视角。四是生态环境学界所考虑的，无论是城市还是乡村，都是山清水秀，都是蓝天白云，碧空万里，城市和乡村没有显著的环境差异，这可以视为生态环境学的视角。总结以上观点，环境、社会、经济、政治四个层面的因素相互交织、相互缠绕，你中有我、我中有你，实际上就是一个系统工程，必须纳入统筹的范畴才可以一并解决。

根据林冠《统筹发展视角下的区域发展与政府行为》一文中的观点，我们借鉴经济学界广为使用的衡量城乡二元结构的某些指标来进行测度，可以建立一个衡量统筹城乡发展需要的评价指标体系。①②

经济学界当初为了研究城乡二元结构，选择了一系列由数学数字作为基础的经济指标来表征。一共有12个指标，详细如下③④：

一是反映二元格局下城乡民众生活质量差异的指标：恩格尔系数差异度指标。

二是反映二元格局下城乡民众具体生活水平的指标：城乡就业人员收入差异指标。

三是测度具体空间的指标：城市化水平指标。

四是测度城乡二元格局下的产业分工指标：三次产业分工以及各自所占比重。

五是反映市场成熟程度的指标：信息流与物流的状况及其契合度指标。

六是反映城乡产业结构及其质量的指标：平均利润率指标。

七是反映城乡不同行业分工不同部门劳动效率的指标：劳动生产率指标。

八是反映城乡劳动力素质程度的指标：劳动力的状况及其差异指标。

九是反映城乡医疗保健差异的指标：医疗卫生差异指标。

十是反映城乡基本差异指标：城乡二元劳动生产率对比系数指标。

十一是考量城乡社会保障指标：城乡社保水准差异指标。

十二是考量城乡教育发展程度指标：教育发展程度指标。

本书采纳林冠的观点，将挑选第一个、第二个、第三个和第十个指标来进行城乡统筹水平的测度，即挑选恩格尔系数差异度指标、城乡就业人员收入差异度指标、城市化水平指标、劳动生产率对比差异度指标来测度

① 林冠：《北部湾经济区开放开发中的城乡关系问题与政府统筹初探》，《学术论坛》2011年第12期。

② 林冠：《统筹发展视角下的区域发展与政府行为》，博士学位论文，华中师范大学，2012年。

③ 翟孝强：《长三角城乡二元经济结构实证分析》，《特区经济》2009年第10期。

④ 沈滨、叶超：《城乡二元经济结构实证分析——以甘肃为例》，《经济问题》2003年第2期。

北部湾经济区的城乡二元结构城乡统筹发展的水平。①

第一个指标是恩格尔系数差异度指标。②

需要说明的是，恩格尔系数指标是经济学界用来表征并说明贫富差距的，用来说明财富的集中度与扩散度，换句话说是用来表明因为财富占有的不同而彰显社会的差异度。此处借鉴过来表征和说明城乡社会一体化的发育程度或者说发展程度，是具有很强的说服力与合理性。③

设：城乡二元格局下其恩格尔系数的差异度为 E。

那么用公式表示：E = 乡村恩格尔系数 - 城市恩格尔系数。

据此，就可以计算出南宁、北海、钦州、防城港以及玉林、崇左，在城乡二元格局下其恩格尔系数的差异度，并进而算出北部湾经济区的平均值。

经济学界界定：当 E 值小于 0.05 时，城市居民与乡村居民的生活水平大体一致，属于城乡一体化水平较高的区域。当 E 值处于大于 0.05 但又小于 0.10 的区间时，表明所考核的区域城市居民的生活水平与乡村居民的生活水平尽管存在着比较大的差异，但该区域正朝着城乡一体化的方向过渡。当 E 值大于 0.10 时，则表明城市居民与乡村居民生活水平的差异非常明显。④

第二个指标是城乡就业人员收入差异度指标。⑤

我们知道，个人及家庭收入的差距，直接关涉其生活水平的差距，亦可衡量其生活质量的差异。此处将“城乡就业人员收入差异度指标”借鉴过来表征和说明城乡社会一体化的发育程度或者说发展程度，同样是具有很强的说服力与合理性。⑥

设：城乡二元格局下城乡就业人员收入差异度为 S。

那么用公式表示：S = 1 - 乡村人均年纯收入 ÷ 城市人均年纯收入。

据此，就可以计算出南宁、北海、钦州、防城港以及玉林、崇左，在

① 参见林冠《北部湾经济区开放开发中的城乡关系问题与政府统筹初探》，《学术论坛》2011 年第 12 期。

② 同上。

③ 同上。

④ 同上。

⑤ 同上。

⑥ 同上。

城乡二元格局下城乡就业人员收入差异度，并进而算出北部湾经济区的平均值。

经济学界界定：当S值处于大于或等于0.2但小于0.5的区间时，表明所考核的区域之城市居民的收入水平与乡村居民的收入水平尽管存在着比较大的差异，但该区域正处于朝着城乡一体化方向演化和过渡的阶段。当S值处于大于或等于0.5但小于0.6的区间时，表明所考核的区域正好处于城乡二元分离阶段，但这种分离的趋势还不是很严重。当S值处于大于或等于0.6但小于0.7的区间时，则表明所考核区域之城乡二元分裂非常严重。[①]

第三个指标是城市化水平指标。[②]

该指标又被经济学界称为“城市化水平率”。一个地方经济社会的发展水平可以用空间的人口集聚量来表征。我们知道，城市承载的人口多，那是因为城市首先吸纳了大量的产业，这是与生产相关的；其次，城市还得吸纳与此相对应的公共设施以及生活配套设施，而这同样要吸纳大量人员。因此，经济学界多年来便一直使用城市人口总数占该区域总人口比重的方法来计算一个地方的城市化水平。不可否认，用此方法计算出来的比重，即城市化水平率，实际上就是空间人口的集聚度。用这种方法来衡量一个地方城乡二元的融合或分立的演进程度，具有很强的合理性与说服力。[③]

设：城乡二元格局下城市化水平指标为C。

那么用公式表示：C =（考核区域之城市人口总额 ÷ 该区域全部人口总量）×100%。

据此，就可以计算出南宁、北海、钦州、防城港以及玉林、崇左，在城乡二元格局下城乡一体化的融合度，或者说计算出南北钦防等地的城市化水平，并进而计算出北部湾经济区城市化水平的平均值。[④]

经济学界界定：当考核区域的C值小于或者等于50%的时候，该区

---

① 参见林冠《北部湾经济区开放开发中的城乡关系问题与政府统筹初探》，《学术论坛》2011年第12期。

② 同上。

③ 同上。

④ 同上。

域还处于传统的农耕社会发展阶段，城市乡村壁垒森严，界限明显或者存在鸿沟。这个数字越小，则说明城市乡村的界限越明显，或者说存在鸿沟。只有当 C 值大于 50% 的时候，所考核区域已处于现代工商社会，正朝着城市乡村一体化的方向演化。这个数字越大，则城市乡村的界限正逐渐消失，鸿沟正在弥合，说明所考核区域城市乡村一体化的融合度越高。①

第四个指标是劳动生产率对比差异度指标。②

我们知道，城乡二元格局的形成是历史造成的，不仅我国如此，世界绝大多数国家都是如此，即便是当今如美国、日本、德国、法国、英国等发达国家，也在历史上经历了较长的时间段的城乡二元分裂的格局。城乡两大空间范围的劳动生产率的数值差异，不仅说明了一个地方城市乡村的二元结构之总体水准，更说明一个地方之城乡统筹水平的高低，经济学家据此来考核一个地方的城乡一体化发育的程度。

设：城乡二元格局下劳动生产率对比差异度指标为 L。

那么用公式表示：L =（所考核区域农业部门的平均劳动生产率 ÷ 该区域非农业部门的平均劳动生产率）×100% 。

据此，就可以计算出南宁、北海、钦州、防线港以及玉林、崇左，在城乡二元格局下其劳动生产率对比差异度，并进而计算出北部湾经济区该指标的平均值，并在此基础上，从劳动生产率对比差异度指标的角度，计算出南北钦防等地的城市化水平指标。③

经济学界界定：考核区域的 L 值越小，说明城乡分立程度越明显，城乡融合度越差；反之，则说明城乡融合度越好，城乡一体化程度越高。一般情况下，发达国家该指标在 52%—68% 。而在发展中国家，该指标则经常处于 31%—45% 。④

综上所述，我们根据 2010 年《广西统计年鉴》的相关资料，并依据上述四个指标的计算要求和计算规则，逐一将南宁、北海、钦州、防城

① 参见林冠《北部湾经济区开放开发中的城乡关系问题与政府统筹初探》，《学术论坛》2011 年第 12 期。

② 同上。

③ 同上。

④ 同上。

港、玉林、崇左6个城市（北部湾经济区覆盖区域）各个指标计算出来，如表2－7所示。

**表2－7　　　　北部湾经济区城乡统筹水平相关指标数据表**

| 考核地域空间 | 恩格尔系数差异度指标 | 城乡就业人员收入差异度指标 | 城市化水平指标（%） | 劳动生产率对比差异度指标（%） |
|---|---|---|---|---|
| 崇左市 | 0.02 | 0.71 | 32.56 | 39.99 |
| 玉林市 | 0.04 | 0.71 | 36.54 | 28.61 |
| 防城港 | 0.11 | 0.69 | 45.24 | 18.89 |
| 钦州市 | 0.16 | 0.69 | 34.04 | 40.42 |
| 北海市 | 0.13 | 0.69 | 50.20 | 31.58 |
| 南宁市 | 0.13 | 0.73 | 50.48 | 16.18 |
| 平均值 | 0.10 | 0.70 | 41.51 | 29.28 |

资料来源：根据2010年《广西统计年鉴》计算得出。另参见林冠《北部湾经济区开放开发中的城乡关系问题与政府统筹初探》，《学术论坛》2011年第12期。

综上所述，通过本节对北部湾经济区的资本、产业、科技发展、腹地支撑、城乡统筹水平的分析和各种指标的演算，以及各种指标值的得出，我们基本可以判断：北部湾经济区基本处于工业化中期的起始阶段，重化工业正逐步成为经济区工业主导部门，在投资的驱动下，重化工业部门和区域经济快速增长，将发展成为我国经济新高地和发展新的一极。但是，由于北部湾经济区产业专门化程度不高，各产业在广西内部的分工并不明显，区域分工水平不高，同时，在经济发展过程中资本供给不足、科技投入和科技发展水平落后、经济腹地对北部湾经济区经济发展支持有限，使得北部湾经济区在经济建设推进过程中面临严峻挑战等内外难题。

# 第三章　北部湾经济区：基本形势与发展程度判断

人类的一切经济活动都落实在具体的地域空间上。地域上一旦形成了集中，它本身就有一种冻结的效果，单个经济的主体很难脱离这个集中，新的主体又被吸引过来。从经济哲学的角度上讲，这个集中，就是一个区域内的经济总体，是该区域单个经济主体的总和。然而其区域经济结构则是一个动态演化逐渐生成的过程。因为一个区域内的经济总体的结构，是区域内各经济主体之间相互规定而生成的，而一个经济主体在规定对方的同时，自身也被对方所规定。更为广泛的是，区域经济表现为众多要素构成的系统集成。这就是说，每一单个的经济主体，一旦占据某个特殊空间定位，则由于其产业或行业的特殊性，与之相关上下游产业的经济主体，又被吸引过来，巩固或者说加剧了这种集中，于是经济空间总是处于动态的生成之中，其产业禀赋乃至其产业优势由于其空间的特殊性而得到挖掘，从内部生成其竞争优势。北部湾经济区的建立，就是主动塑造这样一个地域集中，希望通过区域内要素优化，获得相对于其他区域的比较优势，进而培养本地域的竞争能力。

在第二章，我们摸清了北部湾经济区的家底。所以本章所面对的问题便是：对现阶段北部湾经济区的发展状况作出判断。为了保证判断的客观真实，课题组先对北部湾经济近两年的各种经济数据和指标进行统计、汇总、归纳、提炼。这种工作包括 5 个方面：2011 年北部湾经济区经济发展状况、2012 年北部湾经济区经济运行状况、目前北部湾经济区对外开放合作及进出口贸易状况、北部湾经济区产业园区发展状况、北部湾经济区基础设施建设概况。尔后将依据国际通行的钱纳里模式、恩格尔系数等判断方法，从人均 GDP、三次产业结构、消费品市场状况等方面对北部湾经济区作出考量，从而得到较为正确的判断。

## 第一节 北部湾经济区近几年的经济发展形势

### 一 北部湾经济区2011年的经济发展

2011年，北部湾经济区的发展势头乃至发展状况非常之好，这可以通过一系列经济发展的统计指标来说明。也就是说，北部湾经济区明显领先于广西其他地区，其南、北、钦、防四市之经济发展的龙头地位日益凸显，至少有下述六个方面可圈可点。①

一是国内GDP增长速度明显高于整个广西壮族自治区的平均值，其增长幅度更是创新高。

2011年全年，北部湾经济区的国内GDP总值实现了3862.33亿元，同比增长达到了15.9%之高，比之全自治区的平均值，高出了3.6个百分点。与此同时，2011年北部湾经济区国内GDP总值占广西的比重，由2010年的31.8%，上升到2011年的33%。这就是说，北部湾经济区的GDP占到了广西GDP的1/3。

二是北部湾经济区2011年的发展速度远快于广西境内其他行政管辖区域。

无论是进出口贸易总额度、全社会固定资产总投资额度，还是规模以上工业增加值的增速、总的财政收入，抑或是上一小段所引证的国内GDP增幅，等等，这些经济指标的增长速度，远快于广西境内其他行政管辖区域。

三是北部湾经济区11个重点产业园区之工业生产总值（GDP）破天荒地突破1000亿元人民币的大关口。

2011年全年，北部湾经济区内11个重点产业园区，全年工业生产总值达到了1358亿元，这个数字指标，比之上一年度增长了1.17倍。其中当年工业生产总值超过100亿元的园区达5家之多。当年工业生产总值超过1亿元的园区内企业则有119家之多。

---

① 以下六个方面的经济发展数据转引自简文湘、覃柳丹《广西北部湾经济区继续领跑全区经济增长》，《广西日报》2012年2月21日。

四是北部湾经济区内重大项目立项建设取得了历史性的新突破。

北部湾经济区之所以能够上升到国家的战略层面，与中央的政策倾斜是分不开的。国务院组织各部委以及一些重要部门，推动一批重大项目到北部湾经济区内安营扎寨、立项建设。投资、金融、技术、管理等层面上极大地推动了北部湾经济区的建设。比较大的项目有：南宁市至钦州市之间的高速铁路建设，当年正在铺轨，如今已经通车；防城港市的红沙核电站立项落户，如今正在顺利推进并加紧建设；中国石油天然气股份有限公司落户钦州的钦州炼油厂一期配套工程等项目正加班加点开工建设。此外还有防城港中一重工项目、南宁发电厂项目、中粮落户钦州的粮油加工项目、中国石油化工股份有限公司落户北海的异地炼油改造项目，等等。

五是北部湾港口群吞吐量获得历史性新突破。

2011 年，北部湾经济区港口群的货物吞吐量达到 1.53 亿吨，全年各港口完成集装箱标箱的吞吐量达到 73.8 万标箱，同比增长 30.92%。无论是吞吐总量，还是增长幅度，都远远超过了同在北部湾的广东湛江港。据国家海运部门统计，2011 年，北部湾经济区港口群货物吞吐量的增长幅度在全国亿吨规模以上的港口中排名第二。

六是北部湾经济区内的保税物流系统已圆满建成，正式开港或封关运营。

2011 年，北部湾经济区内钦州保税港区正式开港，全面运营。如此一来，钦州保税港就成为我国第 5 个享有整车进口政策权限的东部沿海港口口岸。与此同时，广西另一家陆路口岸凭祥综合保税区一期已经正式封关运营。2011 年，来自海内外的 37 家企业与上述两家保税物流港区签订了相关协议，正式进驻保税区。

### 二　北部湾经济区 2012 年的经济运行状况

2012 年广西北部湾经济区内南宁、北海、钦州、防城港四市累计实现并完成生产总值 4316.36 亿元，这一经济指标同比增长 13.5%，其增速与全自治区相比高出 2.2%，其在自治区所占的比重达到 33.1%。也就是说，北部湾经济区对于全自治区经济发展的贡献达到 1/3 左右。不仅如此，北部湾经济区 2012 年在财政收入、进出口总额、工业发展、社会消费品零售总额、固定资产投资五个经济指标上都保持着快速增长的势头。

一是财政收入稳步增加。2012 年北部湾经济区财政收入达到 713.67

亿元。这个经济指标同比增长 21.3%，其增长速度比之全自治区高 3.9%，其在全广西的财政收入中所占的比重达到 39.4%。

二是进出口贸易增长较快。2012 年北部湾经济区的进出口贸易总额达到了 148.90 亿美元。这一进出口贸易总额的经济指标，同比增长 31.5%，其增长速度高出全自治区 5.3%。这个经济指标还占到了全自治区进出口总额比重的 50.5%。其中出口总额 55.31 亿美元，比上年增长 19.9%。

三是工业发展增速明显。2012 年北部湾经济区南宁、北海、钦州、防城港四市累计实现工业增加值达到 1462.76 亿元，这一经济指标按可比价，同比增长 21.3%，其增长幅度高出全自治区 7.3%，其中“规模以上工业增加值”这个经济指标增长了 25.7%，其增长幅度高出自治区 9.8%。

四是市场销售稳中有进。2012 年“社会消费品零售总额”这个经济指标在北部湾经济区的表现十分抢眼，全年实现总额达 1710.96 亿元，这一经济指标，同比增长 16.7%。同时，这一经济指标占全自治区的比重达到 38.2%。

五是固定资产投资保持稳定增长势头。“全社会固定资产投资”这个经济指标在 2012 年北部湾经济区中的表现同样十分抢眼，全年达到了 4513.52 亿元，这一经济指标，比上年增长 23.0%，占全自治区全社会固定资产投资的比重为 35.7%。

我们将上述数据汇总，如表 3－1 和表 3－2 所示。

**表 3－1　2012 年广西北部湾经济区主要经济指标（南北钦防四市合计）**

| 四市合计指标 | 统计总量 | 同比增长 |
|---|---|---|
| 财政收入（亿元） | 713.67 | 21.3% |
| 规模以上工业增加值（亿元） | — | 25.7% |
| 全社会固定资产投资（亿元） | 4513.52 | 23.0% |
| 社会消费品零售总额（亿元） | 1710.96 | 16.7% |
| 进出口总额（亿美元） | 148.90 | 31.5% |

资料来源：广西壮族自治区统计局。

表 3－2　2012 年广西北部湾经济区主要经济指标（GDP 及同比增长）

单位：亿元

| 地区 | 1—12 月累计总量 | 全广西排名 | 1—12 月累计同比增长 | 全广西排名 |
|---|---|---|---|---|
| 全区合计 | 13031. 04 | | 11. 3% | |
| 四市合计 | 4646. 36 | | 13. 5% | |
| 南宁市 | 2503. 55 | 1 | 12. 3% | 5 |
| 北海市 | 630. 80 | 9 | 21. 8% | 1 |
| 防城港市 | 457. 53 | 13 | 12. 5% | 4 |
| 钦州市 | 724. 48 | 7 | 12. 0% | 6 |
| 玉林市 | 1120. 48 | 4 | 11. 0% | 10 |
| 崇左市 | 530. 75 | 10 | 11. 8% | 8 |

资料来源：广西壮族自治区统计局。

## 三　北部湾经济区：开放合作与进出口贸易

近年来，尤其是 2011—2012 年，北部湾经济区的开放开发与对外合作工作取得了显著的成就，对外贸易发展迅猛。经济区不仅利用外资不断增加，而且对外投资大幅提升。尤其是与东盟的经贸合作成效明显，各项工作进入了历史上最好的发展通道。

首先，对外贸易发展迅猛。

近年来，北部湾经济区四市（南宁、北海、钦州、防城港）对外开放合作的水平不断提升，对外贸易发展迅速，发展幅度居自治区之首，因而大大增加了北部湾经济区的经济总量。2011 年，四市进出口贸易总额为 1131469 万美元，此数据与 2008 年相比增长了 86. 3%，其中出口为 461701 万美元，增长了 61. 8%，进口为 669768 万美元，增长了 108%。

其次，利用外资不断增加。

在北部湾经济区的对外贸易得到迅猛发展的同时，利用外资的能力也在不断增强，实际利用外资总额在不断增加，因而极大地优化了北部湾地区乃至全广西的产业结构。截至 2012 年 6 月，北部湾经济区南宁、北海、钦州、防城港四市，累计吸引外商投资项目数为 415 个，实际到位外资金额为 23. 7 亿美元，分别占全区总额的 52. 6% 和 54. 1%，是广西全区利用外资最集中的地域。其中，2008—2011 年 4 年间，北部湾经济区实际利用外商直接投资以年均 20.3% 的速度增长，为广西的经济与社会发展提供了动力强劲的引擎。

再次，对外投资大幅提升。

近年来，北部湾经济区不仅在招商引资方面取得明显成效，而且“走出去”的战略也在迅速实施并不断发展。2008—2011 年，北部湾经济区四市（南宁、北海、钦州、防城港）共获批准设立境外投资机构（含机构及增资）90 个，协议投资总额 45757.82 万美元，其中中方协议投资额 38106.5 万美元。投资目标国及地区涵盖东盟、澳大利亚、西班牙、美国、英国、韩国、中国香港等国家和地区。投资领域涉及众多产业，包括农业、服务业、房地产、化工、运输、矿业和贸易等。

最后，东盟与北部湾经济区的经贸合作成效显著。

自从 2003 年“中国—东盟博览会”（CHINA - ASEAN Exposition, CAEXPO）永久落户南宁以来，迄今已成功举办了 11 届。2015 年举行第 12 届“中国—东盟博览会”。自从 2003 年起，东盟十国就一直是北部湾经济区最大的贸易伙伴。近年来双方的贸易额迅速增长。2011 年，北部湾经济区与东盟贸易额为 95.6 亿美元，与 2010 年相比增长近五成，增长率高达 46.6%。不仅如此，这一数据还彰显出另一意义：北部湾经济区与东盟贸易额占全区对外贸易总额的 41%。其中出口 68.25 亿美元，增长率高达 49%，占广西壮族自治区出口总额的 54.8%。

如今，东盟已成为广西北部湾经济区第二大外资来源地。2011 年，北部湾经济区实际利用东盟十国的资金达 2.29 亿美元，与 2010 年相比增长 84.7%，同时占全部利用外资总额的 22.6%。

北部湾经济区与东盟的次区域合作全面推进。由于地缘关系，东盟还是广西北部湾经济区实施“走出去”战略之首选。2011 年，整个北部湾经济区对东盟的中方协议投资额为 1.75 亿美元，与 2010 年相比增长了 25%，承包各种工程实际完成营业额为 1.98 亿美元，增长了 28.4%。这就是说，仅在 2011 年，北部湾经济区对东盟的投资即取得了重大进展。在中国—东盟自由贸易区合作框架下，广西北部湾经济区，按时间顺序，先后参加了中越“两廊一圈”次区域合作、大湄公河次区域合作、泛北部湾经济合作等区域次区域的经济合作进程，并取得令人瞩目的进展和成绩。

## （一）2011年北部湾经济区的进出口贸易

2011年，北部湾经济区（南北钦防）4市合计进出口贸易总额为113.1亿美元，同比增长47.2%，高出全自治区15.7个百分点，占同期全自治区进出口总值的48.5%。

北部湾经济区进出口贸易总额从2006年的26.9亿美元，增加到2011年的113.1亿美元，5年间增长了4.2倍。经济的分量也越来越重，其占全自治区的比重从2006年的40.3%提高到2011年的48.5%。

**表3－3　　2011年北部湾经济区进出口贸易数据表**

单位：万美元；%

| 地区 | 进出口总额 | 同比增长 | 出口总额 | 同比增长 | 进口总额 | 同比增长 |
|---|---|---|---|---|---|---|
| 南宁市 | 251051 | 13.9 | 166245 | 4.8 | 84806 | 37.3 |
| 北海市 | 171242 | 24.9 | 113143 | 34.8 | 58099 | 9.3 |
| 钦州市 | 298225 | 127.5 | 87517 | 168.8 | 210708 | 113.8 |
| 防城港市 | 410586 | 46.8 | 94431 | 21.2 | 316155 | 56.6 |
| 四市合计 | 1131104 | 47.2 | 461336 | 30.7 | 669768 | 61.3 |

资料来源：广西壮族自治区统计局。

## （二）2012年北部湾经济区的进出口贸易

2012年，北部湾经济区4市（南宁、北海、钦州、防城港）合计进出口总额148.9亿美元，增长31.6%，占同期广西进出口总额的5成。同期，崇左市进出口规模居全区首位，进出口总额为71.3亿美元，增长40.5%。防城港市和南宁市分别以49亿美元和41.5亿美元的进出口总额分列全自治区第二位、第三位，分别增长19.1%和65.2%。

**表3－4　　北部湾经济区2012年全年进出口贸易相关统计数据表**

单位：亿美元；%

| 北部湾经济区四市 | 进出口总额 | 比上年增长 | 出口总额 | 同比增长 | 进口总额 | 同比增长 |
|---|---|---|---|---|---|---|
| 南宁市 | 41.47 | 65.2 | 25.17 | 51.5 | 16.3 | 92.9 |
| 北海市 | 20.78 | 21.3 | 11.84 | 4.6 | 8.94 | 53.9 |

续表

| 北部湾经济区四市 | 进出口总额 | 比上年增长 | 出口总额 | 同比增长 | 进口总额 | 同比增长 |
|---|---|---|---|---|---|---|
| 钦州市 | 37.67 | 26.1 | 10.02 | 14.5 | 27.65 | 31.2 |
| 防城港市 | 48.98 | 19.1 | 8.28 | -12.3 | 40.7 | 28.7 |
| 四市合计 | 148.9 | 31.6 | 55.31 | 19.9 | 93.59 | 39.7 |

资料来源：广西壮族自治区统计局并计算。

## 四 近年来北部湾经济区内产业园区的运行效果

### （一）重点产业园区的空间布局[①]

2010年年初，广西壮族自治区人民政府及人大审议通过了《广西北部湾经济区重点产业园区布局规划》，此规划起点很高，前景辉煌。根据这个规划，一共有29个产业园区在北部湾经济区内进行空间布局，安营扎寨。这29个产业园区所占有的陆上国土面积达到了689.6平方千米。[②]

在自治区规划的29个产业园区中，有11个产业园区被列为重点支持重点扶持的对象。它们是：北海铁山港工业区、北海电子产业园区、南宁六景工业园区、台湾（南宁）轻纺产业园、南宁—东盟经济开发区，等等。[③]

自从"广西北部湾经济区"被国务院批准，上升为国家战略之后，自治区政府便带领各部门以扎扎实实的工作方式推动着经济发展，并以全力以赴、只争朝夕的精神描绘着经济蓝图。在2010年时，自治区党委及政府就曾规划争取以3—5年的时间，脚踏实地，努力工作，到2015年年底时，所有规划的基地以及园区必须全部建成，并实现经济区总产值达1.11万亿元。[④]《广西北部湾经济区重点产业园区布局规划》是这样描绘的：到2015年，初步建成以钦州、北海石化项目为重点的西南地区最大的石油化工基地；以防城港钢铁项目为龙头的区域性现代化钢铁城；以北海、南宁电子产业为主导的北部湾"硅谷"；以北海、钦州林浆纸一体化

① 参见《广西北部湾经济区重点产业园区布局规划》。

② 同上。

③ 同上。

④ 《广西北部湾经济区重点产业园区布局规划》，http://www.qc99.com。

项目为核心的亚洲最大的林浆纸一体化基地；以钦州保税港区为重点的面向中国西南和东盟的功能强大的保税物流体系；在南宁打造全国最大的鞋城，在防城港打造全国最大的磷酸生产出口基地；建设以凭祥、东兴对东盟贸易为主的外贸基地。[①][②]

（二）北部湾经济区：产业园区2011年的运行概况

2011年，北部湾经济区内重点支持产业园区的发展模式获得重大突破。依托这种模式，2011年，经济区内11个重点产业园区完成工业总产值首次突破1000亿元，达到1320亿元，比2010年的625亿元翻一番，占南北钦防四市工业总产值的1/3。尤其令人欣慰的是，这11个重点园区中有5个，其所创造的总产值超过了100亿元人民币。这就使得园区内年总产值超百亿元人民币的企业占到了全自治区总比重的1/4，这确实是一个了不起的经济成就。与此同时，产业园区内2011年全年所完成的工业总投资超过了400亿元，同比增长30%。北部湾经济区筑巢引凤新引来88家企业在产业园区安营扎寨，至2011年年底，产业园区内的企业总数达到了662家之多，缴交国家财税总额达105亿元之多。还是在这一年，国家批准在北部湾经济区设立的3个海关特殊监管区相继建成，全面实现封关运营。

（三）2012年北部湾产业园区发展及运行情况[③][④]

2008年，自治区党委和自治区政府作出了“优先发展交通、优先发展产业、优先发展北部湾经济区”的战略决策，简称“三个优先”战略。[⑤] 为此专门设立了“重大产业发展专项资金”支出项目，每年从区财政拿出不少于10亿元的人民币，来支持北部湾经济区的发展，5年共投入50.7亿元人民币，重点支持北部湾经济区的经济及产业发展，5年内共立项建设了265个项目，投资总额达430亿元。被这430亿元拉动的社会资金则超过了1000亿元人民币。其目的是围绕“优先发展北部湾经济

① 参见《广西北部湾经济区重点产业园区布局规划》。

② 《广西北部湾经济区重点产业园区布局规划》，http：//www. qc99. com。

③ 《四市同城前景诱人，广西北部湾经济区正式启动同城化》，《法制与经济》（上旬）2013年7月15日。

④ 《“三个优先”发展战略显成效，北部湾经济区大产业蓬勃发展》，http：//www. smegx. com. cn/gxsme/xwpt/article. jsp？id =72232。

⑤ 参见《广西北部湾经济区重点产业园区布局规划》。

区”内的重大项目，以及与之相关的基础配套设施的开工建设。[①②]

由于“三个优先”的战略倾斜，2012 年全年，北部湾经济区内 14 个重点产业园区，共计达到了 592 亿元的工业投资额度。同样是这一年，北部湾经济区内 115 项重大产业项目实现了开工或者竣工，这 115 项重大产业项目的总投资额度达到 1200 亿元。同样在这一年，北部湾经济区内开工建设的前期项目达到 141 个，这 141 个项目的计划投资额度达到 2091 亿元。其中，引资签约的产业项目达 235 个，投资额度 1065 亿元。还是在这一年，北部湾经济区在香港特别行政区、澳门特别行政区招商引资签约的产业项目共有 33 个，总投资额度为 254.46 亿元，这其中当年实现开工的项目就达到了 10 个，当年即实现投资数额为 24.2 亿元。[③④]

2012 年，北部湾经济区继续担当了全广西经济发展的火车头角色。北部湾经济区内 14 个重点产业园区全年所完成的工业总产值达 3300 亿元。这个数据的增长是跳跃式的，2011 年只完成了 2100 亿元，这个数据还是 2007 年的 5.33 倍之多。可见 2012 年北部湾经济区内的产业园区经济增长速度之快。[⑤⑥]

## 五　基础设施建设概况

基础设施是维持生产生活正常运营的物质保障设施，主要是指维持一个地方经济与社会发展的公共设施。一般包括第一产业和第三产业的相关行业。第一产业的基础设施主要包括物流系统，指的是道路、桥梁、港口、码头、机场等，以及与之相关的车站、仓库等公共设施；第三产业的基础设施主要涵盖生产生活方面的相关行业，包括邮局、银行、商业、电

---

① 《“三个优先”发展战略显成效，北部湾经济区大产业蓬勃发展》，http://www.smegx.com.cn/gxsme/xwpt/article.jsp?id=72232。

② 《四市同城前景诱人，广西北部湾经济区正式启动同城化》，《法制与经济》（上旬）2013 年 7 月 15 日。

③ 数据引自《“三个优先”发展战略显成效，北部湾经济区大产业蓬勃发展》，http://www.smegx.com.cn/gxsme/xwpt/article.jsp?id=72232。

④ 《四市同城前景诱人，广西北部湾经济区正式启动同城化》，《法制与经济》（上旬）2013 年 7 月 15 日。

⑤ 数据引自《“三个优先”发展战略显成效，北部湾经济区大产业蓬勃发展》，http://www.smegx.com.cn/gxsme/xwpt/article.jsp?id=72232。

⑥ 《四市同城前景诱人，广西北部湾经济区正式启动同城化》，《法制与经济》（上旬）2013 年 7 月 15 日。

力、自来水供给、图书馆、影剧院等公共设施。一个地方经济与社会发展，直接依赖该地基础设施的成熟与完备程度，换句话说，基础设施方面的完善与否，直接决定着一个地方经济与社会可持续发展的后劲。

不仅如此，基础设施的投资还有着意想不到的促进经济建设快速发展的意义——那就是基础设施的投资往往能带来几倍于原来投资额度的社会总需求的放大效应，并且通过各种管道释放出来，最后演变成国民收入，完成一个地方经济发展的资金循环。历史和现实各有一个著名的例证。历史上的著名例子就是20世纪30年代的罗斯福新政，现实中最著名的例子就是我国改革开放后的相当长一段时期的高速公路和高速铁路的投资建设。前者奠定了美国的经济腾飞，后者奠定了我国改革开放后的经济起飞。

广西通过两期沿海基础设施大会战顺利实施，改善了沿海地区航道、供水、供电、公路、铁路、园区路网、污水处理等基础设施条件。

早在2008年，广西就设立了“广西北部湾经济区重大产业专项发展资金”，专门支持对外贸易出海通道的基础设施以及园区内的基础设施建设。其目的是建设大南宁，并围绕南宁建设“一小时经济圈”，其支持的额度是区财政每年不少于10亿元。正是在这种制度安排之下，迄今为止，航空方面，新的T2航站楼已建设成功并启动，实现了南宁—台北、南宁—澳门两条航线的直航，开通了对新加坡、吉隆坡、曼谷等的航班。不仅如此，南宁吴圩国际机场完全按照4E级①的标准完成建设。港口方面，铁山港、钦州港等或是完成了建造或是完成了改造。高速公路方面，防城港—东兴、南宁市高速外环已经建成通车。北部湾沿海铁路的扩能改造也已经完成，如玉林—铁山港的铁路，六景—钦州港的铁路、钦州—崇左的铁路都已改造完成。高速铁路方面，南宁—柳州的城际铁路、南宁—广州

① 跑道的性能及相应的设施决定机场的飞行等级。飞行区等级用两个部分组成的编码来表示，第一部分是数字，共有1、2、3、4四个等级，表示飞机性能所相应的跑道性能和障碍物的限制。第二部分是字母，表示飞机的尺寸所要求的跑道和滑行道的宽度。对于跑道来说，飞行区等级的第一个数字表示所需要的飞行场地长度，第二位的字母表示相应飞机的最大翼展和最大轮距宽度。根据机场飞行区使用的最大飞机的翼展和主起落架外轮外侧间的距离，从小到大分为A、B、C、D、E、F六个等级。如4E级指的是在标准条件下，可用跑道长度≥1800米，可用最大飞机的翼展52—60米和主起落架外轮外侧间距9—14米。4E级国际机场的跑道一般都超过5千米，可以起降任何大型飞机。目前，机场最高等级为4F级。

的高速铁路等都已在2014年年底之前建成并实现通车。

（一）2013年北部湾经济区基础设施建设项目财政支持状况

为支持北部湾经济区重大产业发展，广西人民政府2013年安排了11亿元的专项资金，专门用于北部湾经济区重点产业园区之项目建设，以及用于与其配套的基础设施的开工建设。

在“三个优先”的政策措施下，2013年，自治区财政重点支持中马钦州产业园区及产业项目、保税物流园区基础设施项目以及与之相关的基础设施项目。其中用于改善或者建造基础设施的资金额度达到了5.38亿元之多。这部分资金的明细分布为：用于物流项目的支持资金为2000万元，用于产业项目的支持资金为2.38亿元，用于航运航道建设的支持资金为1.01亿元，用于前期的开工准备支持资金为5000万元，用于其他基础设施的项目支持资金为1.35亿元，用于其他项目的支持资金为1800万元。①②

（二）2013年北部湾经济区基础设施显著改善

随着钦州—崇左、六景—钦州港、玉林—铁山港三条高速公路的相继建成通车，北部湾经济区交通格局实现了大突破，交通基础设施对广西沿海加快发展的支撑和拉动作用进一步增强。为了给中马钦州产业园区提供更加便利的交通条件，广西交通投资集团增加7亿多元投资，将六景—钦州港高速公路终点收费站后移约13千米，大大缩短了进入园区的距离。对中马园来讲这六钦高速就从中马园经过，那么将来物流包括人流到中马园来就非常便捷。得益于交通条件的不断改善，中马钦州产业园区基础设施建设正加快推进，至2013年5月签订合同的入园企业已有6家，6月全面动工建设，年内有部分企业建成投产。

三条出海高速公路的建成，还为广西实施“两区一带”发展战略铺出了康庄大道。六钦高速公路建成通车后，不仅可以让柳州、来宾等广西工业城市的原材料、货物等直达港口，还拉近了桂林和北海两座重要旅游城市的距离，直接串起桂林柳州山水游、崇左凭祥边关游和钦北防滨海游

① 数据转引自《“三个优先”发展战略显成效，北部湾经济区大产业蓬勃发展》，http：//www.smegx.com.cn/gxsme/xwpt/article.jsp？id=72232。

② 《四市同城前景诱人，广西北部湾经济区正式启动同城化》，《法制与经济》（上旬）2013年7月15日。

的区内旅游环。

同时，钦崇高速公路的通车，使得凭祥综合保税区与地处出海要道的钦州保税港区、中马钦州产业园区高速相连，并串起扶绥空港经济区、广西中国—东盟青年产业园、崇左城市工业区及崇左（东盟）国际物流园等一批重点园区。玉铁高速公路（广西玉林至北海铁山）则直接将海峡两岸对接起来，将沿着铁山港临海工业区、玉林龙潭产业园区、海峡两岸农业合作试验区（海峡两岸与广西玉林）连接起来，使得泛珠江三角洲经济区与东盟自由贸易区实现高速对接。

目前正在加速推进的广西滨海公路则宛如北部湾海岸线上的一串项链，串起了京岛金滩、江山半岛、钦州三娘湾、北海银滩及山口红树林等沿海主要景区，推动广西沿海形成“车在海边走，人于画中游”的“近海、贴海、见海”的观光旅游通道。滨海公路建成以后将连接北部湾北海、钦州、防城三个城市以及港口的交通主要通道，同时对临海港口工业园区的连接将起到非常重要的作用。

目前北部湾经济区内贵港—合浦、防城—东兴等高速公路也在加速推进，随着广西北部湾经济区交通路网建设的日益完善，将大大减少能源消耗，降低物流成本和人流成本，加快桂东、桂北、桂中及桂西地区经济社会发展和旅游资源的开发，促进东盟国家与北部湾沿海实现交通一体化、港口一体化和旅游一体化。

## 第二节　北部湾经济区：发展程度判断

### 一　基于人均 GDP 的判断

人均 GDP 是一项客观反映经济发展水平的重要指标，国际上普遍采用“钱纳里模式”根据人均 GDP 的情况来判断一个地区的工业化程度。“钱纳里模式”又称“多国模型”，是由美国经济学家霍利斯·钱纳里与 M. 赛尔昆通过对 100 多个国家 1950—1970 年有关数据进行回归分析后得出的揭示部门产出结构与就业结构之间数量关系的劳动力配置模型。在这一模型中，钱纳里按照不同的人均 GDP，将一个地区的经济发展过程划分为 6 个时期，6 个时期的具体划分如表 3－5 所示。

**表 3－5　　　　人均 GDP 六阶段（按钱纳里模式）**

| | 前期 | 工业化 | | | 后工业化 | |
|---|---|---|---|---|---|---|
| | | 初期阶段 | 中期阶段 | 后期阶段 | 发达阶段 | 后工业化阶段 |
| 1970 年人均 GDP（美元） | 140—280 | 280—560 | 560—1120 | 1120—2100 | 2100—3360 | 3360—5040 |
| 1996 年人均 GDP（美元） | 620—1240 | 1240—2480 | 2480—4960 | 4960—9300 | 9300—14880 | 14880—22320 |
| 2007 年人均 GDP（美元） | 748—1495 | 1495—2990 | 2990—5981 | 5981—11214 | 11214—17942 | 17942—26913 |

在运用钱纳里模型时，我们首先要统一计量单位，将人均 GDP 折算为 1970 年的美元。可以看到，按 1970 年的标准，如果人均 GDP 超过 280 美元，就已经进入了工业化时期，超过 560 美元，就是工业化中期，超过 1120 美元，则是工业化后期。

而根据 2012 年的统计结果，北部湾经济区四市人均 GDP 则如表 3－6 所示：

**表 3－6　　　　北部湾四市 2012 年人均 GDP**

| | 南宁 | 北海 | 钦州 | 防城港 |
|---|---|---|---|---|
| 人均 GDP（美元） | 5566 | 6478 | 3677 | 8212 |
| 折算为 1970 年美元后（美元） | 899 | 1046 | 594 | 1327 |

注：2012 年美元与 1970 年美元换算因子尚无统计数据，2007 年美国统计局公布的换算因子为 5.34。2007—2012 年美国 CPI 每年增长 3%，所以 2007—2012 年每年的换算因子都为 1.03。1.03 的 5 次方为 1.16，再乘以 5.34 得到 2012 年美元与 1970 年美元的换算因子为 6.19。

通过表 3－5 和表 3－6 我们可以发现，北部湾四市都达到了钱纳里模型中的工业化中期阶段的标准，其中钦州刚刚达到工业化中期的水平，而防城港市则达到了工业化后期的水平。所以，若仅基于人均 GDP 来判断，北部湾经济区整体应当是处于工业化中期的阶段，其中部分城市达到工业化后期的阶段。

当然，世界经济在经过了20多年的发展之后，钱纳里模型难免会有一些不合时宜之处，我们应该将其作为一个参考依据，同时结合更多的信息，对北部湾经济区的发展水平作出较为客观的判断。

以下两个表格分别是：1995—2011年主要年份北部湾经济区的生产总值表、北部湾经济区生产总值占广西全区生产总值的比重表，结合前文（表2-1）2012年全国各省人均GDP排名表，我们可以作出进一步的判断。

**表3-7　　1995—2011年主要年份北部湾经济区的生产总值表**

单位：亿元

| 年份 | 4+2市 | 4市 | 南宁市 | 北海市 | 钦州市 | 防城港 | 玉林市 | 崇左市 |
|---|---|---|---|---|---|---|---|---|
| 1995 | 389.37 | 389.37 | 174.89 | 89.93 | 92.49 | 32.06 | — | — |
| 2000 | 796.68 | 597.85 | 294.3 | 113.68 | 132.36 | 57.51 | 198.83 | — |
| 2005 | 1712.65 | 1205.27 | 723.36 | 181.62 | 205.52 | 94.77 | 356.25 | 151.13 |
| 2006 | 2043.56 | 1434.47 | 870.15 | 199.64 | 245.07 | 119.61 | 415.06 | 194.03 |
| 2007 | 2516.70 | 1778.79 | 1069.01 | 246.58 | 303.92 | 159.28 | 506.04 | 231.87 |
| 2008 | 2712.99 | 1842.27 | 1316.21 | 313.88 | 377.42 | 212.18 | 605.92 | 264.80 |
| 2009 | 3480.84 | 1842.27 | 1524.71 | 321.06 | 396.18 | 251.04 | 683.49 | 304.36 |
| 2010 | 4246.77 | 3021.75 | 1800.43 | 397.60 | 504.18 | 319.54 | 835.82 | 389.20 |
| 2011 | 5281.96 | 3770.17 | 2211.44 | 498.31 | 646.65 | 413.77 | 1019.94 | 491.85 |

资料来源：历年《广西统计年鉴》。

**表3-8　　北部湾经济区生产总值占广西全区生产总值的比重**

单位：%

| 年份 | 2000 | 2005 | 2006 | 2007 | 2008 | 2009 | 2010 | 2011 |
|---|---|---|---|---|---|---|---|---|
| 4+2市 | 38.30 | 42.99 | 43.06 | 43.22 | 38.64 | 44.86 | 44.69 | 45.06 |
| 4市 | 28.74 | 30.25 | 30.22 | 30.55 | 26.24 | 32.13 | 31.80 | 32.17 |

资料来源：根据历年《广西统计年鉴》计算。

## 二　基于三次产业结构的判断

除了通过人均GDP，我们还可以通过三次产业结构来判断工业化的阶段。工业化程度不同，三次产业比例必然会有差异。在这方面，钱纳里也从大量资料数据中概括出了普遍性，总结出了一个三次产业结构的标准。

**表 3 – 9　　钱纳里工业化阶段基本划分标准**

<table>
<tr><th colspan="2">工业化衡量指标</th><th>初级阶段</th><th>中级阶段</th><th>高级阶段</th></tr>
<tr><td colspan="2">人均经济总量<br>（人均 GDP，以 1970 年美元衡量）</td><td>280—560</td><td>560—1120</td><td>1120—2100</td></tr>
<tr><td colspan="2">产业结构<br>（三次产业比例）</td><td>二产比重超过一产</td><td>一产比重低于 20%，二产比重超过三产</td><td>一产比重低于 10%，二产比重达到最高水平</td></tr>
<tr><td colspan="2">就业结构<br>（农业劳动力占全社会从业人员比重）</td><td>50% 以上</td><td>30%</td><td>20% 以下</td></tr>
<tr><td rowspan="2">工业内部结构</td><td>制造业增加值占总商品增加值比重</td><td>20%—40%</td><td>40%—60%</td><td>60% 以上</td></tr>
<tr><td>机械工业增加值占制造业增加值比重</td><td>5%</td><td>20%</td><td>30%</td></tr>
<tr><td colspan="2">贸易结构<br>（机电产品出口额占总出口额比重）</td><td>1%</td><td>10%</td><td>30%</td></tr>
<tr><td colspan="2">城乡结构<br>（城镇人口占总人口比重，即城市化率）</td><td>20% 以下</td><td>50%</td><td>70% 以上</td></tr>
</table>

通过表 3 – 9 我们可以看出，当第二产业比重超过第一产业时，可以认为是进入工业化初级阶段；当第一产业比重低于 20% 且第二产业比重超过第三产业时，可以认为是进入工业化中级阶段；当第一产业比重低于 10% 时，则是进入工业化高级阶段。而北部湾经济区 2012 年的三次产业结构如表 3 – 10 所示：

**表 3 – 10　　2012 年北部湾四市三次产业结构表**

单位：%

| | 南宁 | 北海 | 钦州 | 防城港 |
|---|---|---|---|---|
| 第一产业比重 | 12.95 | 22 | 23.2 | 13. 5 |
| 第二产业比重 | 38.3 | 49 | 45.4 | 53. 2 |
| 第三产业比重 | 48.75 | 29 | 31.4 | 33. 3 |

结合钱纳里提出的三次产业结构的划分方法，我们可以发现：防城港的第一产业比重低于20%，且第二产业比重高于第三产业，进入了工业化中级阶段；北海和钦州的第一产业比重都超过20%，处于工业化初期，但两市的第一产业比重分别为22%和23.2%，即将达到工业化中期；南宁的三次产业结构则比较特殊，南宁的第一产业比重是北部湾四市中最低的，而第三产业所占比重则接近50%，大大高于第二产业比重。这种产业结构虽然不符合钱纳里的工业化中期标准，但却与上海、广州等经济发达地区的三次产业结构有相似性，具有部分后工业化阶段以第三产业和服务业为主导的特性，可以认为南宁市已经达到了工业化中期阶段。

**表3－11 广西北部湾经济区GDP与三次产业增长比较表**

单位：亿元；%

| 年份 | GDP | 第一产业 | 第二产业 | 第三产业 | GDP增长率 | 第一产业增长率 | 第二产业增长率 | 第三产业增长率 |
|---|---|---|---|---|---|---|---|---|
| 2001 | 654.97 | 179.64 | 172.76 | 301.68 | 10.55 | 4.53 | 8.32 | 14.15 |
| 2002 | 714.40 | 186.23 | 192.20 | 335.97 | 12.50 | 4.77 | 16.35 | 12.47 |
| 2003 | 869.98 | 224.46 | 252.45 | 393.07 | 12.20 | 11.32 | 22.15 | 10.80 |
| 2004 | 1010.00 | 239.42 | 316.51 | 454.07 | 14.70 | 7.26 | 24.38 | 15.52 |
| 2005 | 1205.27 | 266.31 | 400.91 | 538.05 | 16.70 | 11.83 | 26.67 | 18.49 |
| 2006 | 1434.47 | 294.40 | 517.48 | 622.59 | 17.00 | 9.43 | 26.00 | 14.05 |
| 2007 | 1778.79 | 341.43 | 661.39 | 775.97 | 17.50 | 11.65 | 20.28 | 17.96 |
| 2008 | 2219.70 | 419.00 | 847.00 | 953.00 | 15.50 | 14.21 | 17.55 | 14.27 |
| 2009 | 2450.23 | 443.36 | 912.17 | 1137.46 | 15.90 | 8.90 | 11.77 | 19.36 |
| 2010 | 3021.71 | 510.67 | 1190.56 | 1317.40 | 15.60 | 10.15 | 22.45 | 10.58 |

资料来源：根据历年《广西统计年鉴》计算。

由此我们可以得出结论，基于三次产业结构进行判断，北部湾经济区整体都已达到工业化初级阶段，其中部分城市达到工业化中级阶段。

### 三 基于消费品市场的判断

随着北部湾经济区的建设发展，北部湾四市的消费品市场都呈现出了繁荣兴旺的局面。2012年，南宁市社会消费品零售总额1255.59亿元，比上年增长17%；钦州市社会消费品零售总额237.56亿元，比上年增长

16.3%；防城港市实现社会消费品零售总额71.30亿元，增长16.6%。从总量上来看，2012年北部湾经济区社会消费品零售总额为1710.96亿元，比上年增长16.7%，增速高于全国0.8个百分点，占全区社会消费品零售总额的38.2%。可以看到，北部湾经济区的消费品市场发展迅猛，销售总额飞速攀升。这一现象表明市场的流通资本多，有助于市场活跃和经济发展。

在社会消费品零售总额保持16%的快速增长的同时，北部湾四市的消费价格指数均为103左右，这说明北部湾经济区存在着3%左右的通货膨胀。在经济学上，这个通货膨胀率被称为“爬行型通货膨胀”或是“温和的通货膨胀”①，这种通货膨胀不会对经济发展带来不利的影响，反而能刺激经济的增长。北部湾的消费价格指数多年来都稳定在这个适宜的区间，是有利于北部湾经济区经济发展的。

在消费品的结构方面，国际通行的做法是通过恩格尔系数来判断该地区的富裕程度，测算食品支出占个人消费支出的比重，越富裕的地区，食品支出所占比重越低。依据联合国粮农组织提出的标准，恩格尔系数在59%以上为贫穷，50%—59%为温饱，40%—50%为小康，30%—40%为富裕，低于30%为最富裕。

**表3－12　　2012年北部湾四市的恩格尔系数表**

| | 南宁 | 北海 | 钦州 | 防城港 |
|---|---|---|---|---|
| 城镇居民恩格尔系数 | 39.2% | — | 45.41% | 40.2% |
| 农村居民恩格尔系数 | 46.75% | — | 48.86% | 44.9% |

由表3－12可以看出，根据北部湾四市的恩格尔系数（其中北海市未公布统计结果），北部湾经济区居民生活都达到了小康水平，其中，南宁城镇居民已经达到富裕水平，而钦州农村居民则是刚刚脱离温饱，进入小康水平。

① 爬行型通货膨胀：如果一国经济生活中的一般物价水平年平均上涨率在1%—3%（<5%）之内，而且这种较缓慢的一般物价水平上升并不会导致经济生活出现通货膨胀预期。

总之，根据消费品市场的发展情况来看，北部湾经济区整体上都达到了小康水平，部分地区进入了富裕水平。

### 四　与珠三角比较得出的判断

2006年北部湾经济区成立以来，其地区生产总值年平均增长率高达16.7%，这个数据不仅超过全广西的增长速度，甚至超过全国的增长速度。以2009年为例，这一年全球爆发严重经济危机，由于受经济危机的冲击，欧洲、美国、日本等发达国家和地区哀鸿遍野。可是北部湾经济区风景这边独好，经济与社会发展取得异常好的成绩。当年北部湾经济区的国内GDP总量达到了2450.23亿元，比之上年，其增长幅度达到15.9%。这一增长幅度不仅比全自治区高出2%，而且比全国的平均增幅高出7.2%。北部湾经济区的GDP总量占整个自治区的GDP比重达到了31.8%，即2009年就接近整个广西的1/3了。当年北部湾经济区的人均GDP为1.975992万元，即当年人均GDP接近两万元。当年北部湾经济区的全社会固定资产总投资额度达到了1994.51亿元之多，同比增长54.8%，此投资额度的增长幅度与全自治区相比高出4%，而当年北部湾经济区的社会消费品零售总额则不仅首次突破了1000亿元大关，达到了1042.84亿元，而且同比增长幅度高达19.7%。此一指标占全广西的比重超过了1/3，达到了37.4%。

综上所述，无论是北部湾经济区内南宁、北海、钦州、防城港四市的国内GDP额度，还是北部湾经济区的财政收入指标，抑或是北部湾经济区的社会消费品零售总额度指标等，也无论是这些指标的绝对值，还是这些指标的增长幅度，都表明，北部湾经济区已然成为拉动或推动广西壮族自治区经济快速增长的“火车头”。依据这些经济指标，可进一步得出推论：北部湾经济区处于工业化中期阶段。

然而，我们再来比较一下同年度珠三角的各种相关数据。2009年，珠三角经济区生产总值即国内GDP高达3.2万亿元之巨。这个指标比2008年增长了10.7%，这个经济指标的内在含量不仅仅在于它超出了全国平均水平的两个百分点，也不仅仅在于这个指标折合人均数达到了人均GDP 6.7321万元，而在于折合成美元达到了人均GDP 9855.2美元。为什么？因为这个指标非常接近人均1万美元的大关。而当一个地方的人均GDP指标接近或者突破1万美元的关口时，按照通常的国际标准，这个地方已经步入另一个社会发展的通道——后工业化阶段时期。而后工业化时期，也即意味着迈入发达地区，其距离只有一步之遥——即将进入现代化阶段。同在2009年，珠三角经济区的其他经济指标分别为：社会消费品零售总额达到1.1万亿元人民币之多，比2008年增长了16.7%；全社会固定资产投资额度为0.96万亿元，比2008年增长22.7%，其同比的增长幅度则达到8.5个百分点。

现将两地加以比较，如表3-13所示。

**表3-13 “广西北部湾经济区”与“广东珠三角经济区”相关经济指标比较表**

单位：万亿元

| 区域 | 生产总值 | 同比增长(%) | 人均GDP | 固定资产投资 | 同比增长(%) | 消费品零售总额 | 同比增长(%) |
|---|---|---|---|---|---|---|---|
| 珠三角 | 3.2 | 10.07 | 6.7321 | 0.96 | 22.7 | 1.1 | 16.7 |
| 北部湾 | 0.245023 | 15.9 | 1.975992 | 0.199451 | 54.8 | 0.104284 | 19.7 |

## 五 本章结论：北部湾经济区处于工业化中期的判断

判断一个地方区域经济社会发展的程度，是对一个复杂系统评估后的总判断。如果将一个地方的经济与社会发展视为一个总系统的话，那么其中的区域经济则可视为一个子系统。如果单独考量区域经济这个子系统，那么它要受到三个方面的制约：一是该地的自然资源禀赋，二是该地依据自然资源禀赋所形成的内在产业结构，三是结合该地的自然资源和空间特征而形成的空间经济结构。①② 这三者相互支撑、相互促进，但同时又相互制约、相互制衡。其中，资源是任何地方任何区域经济发展的基础，因为自然资源决定着一个地方或者一个区域经济发展的潜力。③④

① 陈修颖：《区域空间结构重组：理论基础、动力机制及其实现》，《经济地理》2003年第4期。

② 刘卫东、张玉斌：《区域资源结构、产业结构与空间结构的协调机制初探》，《经济地理》1997年第12期。

③ 同上。

④ 陈修颖：《区域空间结构重组：理论基础、动力机制及其实现》，《经济地理》2003年第4期。

三大结构在区域发展的不同时期是各不相同的，同时每种结构在不同的发展时期对社会经济发展的贡献度大小呈现此消彼长的特征。不同时期三大结构的互动关系见表 3－14。不同发展时期三大结构的这种互动关系变迁，是对区域处于不同社会经济的发展阶段进行判断的重要依据之一。①②

**表 3－14　不同历史发展阶段区域三大结构关系的变迁③**

| 发展时期 | 资源结构 | 产业结构 | 区域空间结构 |
|---|---|---|---|
| 农业社会期 | 以背景型资源④为主，人力资源以开发体能为主。大范围的地域差异形成地带性分布规律。土、水、热的空间组合至关重要 | 第一产业占绝对比重，工业和商业服务于种、养业，处于依附地位。产业结构完全受背景型资源的制约 | 面状经济活动，形成分散的空间结构，出于安全的需要和受背景型资源优越条件的吸引，成了一些自然积聚而成的自然节点，以自然通道为主（河道、山谷）。商品流和网络没有形成——典型的原生空间形态 |
| 工业化初期 | 背景型资源和农副产品资源为主，人力资源以体能开发为主。资源分布仍具有地带性分布规律 | 第一产业中经济作物的比重增加，第二产业中农副产品加工业（纺织、食品）率先发展，后是粗加工的制造业的发展。商业开始活跃 | 区域结构仍呈发散状态，已明显开始积聚，采掘、纺织、食品工业的集中，成了少数大型节点。区域通道建设加快，物流增加。网络和等级开始形成——地方性空间结构形态。相对封闭的区域单元内，首位城市得到极化，经济发展水平呈现会因资源的丰度不同而形成的地域分异现象，空间差异扩大 |

① 陈修颖：《区域空间结构重组：理论基础、动力机制及其实现》，《经济地理》2003 年第 4 期。

② 刘卫东、张玉斌：《区域资源结构、产业结构与空间结构的协调机制初探》，《经济地理》1997 年第 12 期。

③ 陈修颖：《区域空间结构重组：理论基础、动力机制及其实现》，《经济地理》2003 年第 4 期。

④ 背景型资源指只能被动利用，难以改变其形状和空间位置的资源如气温、风、光照、土壤、降水等。

续表

| 发展时期 | 资源结构 | 产业结构 | 区域空间结构 |
|---|---|---|---|
| 工业化中期 | 以对象型资源①为主，重视与特定产业相关的多种资源的成组分布，交通的进步使资源在跨区域间位移，实现资源在区域空间内的中心配置。智力资源的作用日益重要 | 资源导向型的产业结构朝高加工度方向发展，资金和技术含量迅速增加，产业的集约化程度提高，服务业中生产性服务业迅速发展 | 区域扩散成为主流，区域内小型节点快速成长，大中型节点间的通道建设加快，产力流量扩大，区域高级节点间由高级通道连接的水平网络形成，区域内由不同等级通道连接的多级垂直网络形成，等级体系较完善——承转空间形态 |
| 工业化末期 | 物质性资源地位迅速下降，物质性的智力资源、优态环境资源和人文资源的地位十分重要 | 高加工度制造业、新兴制造业和服务业占主导地位。技术和智力密集型、资金密集型产业和生产性服务业构成主导产业。农业以都市型农业为主，处于依附地位 | 区域结构在扩散力和积聚力的双重引导下迅速重组。一方面出现巨型国际化都市和大都市连绵区等高级节点；另一方面随着城市化水平的提高，城乡一体化和城乡融合过程迅速推进，高等级、多类型的通道连接节点，有形通道不断高级化和系统化，无形通道的地位迅速上升。通道内价值流比重迅速增加，呈现出流动空间形态 |

结合表 3 - 14，并通过之前的分析，我们可以对北部湾经济区的发展形势作出如下总结：

第一，根据人均 GDP 的判断标准，北部湾经济区四市都已经整体达到了工业化中期的水平，其中防城港市的人均 GDP 水平达到了工业化后期的水平。

第二，根据三次产业结构的判断标准，防城港达到了工业化中期水平，南宁处于较特殊的工业化中期水平，北海和钦州十分接近工业化中期

① 对象型资源指作为劳动对象而对其加工，能改变其形状和空间位置的资源如生态环境、矿产、水能等。

水平。由于是上一年的数据，在现阶段，北部湾经济区可以说已经整体达到了工业化中期的水平。

第三，根据消费品市场的发展来判断，南宁的恩格尔系数达到了富裕水平，北部湾经济区整体处于小康水平。恩格尔系数的小康水平在一定程度上可以反映工业化的水平。

基于以上三点原因，我们可以初步判断，北部湾经济区处于工业化中期阶段。

在做出北部湾经济区处于工业化中期这一判断之后，我们还可以结合工业化中期地区所具有的普遍特征来验证这一判断。

工业化中期具有两个比较明显的特征，首先是生产结构的快速调整与剧烈变动成为带动经济发展的动力，其中重化工业取代轻工业成为经济增长的主要支撑。其次是资本与技术进步成为推动经济增长的主要力量，其中资本的地位逐渐下降，技术进步的作用越来越明显。

我们可以看到，北部湾经济区现阶段的经济发展正是符合这两大特征的。

首先，北部湾经济区生产结构近年来经历了快速的调整与优化。整个经济区的三次产业结构由2005年的23.61∶31.17∶45.22调整为2010年的16.95∶39.42∶44.63，工业比重由23.6%提高到31.4%。其次，石油化工业成为北部湾经济区增长的支撑，《广西北部湾经济区发展规划》提出要布局建设总面积86平方千米的临海重化工业集中区，主要发展石化、能源、磷化工、钢铁、重型机械及其他配套或关联产业。最后，北部湾经济区在发展过程中，技术进步对经济发展的推动作用越来越强，一批高技术产业园区陆续成为北部湾下一步战略布局的重点，如北海电子产业园、南宁国家高新技术开发区等。

综上所述，北部湾经济区已经达到工业化中期的标准，具备工业化中期的特征。

判断北部湾经济区处于工业化中期的意义在于，我们可以通过这一论断来研究北部湾经济区未来发展的驱动因素。在工业化中期的地区具有的普遍规律是，资本运作和科技创新成为推动经济发展的两大因素，由此我们可以推断：资本与科技将驱动北部湾经济区的未来发展。

# 第四章　城乡极差驱动因素研究：北部湾经济区城乡一体化建设

从区域经济学的视角来看，由于自然环境的独特性，决定了自然资源的独特性，进而导致了区域经济的价值选择性，从而规定了一个地方的经济发展路径。这是因为一定地域空间的自然资源差异，必然导致要素集聚差异，这些不同的自然资源要素与一个地方独特的人文资源相结合，就会生成一个地方独特的经济发展系统，并进而决定该地的总的经济竞争力。因此，经济区域形成的主要意义在于根据区域内生产要素禀赋的比较优势，进而形成自身的优势产业，以带动区域经济的整体发展。

经济区域的形成与生产要素在地域上的配置、组合、流动有着密切的联系。正是由于生产要素在各区域内部和区域之间的集聚、扩散和整合，形成不同的行业、产业，并通过各要素以及不同产业之间的分工协作，逐步释放出各种驱动力，进而产生出生产地域分工的规模效应、集聚效应，才形成了区域生产力并进而形成了经济区域。

总的来说，一共有五个方面的因素驱动着北部湾经济区未来的发展。第一，北部湾经济区内的城乡极差驱动城乡一体化的建设；第二，北部湾经济区内的产业极差驱动产业布局与结构升级；第三，北部湾经济区内的经济极差驱动区域、次区域间的经济合作；第四，投资及融资等资本运作驱动或拉动北部湾经济发展；第五，科技创新提升了生产效率并拓宽了消费品市场。这五个因素中，前三个因素基于北部湾经济区的空间特殊性，后两个因素基于北部湾经济区处于工业化中期的发展阶段。本章将针对北部湾经济区未来发展的城乡一体化动力因素作较为详细的研究。

## 第一节　相关理论基础

### 一　自然意义上的动力

自然意义上的动力，就是使机械做功的各种作用力，英文写作 Motive Power 。它包括自然界存在的所谓人力、牲畜力、风力、电力、水力、热力、原子能、海洋潮汐力等。

### 二　社会意义上的动力

社会意义上的动力，是指推动工作、实业、社会的发展力量，泛指推动经济社会事务运动和发展的推动力量，英文写作 Motive Force。

### 三　区域经济发展动力

区域经济发展是一个集聚—扩散的过程，区域经济发展的目的能否实现，要看这个集聚—扩散的过程能否顺利完成。这就是说，任何空间区域的经济发展必然伴随着经济引擎的驱动，或者说经济动力的牵引。把它表述为经济发展“火车头”也好，或是表述为经济发展龙头也罢，总之，就是一个意思：经济发展驱动力及其驱动因素。总的说来，区域经济发展动力分为两大类：首先是内部驱动力，分为增长极驱动力（包括由增长极引发的关联产业集聚力）、地域生产力梯度驱动力和产业升级与创新动力；其次是外部动力，分为经济全球化驱动力、区域一体化驱动力和国家推动力。

#### （一）内部动力

所谓区域经济发展的内部动力，实际上就是产业空间集聚所自发产生的内在动力。而对于这个内在动力的研究，主要有三大派别：一是法国经济学家佩鲁的增长极动力理论；二是瑞典经济学家缪尔达尔的梯度推移发展理论，包括弗里德曼的“核心—外围”理论，以及美国经济学家赫希曼的“区域增长传播理论”；三是把物理学的相关原理移植进经济学，加以改进吸收，比如将物理学的热量能量辐射原理移植进区域经济学，形成一门独特的经济学原理——空间辐射扩散原理。现代经济学发展中的诸多现象，包括创新产业、结构升级经济现象等都可以用此理论解释之。

1. 增长极驱动力

1955 年，法国经济学家佩鲁提出“增长极理论”。佩鲁强调：“增长并非同时出现在所有地方，它以不同强度首先出现在一些增长点或增长极上，然后通过不同渠道向外扩散，并对整个经济产生不同影响。”①

用通俗的话说，一个地方的增长极之所以形成，在于这个特定的空间区域内各种生产要素的迅速集聚。② 按传统的观点，这种集聚就是人、财、物在特定的空间里迅速集聚，然后重组经济空间。换句话说，就是重新安排一个区域的经济秩序。即人流、资金流、物流、信息流迅速集聚，尔后扩散，无论是集聚过程还是扩散过程，类似于空气动力学上的对流，都会给一个地区的经济发展带来动力。

经济学上的增长极理论给传统的区域经济理论思维吹进了一股清新之风，它的理论源头在于物理学热力学第一和第二原理，同时它也符合帕斯卡定律。热力学第一定律是能量守恒定理，这被经济学界借鉴过来发展成经济学的供需平衡理论。热力学第二定理则是能量自发地从高温流向低温，而不是相反。这被经济学界发展成集聚—扩散理论。帕斯卡定律则是关于压力传递的定律，当一个封闭容器内所有液体遇到压力时，此封闭容器内的压力强度（压强）会均匀地向各个地方传递，并且压力不变、大小相等。上述这些理论被经济学界借鉴过来发展成为区域经济理论、增长极理论以及经济扩散—经济链条理论。布代维尔这位法国经济学把增长极理论向前推进了一步，变成经济增长极—经济链条—经济网络等不断扩张、不断扩散的过程理论，并建构生成了以空间区域的中心城市为原动力的增长极—亚极—次极的等级体系，形成纵横交错的网状体系。③

概括起来，这些理论的要旨在于三个方面：第一，是否有中心城市，中心城市是否有足够的动力即拉动力足够强的产业体系。第二，是否有足够好的经济发展的自然环境和社会基础，自然环境包括地缘区位、资源程度、交通设施的健全与否等，社会基础包括人的受教育程度、观念的先进与否、基础以及各种专业研发能力等。第三，是否有通畅的社会传递机

① 转引自谢立新《区域产业竞争力——泉州、温州、苏州实证研究与理论分析》，社会科学文献出版社 2004 年版，第 152 页。

② 同上。

③ 参见史良忠主编《经济发展战略布局》，经济管理出版社 1999 年版，第 272 页。

制，比如市场经济的发育程度、价格的市场传递以及产业的市场传导机制等。一个地方的经济发展，正是通过上述三个方面，形成从内部生成到外部凝聚的经济局面。①②

综上所述，依据区域经济的诸多理论，无论是增长极理论、集聚—扩散理论，抑或是经济增长极—经济链条—经济网络等过程理论，我们都可以判断：广西北部湾经济区已然具备快速发展经济的各种要件。北部湾经济区内有一批像南宁、北海、钦州、防城港、玉林、崇左等节点城市，担当北部湾经济区经济发展的“火车头”，即担当区域经济发展增长极，因而北部湾经济区的建设恰逢其时，必将为区域内的经济发展带来历史性的机遇。

2. 地域生产力梯度驱动力③

在数学这门学科中，梯度最初是一个对向量微积分进行标度的特殊名词。后来被引入物理学、化学等诸多学科，最后被引入经济学等诸多的社会科学学科中。经济学引进这样一个词汇，旨在表征经济发展的空间差异。准确地说，旨在表征经济发展的高低落差。生产力梯度力即表现在同一经济区域内，经济高速或者相对快速发展的节点，会产生一种经济引力即梯度力，带动同一区域内相对落后的经济体向前发展。④

所谓的生产力梯度驱动力，可以直观地认为，增长极—经济增长发动机率先成长。这个所谓的发动机也好，增长极也罢，它可以是产业门类齐全的区域中心城市，也可以是特殊的高速发展的产业，还可以是区位特别好的地理位置，甚至可以是大量的投资。接着是增长极沿着通道扩张，使与之相连的通道产生“极化效应”，塑造二级极化点。再接着二级极化点会产生类似于水面涟漪的“回波效应”。⑤ 最后是经济发展的传导力会均匀扩散到社会。如此，一个地方经济快速发展阶段告一段落，接下来则要

① 参见史良忠主编《经济发展战略布局》，经济管理出版社 1999 年版，第 272 页。

② 参见李晓琳《长江三角洲都市圈发展中的产业机理研究》，硕士学位论文，华东师范大学，2006 年。

③ 同上。

④ 同上。

⑤ 宋栋：《中国区域经济转型发展的实证研究——以珠江三角洲为例》，经济科学出版社 2001 年版，第 26 页。

塑造新的经济增长点。当然一个地方的高速发展不会永久持续下去[①]，区域的发展依赖于核心动力。这种核心动力诸如核心城市、核心领域、核心产业、核心技术等，种种核心的主要工作就是——集聚。但是居于“核心”地位的集聚，总是支配着周遭边缘地区的经济发展。[②]

20 世纪 50—60 年代，美国著名的经济学家弗里德曼提出经济发展的“核心—外围”理论。这种理论认为：占支配地位的核心区通过对边缘区的极化效应或扩散效应影响边缘区经济发展。[③]

总而言之，梯度扩张也好，“回波效应”也好，“核心—外围”也罢，就是指区域经济在空间上的扩散。它实际上就是源于空间上经济节点塑造的过程，核心与否，亚核心与否，次级节点与否，是与其地缘结构乃至其资源禀赋差异密切相关的。这中间有一个绕不过的问题，即投入与产出的性价比。“核心”节点即所有发展经济要素综合作用而使其效率最高、成本最小的地方。扩散动力是生产力梯度，扩散效应体现为渗透、传导、辐射、迁移等各种空间行为，扩散重组的本质就是地域经济系统能量释放和物质传输过程。

这里面有两个因素。

第一个因素，是产业部门寻找新的发展机会。一方面是集聚，另一方面则是扩散。集聚，即积聚经济发展的资本、技术、人力乃至政府的政策等。扩散，则是扩散其影响和势力范围等。这种集聚和扩散，用物理学的语言表述，就是物质与能量的传输过程。用技术哲学的语言表述主要表现为技术转让与推广。用经济学的语言表述，就是资金投入和转移。用社会文化学的语言表述就是现代文化观念和竞争压力。凡此种种，核心区为了获得比较利益，还将参与区外的经济合作，也将引起资源要素的向外扩散。

第二个因素，是生产力梯度转移和传输作用。核心地域拥有较高的区位势能，在空间梯度力的驱动下，某些流动性较强的经济与社会文化要素从核心区流出，进入外围地域，包括管理方法的传播与普及等。

① 参见张培刚主编《发展经济学教程》，经济科学出版社 2001 年版，第 667 页。

② 转引自李晓琳《长江三角洲都市圈发展中的产业机理研究》，硕士学位论文，华东师范大学，2006 年。

③ 同上。

空间经济学，作为一门崭新的经济学，有别于原来的时间经济学，经济发展不仅仅是时间维度所凝固的劳动价值，更是空间维度之劳动价值的实现。在一个相对成熟或者相对独立和相对封闭的空间区域之内，必然存在不均衡的生产力空间分布状态，这种状态会演变为“生产力差”[①]，这种压差就是动力之源，即生产力梯度力。正是这种始发于空间状态的压差，激活了经济要素，使生产力在区域内流动，最后推动空间经济结构的重组。[②③]

就北部湾经济区而言，存在明显的生产力梯度：东连粤港澳、西接云贵川、背靠大西南、面向东南亚，这些都将产生梯度力，推动北部湾经济区内经济要素集聚，具有广阔发展前景和合作空间。当北部湾经济区各种促进经济发展的要素，比如资金、专利、技术、产业、各种人才中，等等，朝着一个目的地进发：实现自身的价值，推动经济空间重组，推动产业结构变迁，最后就会激活北部湾经济区的经济发展。[④⑤]

3. 经济发展辐射：科技创新与产业升级推动力[⑥]

按照热力学第二定律，热量会自发地从高温流向低温。这一原理运用到空间经济学和区域经济学当中，就产生了经济辐射理论。所谓的经济辐射理论就是，经济发展高地会自然而然地辐射周遭相对低洼的经济地带，并转移若干要素。高地自身则寻求提升产业结构，这是经济发展的内在要求。所谓辐射，其主要手段是产业转移；所谓提升，其主要手段是科技创新。两者的目的是同一的：寻求更多的利润。

辐射的途径是沿着交通通道，诸如河流、公路、铁路、港口、码头、机场等向附近扩散。提升的途径主要是通过教育、员工培训、实施知识产权保护等，进行基础研发和应用研发。在古代则是沿着自然地理的走向，

---

① 陈修颖：《区域空间结构重组：理论基础、动力机制及其实现》，《经济地理》2003 年第 4 期。

② 同上。

③ 高宏深编著：《区域经济学》，中国人民大学出版社 2002 年版，第 128 页。

④ 陈修颖：《区域空间结构重组：理论基础、动力机制及其实现》，《经济地理》2003 年第 4 期。

⑤ 高宏深编著：《区域经济学》，中国人民大学出版社 2002 年版，第 128 页。

⑥ 此论证借鉴并引用张虎春《城市产业竞争力研究》，博士学位论文，河海大学，2005 年。

主要是沿着河流以及山脉的走向来扩散生产力发展诸要素。近代主要是沿着海洋航线以及公路铁路系统。今天除了上述两种方式还在继续发挥作用外，还增加了高速公路系统、高速铁路系统，以及遍布全球的空中航线及其机场系统。辐射的效率则取决于物流速度的快慢以及经济腹地的纵深。

概括起来，经济辐射的模式主要有三种。①

第一种是点式辐射模式②，即由大都市担当经济发展的“火车头”，向周遭地区投射经济发展的各种能量，诸如投入资本、技术、人力、产业发展信息等各种要素。这种经济辐射模式是塑造以大都市为发展核心的一种空间经济模式。即塑造都市核心—周边核心区域—区域经济发展模式。我国著名的例子便是宁—沪—杭区域经济发展模式。③

第二种是线式辐射模式④。顾名思义，这种方式是以河流流域或者交通干线为依托，辐射或者投射经济发展的各种能量和要素，诸如投入资本、技术、人力、产业发展信息各种要素。这种经济辐射模式是塑造流域经济或者交通干线沿线的经济发展带的一种区域经济模式。我国著名的例子便是沿长江经济发展带，珠江经济发展带，广西的西江黄金水道经济发展带。⑤

第三种是面式辐射模式⑥。这种模式结合了前述两者，即将点模式与线模式结合起来，形成更高层次的组合而推向较大空间区域即推向面的一种空间区域的经济发展模式。这种方式是以点式和线式两者的结合为依托，辐射或者投射经济发展的各种能量和要素，诸如投入资本、技术、人力、产业发展信息各种要素。在这种模式下，节点与节点之间，即城市与城市之间，流域与流域之间，交通干线与交通干线之间，区域与区域之间，全方位或交叉或叠加或覆盖，等等，是经济发展的高级表现形态。京津冀、长三角、环渤海湾、珠三角等地即为成熟的面式辐射经济模式的发展区域。⑦

无论是点式辐射的模式，还是线式辐射的模式，抑或是面式辐射的模

---

① 参见高宏深编著《区域经济学》，中国人民大学出版社2002年版，第129—136页。
② 同上。
③ 同上。
④ 同上。
⑤ 同上。
⑥ 同上。
⑦ 同上。

式，它们的发展及成型，一方面是地缘条件内在固有优势的自然发挥，另一方面也是区域内政府经济管理部门资源倾斜政策自觉的结果，两者缺一不可。在种种模式中，人、财、物、产、供、销、责、权、利，等等，不仅仅是高度结合，更是自觉融合。在区域内经济发展的先进地区也好，经济发展相对滞后和落后的地区也罢，只要看清大势，定位明确，合理分工，优势互补，从各自资源禀赋和区位条件出发，选择并寻找社会分工和行业定位，并辅之以恰当的经济政策，就必将谱写区域经济快速发展的篇章。①

不管是点式辐射，还是线式辐射，抑或是面式辐射，其核心都是产业集聚所带来的区域产业结构的变迁。它的核心在于产业，产业就是区域经济的发动机。那么产业的高端与否，产业的可持续发展与否，产业是否有提升空间就直接决定了一个区域经济发展的动力强大与否。以此类推，对亟待发展经济的区域空间而言，朝阳的、可持续发展的、可以带动一大批相关产业一同提升的产业便显得尤为重要。而这又离不开这一区域的自然资源禀赋、人文历史传统、民众的受教育程度、政府管理理念、某种历史机遇。总而言之，这是一个综合的、复杂的，既是自发的又是自觉的经济选择过程。这种相对复杂的选择过程一旦启动，就必然决定一个地方的空间经济各种要素的重新组织。而各种要素一旦沿着某种路径或者按照某种逻辑重组，那就意味着区域经济，无论是在空间上重新定位，还是在时间上重新确定，都启动了区域经济结构的变迁。无论是区域发展的驱动力，还是拉动力，都来源于此。上述我们所表述的实际上就是产业演替或者说结构重组的动力（见表4－1）。

（二）外部动力

1. 经济全球化驱动力

今天看来，全球化的力量无处不在。经济全球化以两种方式展现：一是发达国家的全球化，它是一种主动的全球化，表现为从研发到制造再到贸易都处在高端的全球化。它可以表现为两头在内，即资源和市场都在内。也可以表现为一头在内，一头在外；或资源在内，市场在外；或资源在外，市场在内。还可以表现为两头在外，即资源和市场都在外这三种形

① 参见张虎春《城市产业竞争力研究》，博士学位论文，河海大学，2005年。

表 4－1 产业结构阶段性演替驱动力要素表①②③④

| 空间结构重组要素 | 资源 | 交通 | 能源 | 通信 | 知识、技术 | 劳动力 | 环境要求 |
|---|---|---|---|---|---|---|---|
| 工业化初期 | 强 | 物流强 | 生产性能源强 | 低 | 经验为主 | 低端劳动力为主 | 低，破坏环境 |
| 工业化中期 | 强 | 物流强 | 生产性能源强 | 较高 | 技术为主 | 劳动力素质较高 | 低，破坏环境 |
| 工业化后期 | 一般 | 人流强 | 生产生活并重 | 高 | 技术知识并重 | 劳动力素质高 | 较高，保护环境 |
| 后工业化时期 | 一般 | 人流强 | 生活性能源强 | 极高 | 知识为主 | 劳动力素养很高 | 极高，与环境融合 |

式。但不管是哪种形式，其全球化的规则都是发达国家制定的，比如迄今为止的 WTO 规则就是以美国为首的西方七国制定的。二是发展中国家或者不发达国家的被全球化，如果一个国家没有健全的产业体系，没有系统的制造业体系，没有全盘的研发体系，那么，它将被迫全球化。如此一来，以发达国家为一端，占据着技术、资本、制造、贸易以及规则的高端，源源不断给全世界的市场带来贸易和经济的动力；而以发展中国家以及不发达国家为另一端，被迫处在技术、资本、制造、贸易以及规则的低端，承接着全世界的种种经济和贸易的压力。此二者组成一个闭合的经济循环，完成全球的工业制造、经济发展和贸易往来。占据工业制造、经济发展和贸易高端的是盈利者，即发达国家；处于低端的则是全球化过程中原材料和产品市场的承接者，即发展中国家以及不发达国家。

具体到一个空间区域，经济全球化的动力则表现为两种力量：一种力量是国家间的贸易条约，另一种力量是全球性的跨国公司资本或技术的定

① 参见张虎春《城市产业竞争力研究》，博士学位论文，河海大学，2005 年。

② 参见高宏深编著《区域经济学》，中国人民大学出版社 2002 年版，第 129—136 页。

③ 陈修颖：《区域空间结构重组：理论基础、动力机制及其实现》，《经济地理》2003 年第 4 期。

④ 此表结合并综合陈修颖、高宏深、张虎春三人的研究成果而制作。

点投入（如 FDI）。[1] 前者通过具有国际公法性质的条约约定，相互开放机场、港口、码头、市场等硬件设施，以及相互修订法律准则、贸易规则、关税条款、相关的产品或者技术标准等软件设施，从而使签订条约的相关国家都深深嵌入到全球化当中。如此一来，则双方经济发展的宏观空间都不得不进入到空间重组的进程之中。不同的是，发达国家是主动投入，主动塑造经济发展空间；不发达国家是被迫卷入，被嵌入到经济发展空间。作为全球性的跨国公司，其参与全球化的途径则是资本或技术的定点契入，达成对一个具体的经济发展区域实施空间结构的重组。[2]

具体到“北部湾经济区”，它是在中国—东盟自由贸易区的大背景下启动进行的。实际上就是两种力量直接进入到北部湾经济区，导致经济结构重构。更为具体地说：一种是跨国公司，如世界银行、日本、美国、中国大陆、中国香港、中国台湾地区等相当多的企业进入“北部湾经济区”；另一种是区域内部的中国广西，更有云南、贵州、四川、湖南、广东、海南等省份的资本和技术力量进入北部湾经济区。为了促进经济发展，两种力量走到一起来了。于是，北部湾经济区为了吸引来自各方的资本、技术、管理经验、研发力量等，及时地抓住了历史所赋予的机遇。及时地抓住了地缘经济发展的机遇。党中央和国务院则因势利导，作出决策，使广西北部湾经济区上升为国家经济战略。不仅经略广西北部湾，同时统筹规划泛亚铁路的东、中、西线的规划，“一轴两翼”的规划，泛北部湾的规划，滇越铁路的规划，南宁—河内高速公路的规划等。与此同时，不仅仅使区域内各经济主体相互开放机场、港口、码头、市场等硬件设施，更是使区域内各经济主体相互修订法律准则、贸易规则、关税条款、相关的产品或者技术标准等趋于一致，拆掉彼此间的贸易壁垒。如此一来，无形中将“北部湾经济区”经济结构纳入到全球经济体系之中。

我们这一部分论证的就是呈现在北部湾经济区的经济全球化驱动力。

---

① 朱传耿：《跨国公司空间组织研究》，博士学位论文，南京大学，2002 年。FDI 是 Foreign Direct Investment 的缩写形式，即对外直接投资。

② 陈修颖：《区域空间结构重组：理论基础、动力机制及其实现》，《经济地理》2003 年第 4 期。

2. 区域一体化驱动力

外部动力除了经济全球化驱动力之外，还有两种动力存在，那就是区域一体化驱动力以及国家推动力。本部分主要论证区域一体化驱动力。当然这是经济驱动力的空间表现，前者是全球表现，后者则是区域表现。其内在的经济学原理则是一致的，即主动塑造出一个空间氛围，使经济发展的各种要素在区域内充分流动，从而使资源在流动中得到较好的配置，创造出较高的经济效益，获得更多的利润。

区域一体化驱动力，其在区域空间扩散的方式上主要表现为近邻扩散，又称为墨汁式扩散。它是指经济活动或资源要素由集聚地域向四周相邻的地域做浸润式扩散，或呈同心圆，或呈放射形扩散，其结果是使周围空间地域呈现均匀化。然而，空间经济中的距离衰减规律，在这种扩散过程中表现得相当明显，随着距离的增加，扩散强度逐次递减。近邻扩散之所以发生，是由于外围地域具有适宜的区位和较好的环境，与核心区联系方便，便于获取物质、能量和信息，得到集聚空间地域的支持，因而既能取得较好的经济效益，又能把握住发展机会，与核心区经济发展的趋势保持一致，从而达到整个区域利益最大化。

3. 国家推动力

任何国家和政府都负有指导和推动宏观经济发展的责任和使命。国家和政府一般从三个大的方面去推动一个国家的经济发展。一是从基础做起，建立健全健康的国民经济基础，建立健全农业、轻工业、重工业等门类，夯实国民经济的基础。二是当国民经济发展到一定阶段的时候，适当引入外部力量，比如资本、技术、经济管理经验等，这个时候国家一般通过与有比较优势的国家签订经济合作乃至贸易发展的条约。三是用特殊政策推动国内局部的经济区域的经济发展。比如，通过制定各种差异性产业政策和区域开发政策，在不发达地域倾斜建设基础设施等，吸引核心区的活力传输与转移，实现实体产业的嵌入、产业规模的扩大、空间结构的重组，最后达到推动区域发展的宏观目标。“广西北部湾经济区”就是地方努力作为中央积极支持的典型。正是有了国家的战略支持，才从内到外都激发出经济建设的热情，是典型的国家推动力的表现。

那么对国家而言，其支持一个地方的发展，一般有三个手段，一是给特殊的政策，二是给资金，三是给项目。20 世纪 80 年代深圳改革开放的时候，中央没有钱，只给政策，邓小平说，希望深圳能够用好国家的政策杀出一条血路，为全中国的改革开放做榜样。深圳果然不负众望，从小渔村发展成为在世界上都有着重要影响力的城市，崛起了像华为等一大批在世界上都有着重要影响力的企业。90 年代，当上海浦东改革开放的时候，中央是既给政策又给资金。今天，上海已经是东亚最有活力的城市，假以时日，上海会让全世界刮目相看。而 2008 年，中央批复成立“广西北部湾经济区”的时候，中央是既给政策，又给项目。北部湾经济区的区位优势更为突出，为北部湾经济区乃至广西提供了难得的发展机遇和发展动力。国家给北部湾经济区的战略任务是：把北部湾经济区打造成“中国经济发展新高地和新一极”。这就是北部湾经济区发展过程中所得到的来自国家的强劲的推动力。

## 第二节　北部湾经济区城乡一体化发展概况

生产要素流动是塑造城乡一体化的不竭动力。城市发育的特征是地理空间的快速扩张以及区域时空的收敛。扩张是追求市场，收敛是节约成本，扩张与收敛均取决于要素流动。自古至今，任何国家的农业生产都只能以空间扩张的方式进行，那是因为土地不能移动，而气候、水资源又先天地被土地所在的空间位置所规定。进入近代以来的工业化社会，工厂则反其道而行之——空间收缩，也就是集聚。那是因为原料、人力、技术可以移动，而土地不可以移动，所以工厂乃至城市的选址就显得尤为重要，接着便是运输条件等后天规定性。

生产要素之所以转移，乃是追逐利润。利润的获取取决于其内部和外部盈利能力的总和。内部盈利能力取决于工厂，或者放大了说城市的技术、资本、人力等方面的支撑，外部盈利能力取决于市场、原材料、运输条件的好坏及成本的高低。如果两者结合得很好，生产要素便能在某一特定空间形成产业集群，进而构成产业链，城乡一体化便形成了。

由于北部湾经济区由南宁、北海、钦州、防城港这四个市组成，下面我们将从经济与社会发展状况的角度，通过一系列的经济指标，分别对其城乡一体化发展概况做较为深入的调查和研究。

## 一　南宁市经济与社会发展状况

### （一）南宁市地理环境、行政区划与资源禀赋

#### 1. 地理环境①

南宁市的地理位置具有“三南”的特征，即处于桂南、北回归线之南、北半球亚热带之南。南宁市具体的经纬度范围是：地处东经107°45′至东经108°51′，北纬22°13′至北纬23°32′之间。南宁市具体的地理坐标则是北纬22°48′，东经108°22′。全市陆地总面积为22112平方千米，截至目前市区总面积为6479平方千米。②

南宁市具有得天独厚的地缘优势，一是自治区的首府所在地，二是通过陆海与东南亚相连，三是东部与广东、香港、澳门连接，四是北面与湖南、湖北相沟通，五是西部、西北面与贵州省、云南省连接。③④

不仅如此，南宁市还有另外的两个特点：“两近两沿”。何为“两近”？答曰：一是近海，二是近边。所谓近海，南宁市离北部湾海边不过100千米左右；所谓近边，南宁市离中越边境不过200千米左右。何为“两沿”？答曰：一是沿众多铁路干线，二是沿邕江两岸。对于前者，诸如南昆线、黎湛线、黔桂线、湘桂线等多条铁路干线均在南宁市交会。对于后者，邕江两岸有众多的市一级乃至县一级的城市，且1000吨级的轮船可以畅通无阻。因此，南宁可以当之无愧地担当北部湾经济区的经济发展的“火车头”。⑤⑥

#### 2. 行政区划

截至2009年年底的数据，南宁市陆地总面积为22112平方千米，其中市区陆地总面积为6479平方千米。截至2010年年底的人口统计，全市总人口707.37万人，其中市区人口270.74万人。全市共管辖6个城区和6个县。6个区分别是：良庆区、青秀区、江南区、西乡塘区、邕宁区、兴宁区；6个县分别是：隆安县、马山县、上林县、武鸣县、宾阳县、横

① 参见泛珠三角省会城市信息互通平台网，http：//www. pprdcity。
② 同上。
③ 同上。
④ 南宁市基本情况：网络 http：//www. nanning。
⑤ 参见泛珠三角省会城市信息互通平台网，http：//www. pprdcity。
⑥ 南宁市基本情况：网络 http：//www. nanning。

县。一共下辖 22 个街道、84 个镇、15 个乡、3 个民族乡（分别为马山县古寨瑶族乡、里当瑶族乡和上林县镇圩瑶族乡）。

第一介绍兴宁区，兴宁区总面积 751 平方千米。总人口 29.79 万人，其中农业人口 13.17 万人，壮族人口 18.14 万人。兴宁区辖有两个街道和 3 个镇。两个街道分别是朝阳街道和民生街道。3 个镇则分别是：昆仑镇、五塘镇、三塘镇。共有 38 个社区、37 个行政村、330 个自然村（屯）。区政府驻厢竹大道。

第二介绍青秀区，青秀区总面积 872 平方千米。总人口 58.98 万人，其中农业人口 18.05 万人，壮族人口 15.56 万人。青秀区下辖 4 个镇和 5 个街道。其 4 个镇分别是：长塘镇、伶俐镇、南阳镇及刘圩镇。其 5 个街道分别是：津头街道、南湖街道、建政街道、中山街道及新竹街道。共有 58 个社区、46 个行政村、276 个自然村（屯）。区政府驻东葛路。

第三介绍江南区，江南区总面积 1154 平方千米。总人口 44.07 万人，其中，农业人口 24.19 万人，壮族人口 21.83 万人。江南区辖有 4 个镇与 4 个街道。其 4 个镇分别是：江西镇、延安镇、苏圩镇和吴圩镇。其 4 个街道分别是：那洪、沙井、江南和建园。共有 28 个社区、68 个行政村，780 个自然村（屯）。区政府驻壮锦大道 19 号。其中，那洪街道由南宁经济开发区托管。

第四介绍西乡塘区，西乡塘区总面积 1298 平方千米。总人口 77.97 万人，其中，农业人口 26.21 万人，壮族人口 28.89 万人。西乡塘区共辖 3 个镇和 10 个街道。其 3 个镇分别是：坛洛镇、双定镇和金陵镇，其 10 个街道分别是：心圩街道、石埠街道、安宁街道、上尧街道、新阳街道、华强街道、安吉街道、北湖街道、衡阳街道、西乡塘街道。共有 76 个社区、69 个行政村、372 个自然村（坡、屯）。区政府驻衡阳西路 11 号。其中，心圩街道由南宁高新技术产业开发区托管。

第五介绍良庆区，良庆区总面积 1379 平方千米。总人口 23.19 万人，其中农业人口 20.13 万人，壮族人口 20.97 万人。辖 1 个街道、5 个镇：大沙田街道、良庆镇、那马镇、那陈镇、大塘镇、南晓镇。共有 12 个社区、57 个行政村、436 个自然村（屯）。区政府驻德政路。

第六介绍邕宁区，邕宁区总面积 1255 平方千米。总人口 33.14 万人，其中农业人口 28.50 万人；壮族人口 30.66 万人。辖 3 个镇、2 个乡：蒲庙镇、那楼镇、新江镇、百济乡、中和乡。共有9个社区、65个行政村、455个自然村（屯）。区政府驻蒲庙镇红星路18号。

上述是南宁市的城区情况。下面接着介绍南宁市所管辖的县域情况。

第一介绍说武鸣县，武鸣县总面积3378.36平方千米。总人口68.66万人，其中农业人口56.74万人，壮族人口59.46万人。武鸣县共辖13个镇，按离县城距离远近分别是：城厢镇、太平镇、双桥镇、宁武镇、锣圩镇、仙湖镇、府城镇、陆斡镇、两江镇、罗波镇、灵马镇、甘圩镇、马头镇。共辖有20个社区、198个行政村、1796个自然村（屯）。县政府驻城厢镇。

第二介绍隆安县，其总面积2277平方千米。总人口39.53万人，其中农业人口35.36万人，壮族人口37.95万人。下辖6个镇和4个乡：城厢镇、南圩镇、雁江镇、那桐镇、乔建镇、丁当镇、古潭乡、都结乡、布泉乡、屏山乡。共有13个社区、118个行政村、1240个自然村（屯）。县政府驻城厢镇。

第三介绍马山县，其总面积2345平方千米。总人口53.36万人，其中农业人口49.17万人，壮族人口40.02万人。下辖7个镇和4个乡（其中2个瑶族乡）：白山镇、百龙滩镇、林圩镇、古零镇、金钗镇、周鹿镇、永州镇、乔利乡、加方乡、古寨瑶族乡、里当瑶族乡。共有6个社区、145个行政村、3001个自然村（屯）。县政府驻白山镇。

第四介绍上林县，其总面积1869.64平方千米。总人口48.26万人，其中，农业人口43.01万人，少数民族约占总人口的85%。下辖7个镇和4个乡（其中1个瑶族乡）：大丰镇、明亮镇、巷贤镇、白圩镇、三里镇、乔贤镇、西燕镇、澄泰乡、木山乡、塘红乡、镇圩瑶族乡。共有16个社区、131个行政村、1355个自然村（屯）。县政府驻大丰镇。

第五介绍宾阳县，宾阳县总面积2308平方千米。总人口103.25万人，其中，农业人口88.28万人，壮族人口20.12万人。共辖15个镇和1个乡。其15个镇分别是：宾州镇、黎塘镇、甘棠镇、思陇镇、新桥镇、洋桥镇、和吉镇、王灵镇、露圩镇、古辣镇、中华镇、武陵镇、大桥镇、邹圩镇、新圩镇。其1个乡则是陈平乡。共有40个社区、193个行政村、1892个自然村（屯）。县政府驻宾州镇（2009年10月13日芦圩镇更名为宾州镇）。

第六介绍横县，横县总面积3464平方千米。总人口116万人，其中农业人口104.22万人，壮族人口44.07万人。下辖14个镇和3个乡：横州镇、百合镇、那阳镇、南乡镇、新福镇、莲塘镇、平马镇、峦城镇、六景镇、石塘镇、陶圩镇、校椅镇、云表镇、马岭镇、马山乡、平朗乡、镇龙乡。共有26个社区、276个行政村、1404个自然村（屯）。县政府驻横州镇。

3. 人文资源与自然禀赋

地形地貌：南宁市为典型的盆地、丘陵、山地的结合体地貌。由于多热多雨的气候，因而这块土地上人杰地灵，不仅孕育了丰富的物种与植物资源，还滋养了这里的人民，从古到今，名人辈出。

植物资源：据2008年的统计数据，全市的植物种类共有209科，764属，2023种。在这中间，蕨类植物约有42科，84属，250种；裸子植物约有7科，9属，18种；被子植物约有160科，671属，1755种。南宁市的乔木树种至少达600种，其中大戟科、木兰科、胡桃科、樟科、杜鹃花科、茶科、壳斗科等占有优势。我国所公布保护的野生植物资源，包括一级保护和二级保护目录，其主要分布地在广西众多的自然保护区内。这些野生植物资源保护区分别是：国家级的大明山国家级自然保护区，自治区级的则有弄拉自治区级自然保护区、武鸣三十六弄—陇均自治区级自然保护区、隆安县之龙虎山自治区级自然保护区、龙山自治区级自然保护区等。2007年，在隆安县之龙虎山自然保护区内，专家们第一次发现了一种全中国特有的植物——龙州锥。这种龙州锥是濒危树种，被收录进《中国物种红皮名录》。

动物资源：据2009年的统计数据，全市的动物种类共有31目，90科，208属，294种。这其中两栖类有19种，主要是鲵类和蛙类，它们是：斑腿树蛙、大绿蛙、泽蛙、虎纹蛙、棘胸蛙以及大鲵等。爬行类动物则有42种，主要是龟类和蛇类。其中，蛇类有滑鼠蛇、五步蛇、眼镜王蛇、银环蛇、金环蛇、百花锦蛇以及蟒蛇等，龟类则有乌龟、大头平胸龟、山瑞鳖等，此外还有大壁虎。鸟类动物有151种，譬如长尾阔嘴鸟、草鸮、小鸦鹃、猛隼、雀雕、凤头鹃隼、林三趾鹑及原鸡等。哺乳类动物大约有60余种，诸如黑熊、苏门羚、林麝、大灵猫、小灵猫、猕猴、黑叶猴及穿山甲等。我国所公布保护的野生动物，包括一级保护和二级保护目录，其主要的分布地在广西的众多自然保护区内。这些野生动物资源保护区分别是：国家级的大明山国家级自然保护区，自治区级的则有弄拉自治区级自然保护区、武鸣三十六弄—陇均自治区级自然保护区、隆安县之龙虎山自治区级自然保护区、龙山自治区级自然保护区及西津湖水库等地。

矿产资源：截至2009年的统计数据，全市已经发现的矿产资源达到了63种之多。其中有关能源的有：地热资源（热矿水）、石煤资源、无烟煤资源、褐煤资源等；有关有色金属矿产资源的有：锑矿、钼矿、铋矿、钴矿、镍矿、铝土矿、锌矿、铅矿、铜矿等；有关黑色金属的矿产资源有：钛矿、钒矿、锰矿及铁矿等；有关贵金属矿产资源的有金矿资源和银矿资源；有关非金属化工原材料的矿产资源有：重晶石矿、泥炭资源、砷矿、芒硝资源、硫铁矿、磷矿及耐火黏土和萤石等；有关建筑材料的矿产资源有：河沙即建筑用沙、石灰岩、方解石、花岗岩、页岩、黏土、粉石英、砂岩、膨润土、高岭土、灰岩等；其中优势矿产资源有：金矿、银矿、铜矿、钒矿、钨矿、石灰岩、砂岩、水晶、滑石、耐火黏土、芒硝、花岗岩等。南宁市截至目前已经探明的矿床共有590处之多，其中矿山564个，小型矿28处，中型矿和大型矿各有9处。已经开发小型矿床557处，开发中型矿床共9个，开发大型矿床4处。截至2009年的统计数据，全市年采矿量达2000万吨之多，仅计算矿业本身的产值达到了5.33亿元，这个数据不包含矿产业冶炼加工的产值。

人文及旅游资源：南宁市的旅游资源带有三个显著的特征：一是典型北回归线以南的亚热带风光，二是浓郁的广西壮乡情怀，三是清代的炮台及著名的抗日战场旧址。对于典型北回归线以南的亚热带风光旅游资源有：广西药用植物园、南宁动物园、隆安县龙虎山风景区、广西九龙瀑布群风景区等，这些都是4A级别和3A级别的风景名胜区；对于浓郁的广西壮乡情怀旅游资源有宾阳蔡氏书香古宅；对于著名的抗日战场旧址旅游资源有昆仑关风景区以及南宁市人民公园内的山顶的清代炮台。这些景点大多是4A级别的，少量是3A级别的。截至2008年，全市景点总数达到了100多个，游人如织的火爆景点达33个。其中，达到国家旅游局所颁发的4A级别的景点为6个，达到3A级别的为10个。

广西多山且多水。由于多水，气温偏高，再加上日照时间长，这就造就了广西独特的地理气候，孕育了多样性的物种，无论是植物资源的多样性还是动物资源的多样性。广西多山，再加上独特的喀斯特地貌，孕育了广西独特的旅游景观，因而有“桂林山水甲天下”的美誉。南宁更是如此，是一个江河奔流、湖光山色交相辉映的城市。在绿城南宁，不仅有邕江自西向东穿城而过，更有红水河、右江、左江在这里汇集。市内众多的湖泊像一颗颗珍珠镶嵌在南国的土地上，诸如龙潭湖、西津湖、大龙湖、金沙湖、凤凰湖、南湖。尤其是大龙湖，是世界著名的岩溶湖。大龙湖的湖光山色之中，更是点缀着 14 个岛屿，四周群山环抱，奇峰迭出，宛如梦幻仙境，一年四季，游人如织。

像桂林一样，南宁市也有几处著名的喀斯特地貌景观，比如金伦洞和伊岭岩。其中，金伦洞是广西喀斯特地貌最长、最大、最深的原始山洞，穿越 12 座山腹，河从岩中过，水自洞中流，游程 10 千米，洞内石钟乳、石柱、石幔千姿百态。

南宁市不仅有山、有水、有喀斯特地貌、有亚热带田园风光还有著名抗日战场旧址，旅游资源丰富。南宁市还有着国内其他城市所没有的温泉景观旅游资源，诸如那马温泉、嘉和城温泉、九曲湾温泉等。这些众多的温泉景观，深受市民和旅游者喜爱。其中，南宁市兴宁区就有嘉和城温泉和九曲湾温泉这两大温泉，两者距市区不过 12 千米左右，交通便捷，泉水温度常年在 53—69℃，来自地下 1200—1300 米深处的地层，含多种微量元素矿物质，对人体有良好的保健作用。那马温泉位于良庆区，距南宁市区 20 千米，泉水来自 1200 米地下的深层地热，温度最高 38℃，是一种淡温型医疗矿水。故而，不仅外地游人们，而且众多的本地居民，都把泡温泉当作是休闲、放松、保健并有益身心的一种好手段。

南宁气候温和，适于动植物繁衍生息。广西药用植物园现存植物 3000 多种，其物种比明代李时珍的《本草纲目》记载的中草药多出 1000 多种；金花茶公园拥有全国乃至世界最大的金花茶基因库，种植着国家一级重点保护植物金花茶。大明山自然保护区有植物 2023 种，包括国家一级保护的珍稀濒危树种钟萼木；国家保护动物如黑叶猴、飞虎（鼯鼠）、苏门羚、原鸡、大小灵猫等 36 种。在南宁周边，分布着众多的森林公园、国家级自然保护区、自治区级自然保护区。比如广西九龙瀑布群森林公园、五象岭森林公园、老虎岭森林公园、良凤江国家森林公园及广西南宁龙虎山自然保护区。这些森林公园及自然保护区里，共栖息有森林植物180科，600多属，3000多种；哺乳动物60多种，爬行及两栖类动物60多种，鸟类150多种。

南宁的考古与人文旅游资源，不仅数量众多，而且年代跨度较为久远，上下几千年。从新石器时代遗址，到明清两代的文化古迹等。诸如属于新石器时代的有灰窖田贝丘遗址、豹子头贝丘遗址、顶蛳山贝丘遗址等；属于唐代的文化古迹有唐智城垌古城垌遗址；属于明代的文化古迹有始建于南明的兴陵；属于清代的文化古迹有新会书院、两湖会馆、粤东会馆、思恩府试院、邕江防洪古堤等。

南宁市有着悠久的历史，这可以从众多的南宁市宗教寺庙及古塔建筑中得到印证，因而宗教寺庙以及古塔建筑也是南宁市独特的旅游资源。按照时间久远，南宁市的古代佛教寺庙有始建于东汉的伏波庙，有始建于宋代的应天寺，有始建于清代的北帝庙以及五圣宫，还有青秀山上的水月庵和观音禅寺。南宁市其他宗教建筑的旅游资源有天主教堂、基督教堂、清真寺等。南宁市的古塔，则有始建于明代的龙象塔，建于清代的秀峰塔、文江塔、承露塔等。

在整个近代中国波澜壮阔的历史中，南宁市一直追随着历史脚步，伴随着历史的进程，留下了辉煌的历史，这些历史凝固在近现代建筑文物当中。近现代文物遗址有：桂南战役阵亡将士纪念亭、昆仑关战役旧址、邓颖超出生地纪念馆、共青团南宁地委旧址及中共广西“一大”旧址等。这些近现代建筑文物遗址既有旅游价值，又是爱国主义教育、革命传统教育的基地。而南宁市国际会展中心、南湖水幕电影综合水景、埌东新区、广西人民会堂、民族广场、邕江堤路园、民族大道、朝阳路万达商业广场、地王大厦等现代地标性建筑则追随着时代的脚步，充满着现代都市气息，散发着迷人的魅力。其中，南宁国际会展中心已成为南宁市标志性建筑。

在中国还有一种特殊的文化现象，就是考察一个地方的历史悠久与否、人文兴盛与否，有一个必备的参照系——摩崖石刻。摩崖石刻这种文化现象，始于远古时代，全世界各国，大凡历史悠久的地方，总能保留若干记录当时文化现象的摩崖石刻。该地的摩崖石刻越久远，则说明该地的历史越古老。在我国，摩崖石刻兴盛于北魏时期，尤其是佛教传入以后，特别流行，并留下了许多举世闻名的历史文化记忆，比如甘肃敦煌的莫高窟、山西大同的云冈石窟、河南的龙门石窟等。

南宁市虽然远离中原，但是在几千年的历史传承中，也留下了许多摩崖石刻的文化现象。比如六公祠碑刻、雷婆岭摩崖石刻、凿字山石刻、清代起凤山石刻、明代灵水石刻、青龙崖石刻、青秀山摩崖石刻、唐代六合坚固大宅颂碑石刻及南宁市唐代的智城碑石刻等，具有较高的文化历史价值与观赏价值。其中，被誉为岭南第一碑的唐代六合坚固大宅颂碑，具有深厚历史意义与久远的文化意义。这块石碑记载了南宁这块土地上曾经的壮民族的生活状况，记录了当时壮民族的文化、经济、错综复杂的政治乃至于激烈的斗争状况。这块碑是现存的时间久远的为数不多的用汉字记录生活在八桂大地上的壮民族经济、政治、文化、历史等事件的碑刻，因而具有十分重要的意义。这一点，无论怎样强调，都不为过。

南宁还是民歌的海洋，壮族是能歌善舞的民族，山歌已经融入壮民族的血液。每年的三月三，是壮历的新年。在这一天，各种带有壮族特征的歌舞汇成了海洋。在这一天，大凡壮民族的聚居之地，必然自发兴办三月三歌圩。此外，壮民族热爱生活，热爱大自然，敬畏自然，在壮民族的生活中，每年都会有众多的节日，比如达努节、农具节、炮龙节等，在这些节日里，壮民族穿上带有壮民族鲜明特色的节日盛装，打起扁担舞，跳起春牛舞，唱起师公戏，抢起花炮来。与此同时，还伴随着壮族三声部民歌、关公磨刀诞、蒲庙开圩纪念日、邕州老街庙会等具有鲜明的南宁特征的社会祭祀活动或者庆祝活动。其乐融融，游人至此，无不感叹壮族人民热爱生活的种种激情，流连忘返。

（二）南宁市“十一五”期间经济与社会发展概况①

今天看来，南宁市发展的最好时期是整个“十一五”时期。这可以从政治、经济、文化的建设及各种经济指标的完成等多方面来加以考察和证实。

从政治的角度考察，南宁市“十一五”时期在南宁市委和市政府的领导下，跟党中央保持高度一致，坚持四项基本原则，以毛泽东思想和邓小平理论为指导，全面贯彻江泽民“三个代表”和胡锦涛科学发展观的

① 参见《南宁市国民经济和社会发展第十二个五年规划纲要》，《南宁日报》2011年6月2日。

重要思想。认真落实党中央和国务院以及自治区党委和政府所颁布的各项政策、方针和部署。在政治和意识形态方面自始至终传递并保持着正能量。①

从经济方面考察，南宁市不仅坚持走改革开放的道路，而且将发展经济、对外贸易等落到实处。通过兴建“三基地三中心”的具体抓手，在整个“十一五”时期，将南宁市的经济发展保持在较高的速度上，将南宁市的社会发展保持在良性循环的轨道上。南宁市“十一五”期间兴建的“三基地”是南宁市特色农业基地、南宁市先进制造业基地及南宁市区域性现代商贸物流基地。南宁市“十一五”期间兴建的“三中心”是金融中心、信息交流中心及区域性国际综合交通枢纽中心。②

从文化和生态文明的角度考察，南宁市由于是后发展的城市，可以充分吸收全国各地乃至全世界发展经济的经验和教训，注重生态，注重青山绿水，注重可持续发展，注重发展绿色和循环经济，因而，南宁的产业大都是对环境污染极小的。正是在上述具体措施的保障之下，整个“十一五”时期，南宁市不仅圆满完成了各项经济与社会发展的指标，更有主要的共18项经济指标，比之“十五”时期，南宁市在整个“十一五”期间翻了一番。③

比如，南宁市的地区生产总值也即国内GDP指标首次突破1000亿元大关是2007年，然而，仅仅3年的时间，到2010年的时候，南宁市的地区生产总值也即国内GDP指标就达到了1800亿元，这个指标所占的比重达到了全自治区总比例的19%，平均每年增长15.5个百分点。其他如外商直接投资指标、贸易进出口指标、财政收入指标、全社会固定资产投资指标、社会消费品零售总额指标、全部工业总产值指标、人均地区生产总值指标、地区生产总值指标，等等，比之“十五”时期，南宁市在整个“十一五”期间翻了一番。尤其是社会消费品零售总额指标翻了一番，这就意味着，人们的购买力翻了一番以上。因此，“十一五”时期，南宁市人民生活水平不断提高，城市面貌明显改善，城市综合实力继续增强，取

---

① 参见《南宁市国民经济和社会发展第十二个五年规划纲要》，《南宁日报》2011年6月2日。

② 同上。

③ 同上。

得了极为显著的成效。[1]

上述南宁市的各项经济指标所表现的是数量也即经济规模的增大，实际上，南宁市在“十一五”时期更为抢眼的是经济质量的提升以及经济结构的转换。这主要表现在下述三个方面。一是主动且较为深入地融入全球化，不仅加强了在专利制度方面的研究，培养了一批具有国际眼光的知识产权专业的法律人才，而且花大力气培育了一批具有自主品牌、自主专利、自主产权的南宁本土企业，比如南宁的铝加工企业、南宁的生物企业、南宁的制药企业等，拥有了自主品牌、自主专利和自主产权。二是提升了南宁市基础设施的质量水准，比如南宁花大力气提高了金融、信息、物流等方面的硬件和软件的水准，使这三个方面的服务质量明显提升，效率明显提高，从而吸引了更多的区域外企业来南宁安家落户。三是南宁市的三次产业结构在“十一五”时期更趋合理，不断优化。我们可以提供两组数据加以比较，一组是2005年南宁市的三次产业结构的数据，第三产业比第二产业比第一产业的数据分别是51.49∶31.96∶16.55；而到了2010年的时候，这一数据则变成了50.16∶36.26∶13.58，其中第二产业提高了近5个百分点，说明南宁市的制造业增多了，制造能力增强了。同时也说明，不论是创业，还是其他地方落户到南宁的制造业，总之，南宁市的关于制造的实体企业数量增多了将近5个百分点。[2]

在城市建设方面，整个“十一五”期间，南宁市花大力气，提升城市品格和城市设施水准，以超高标准进行建设，成效显著。主要抓了以下几个方面的工作。一是狠抓城乡统筹。不仅是对老城区的改造升级，更是抓紧对所管辖的6个县城的城乡一体化工作，提升并完善各县的农村基础设施，将基础设施建设、扶贫开发、城乡统筹、新型城镇化建设纳入全市“一盘棋”范畴，经过“十一五”期间的努力，目前南宁市的城镇化率已经达到48%。二是高品格规划，推出一批城市基础设施建设重大项目，以带动南宁旧貌换新颜。比如，新建广西体育中心、南宁大桥、五象大道，推出相思湖新区建设、凤岭新区建设、五象新区建设等，城市焕发出勃勃生机，承载功能不断完善并显著加强。三是建设生态宜居城市。南宁

① 参见《南宁市国民经济和社会发展第十二个五年规划纲要》，《南宁日报》2011年6月2日。

② 同上。

本来就有“绿城”的美誉，又由于南宁是后发城市，可以吸纳先发城市的经验和教训，因此南宁注重节能减排，注重绿色经济，注重循环经济，注重生态宜居。现南宁又推出“中国水城”的建设目标，正花大力疏浚南宁市内的各条河流和各个水库，并使之连环成闭合的水圈，环绕南宁，“中国水城”呼之欲出。整个“十一五”期间，南宁市获得了一系列城市建设荣誉称号，诸如“全国社会治安综合治理优秀地市”“中华宝钢环境奖”“全国文明城市”“联合国人居奖”“全国十大宜居城市”，等等①，南宁不仅是北部湾的一颗明珠，也不仅是正在冉冉上升的耀眼的南国明星城市，而且是一步步成长为中国对东盟国家改革开放、经贸发展的国际性枢纽城市。②

整个“十一五”期间，南宁市无论是在深化改革、深化开放方面，还是在加强地缘经济合作方面，抑或是承接产业转移、深化经济贸易往来等方面，都取得了不俗的成绩。这主要表现在以下三个方面：一是将承接产业转移与推动非公经济发展结合起来，民营经济蓬勃发展，广东、香港、澳门乃至中国台湾、东盟的诸多产业成功转移并落户到南宁。二是紧紧抓住举办“中国—东盟博览会”以及与之相伴的“中国—东盟商务与投资峰会”这两个平台的契机，不仅使经济总量上台阶，而且使经济质量得到提升。截至2014年，迄今为止南宁已经成功举办了11届“中国—东盟博览会”，第12届的“中国—东盟博览会”也于2015年9月在南宁举行。正是抓住了这一契机，东盟的泰国、老挝、柬埔寨、缅甸、越南这五个国家已经在南宁开设总领事馆。此外，东盟的10个国家、韩国及日本均在南宁开设了商务联络部。③ 三是加强地缘经济合作，加强对“南宁保税物流中心”的建设，并于“十一五”期间通过国家验收，按预期目标顺利实现了封关运行，并以此带动与东盟10个国家的经济与贸易合作。假以时日，南宁不仅有强大的腹地支撑，更具有极强的辐射带动的外向型的经济品格，

---

① 参见《南宁市国民经济和社会发展第十二个五年规划纲要》，《南宁日报》2011年6月2日。

② 同上。

③ 《半数东盟国家在南宁设领事馆》，http：//www. chinanews. com/cj/2011/03 – 01/2873835. shtml。

南宁市毫无疑问将成为北部湾经济区的“火车头”。[①②③]

整个“十一五”期间，南宁市科教文卫等方面的工作，无论是其宽广度，还是质量也大幅度跃升。由于加快了创新型城市建设的推进步伐，以及各种吸纳人才的优惠政策的推出，南宁市取得了一系列的标志性的成绩。这些成绩可以用一系列的荣誉称号来表征。南宁市连续不断地被评为“国家科技进步示范市”、“中国城市综合创新力50强”、“全国科技进步先进市”等。尤其难能可贵的是，在2010年这一年，南宁市被国务院列为“国家创新型试点城市”。这不仅说明，南宁市的科技水准以及研发能力得到中央的认可，更是被中央被国务院被科技部寄予了厚望。[④]

综上所述，在整个“十一五”期间，南宁市各方面的工作，无论是经济与社会发展观念的树立、改革开放具体政策措施的颁布与部署、众多重大发展项目的引进与推进，还是经济发展和制度改革模式的创新、承接东部经济高地产业转移工作的部署与落实，抑或是科教文卫等工作的跃升、基础设施等硬件的建设，等等，无不远远超出预期目标，顺利完成整个“十一五”期间的各种经济与社会发展的目标。为“十二五”时期推动经济社会进入更高层次、更高水平的发展阶段、实现全面建成小康社会目标奠定了坚实的基础。[⑤]

## 二　北海市经济与社会发展状况

### （一）北海市地理环境、行政区划与自然资源[⑥]

#### 1. 北海市的地理环境

北海市在南宁市的东南方，钦州市的东部，其西部与钦州市接壤，距离南宁市约175千米，距离钦州市约75千米，坐落于北部湾的东部海岸。

---

① 参见《南宁市国民经济和社会发展第十二个五年规划纲要》，《南宁日报》2011年6月2日。

② 《半数东盟国家在南宁设领事馆》，http：//www. chinanews. com/cj/2011/03 －01/2873835. shtml。

③ 《半数东盟国家在南宁设立总领事馆》，http：//news. xinhuanet. com/world/2011 －02/22/c。

④ 参见《南宁市国民经济和社会发展第十二个五年规划纲要》，《南宁日报》2011年6月2日。

⑤ 以上转引自《南宁市国民经济和社会发展第十二个五年规划纲要》，《南宁日报》2011年6月2日。

⑥ 北海市基本情况，http：//blog. sina. com。

其具体的经纬度范围是：地处东经 108°50′45″至东经 109°47′28″，北纬 20°54′至北纬 20°55′34″之间。全市南北纵向约为 114 千米，横向的东西跨度大约为 93 千米。北海市有几个特点，一是历史悠久，具有深厚的历史文化底蕴。北海市与福建泉州市、广东广州市并列为古代“海上丝绸之路”的我国东南沿海的重要始发港之一。二是地理位置比南宁市更南，同样有“三南”特征，即处于桂南、北回归线之南、北半球亚热带之南，故气候炎热，雨量充沛。三是战略地位十分突出，交通极为便捷。从地缘上说，北部湾城市群一同构成其多个经济圈的接合部。从交通条件来说，市内不仅有深水良港，还有高速公路，高速铁路，更有现代化的全天候北海机场。①

2. 北海市的行政区划②

北海市现辖有 3 区 1 县。其 3 个区分别是银海区、海城区与铁山港区。其所管辖的 1 个县则是合浦县。一共有 7 个街道办事处，23 个乡镇，342 个行政村，84 个街道居委会。截至 2010 年，整个北海市 3 区 1 县总人口约为 163 万人，其中市区人口数量约为 60 万人。③

首先介绍海城区的基本情况。海城区比较特别，由大陆部分和海岛岛屿两部分构成，总的面积为 140 平方千米。海城区一共管辖 1 个镇和 7 个街道办事处。其 7 个街道办事处分别为地角、海角、西街、中街、东街、驿马、高德等街道办事处，其 1 个镇则是以涠洲岛为主体的涠洲镇。一共有 45 个街道居委会，19 个行政村村委会，总人口数约为 27.82 万人。④

其次介绍银海区。银海区共辖有 4 个镇。它们分别是银滩镇、侨港镇、平阳镇以及福成镇。共有 7 个城区街道居委会，40 个行政村的村委会，截至 2010 年的统计数据，银海区共有人口 15 万人。⑤

再次介绍铁山港区。铁山港区一共管辖有 3 个镇。它们是兴港镇、营盘镇和南康镇。一共有 4 个城区街道居委会，38 个行政村的村委会，截

① 北海市基本情况，http：//blog. sina. com。
② 同上。
③ 同上。
④ 同上。
⑤ 同上。

至2010年的统计数据，铁山港区共有人口16.78万人。[①]

最后介绍合浦县。合浦县不仅是一个大县，更是一个历史悠久的古老的县。合浦县共管辖有15个乡镇。它们分别是：星岛湖乡、曲樟乡、沙田镇、山口镇、白沙镇、公馆镇、闸口镇、常乐镇、石康镇、石湾镇、乌家镇、西场镇、沙岗镇、党江镇、廉州镇。一共有28个街道居委会，245个行政村，截至2010年的统计数据，合浦县大约有总人口数102.06万人。[②]

3. 北海市的自然资源及其禀赋[③]

北海市几乎被海包围，其三面环海的特殊空间结构，使海风可以经年频吹，再加上高达35.96%的森林覆盖率，使北海市的环境出奇得好。北海全市陆上国土总面积为3337平方千米，由于将近36%的土地面积被森林所覆盖，再加上三面环海，海风经年劲吹，故而北海市的空气质量特别好，素有"天然氧吧"之称，常年占"全国十个空气质量最好城市"首位，曾经两次摘取"中国人居环境范例奖"，2012年更是摘取了"国家园林城市"的荣誉称号。[④][⑤]

地形地貌：整个北海市的地形地貌由三部分组成，一部分是丘陵，约占总面积10%的比例；一部分是海滨平原，约占总面积70%的比例；一部分是沿海滩涂，约占总面积20%的比例。整个地势是北高南低，从西北和东北向南逐渐走低，北海市区则位于南部的滨海平原上，直接与北部湾海面接壤的便是沿海滩涂了。整个北海市的平均海拔为15米左右，整个市内最高峰是五点梅峰，海拔高度为554米，市区内最高峰则是冠头岭，海拔高度为120米。[⑥]

气候类型：北海市属于典型的亚热带海洋性季风气候，冬季刮西北风，夏季吹东南风，不仅常年气温较高，而且湿度较高，夏季闷热难耐。全年的平均气温高达22.9℃，夏季极端温度可达40℃。年平均降雨量达

---

① 北海市基本情况，http：//blog. sina. com。

② 同上。

③ "中国第一滩"的北海银滩，http：//www. gszj. org/。

④ 北海市基本情况，http：//blog. sina. com。

⑤ "中国第一滩"的北海银滩，http：//www. gszj. org/。

⑥ 同上。

到 1670 毫米，年平均日照时间达到 2190 个小时。换句话说，平均每两天当中，就有一天是晴天。北海市的主要气象灾害是来自赤道附近的太平洋强热带风暴，每每造成八级以上台风，有时强台风甚至可以到十二级以上，其中十级以上的强热带风暴每十年可达到六次。①

天然气、石油资源：迄今为止，据有关部门所发布的资料，北部湾已经探明的石油储量达到了 2256 万吨，已经探明的天然气储量达到了 350 亿立方米。②③

矿产资源：北海市的矿产资源主要集中在稀土、陶土和石英砂上。北海市已经探明的钛铁矿储量达到了 126 万吨，其中的二氧化钛含量高达 60% 左右，如此高的品位，在钛铁矿中是极为罕见的。北海市已经探明的陶土储量高达 1.89 亿吨，陶土中的三氧化二铝含量在 24% 到 32% 之间，二氧化硅的含量则在 52.5% 到 64.8% 之间，如此高品位的陶土也是少见的。北海市的石英砂的储量达到了 3000 万吨，而且品位好，二氧化硅的含量高达 98%。④⑤

海洋资源：北海市的海洋资源包括如下五个部分。一是海岸线，北海市的海岸线总长约有 500 千米，东起英罗湾，与粤西的廉江接壤，西到大风江港口，与钦州相连，其中优质海岸线大约长达 310.9 千米。二是沿海滩涂，北海市沿海滩涂总面积约有 73 万亩，这些滩涂大多养殖着海鸭，并大量产出海鸭蛋。三是渔场，北部湾的渔场总面积大约为 16 万平方千米，北海、钦州、防城港三市的渔民在每年的休渔季节之后，都会出海捕鱼。四是可供浅海养殖的海洋面积。北海市深度一般在 10 米以下，浅海总面积为 226 万亩，其中可供浅海养殖的海洋面积大约为 21 万亩。五是鱼虾贝类等海洋经济资源。北海市的海洋鱼类有 500 多种，虾类也有十多种。站在可持续发展可持续捕捞的角度，北海市每年捕捞量大约为 35 万吨。⑥⑦

---

① “中国第一滩”的北海银滩，http：//www.gszj.org/。
② 同上。
③ 北海市基本情况，http：//blog.sina.com。
④ “中国第一滩”的北海银滩，http：//www.gszj.org/。
⑤ 北海市基本情况，http：//blog.sina.com。
⑥ “中国第一滩”的北海银滩，http：//www.gszj.org/。
⑦ 北海市基本情况，http：//blog.sina.com。

淡水资源：淡水资源与土地资源一样，是衡量一个地方发展经济的承载量的重要指标。北海市整个水资源总量约为350亿立方米，这些水资源分布在地表径流即河流、水库、地下水之中。北海市有大小河流93条，总长度约为558千米。北海市水库的有效淡水容量大约为11亿立方米。北海市的地下水储量约为20亿立方米。将上述数据做一个加权平均，北海市的人均淡水拥有量为3300立方米，这个指标为全国人均指标的1.3倍之多。①②

港口资源：宋代、明代以后，与泉州、宁波、广州并列，北海港曾经长时期是南方“海上丝绸之路”的重要港口之一，且是作为始发港口。在古代，北海港主要承担川、鄂、湘、云、贵、桂等省份对外贸易的港口。由于其地理位置特别优越，因而在古代时期，上述六省对外贸易的主要商品基本上多是选择北海港作为出海口通道，因而从古至今，北海港的商品集散数量都比较大。③④

依据2012年4月自治区政府《关于北海港总体规划的批复》，北海港依据各自的地理条件以及功能承载被划分为3个枢纽港区，4个小港口，以及1个远景预留港区。3个枢纽港区是：铁山港东港区、铁山港西港区以及石步岭港区。4个小港区是：涠洲岛港区、沙田港区、侨港港点、海角港点。大风江港区则是远景预留港区。同样是依据这个文件，北海市规划的港口岸线总长度为87.59千米，规划深水港口的岸线则为72.29千米。截至2012年年底的统计数据，北海市共有码头泊位52个，其中达到万吨级以上标准的泊位有8个，一千吨级以上至万吨级以下的泊位有29个，一千吨级以下的则为15个。截至2012年年底的统计数据，北海港区的码头输送能力为，年输送旅客为436万人次，年输送滚装汽车数量为35万辆，年输送集装箱的能力为5万标准箱，年输送货物的能力为2302万吨。⑤⑥⑦

① “中国第一滩”的北海银滩，http：//www. gszj. org/。

② 北海市基本情况，http：//blog. sina. com。

③ “中国第一滩”的北海银滩，http：//www. gszj. org/。

④ 北海市基本情况，http：//blog. sina. com。

⑤ 北海市政府门户网站：环境资源——北海概况，http：//www. bhzx. gov。

⑥ “中国第一滩”的北海银滩，http：//www. gszj. org/。

⑦ 北海市基本情况，http：//blog. sina. com。

首先介绍铁山港东港区。北海铁山港东港区的功能定位为：一是物流，二是商贸，以全方位地配合并服务于整个北海港的临港工业。①②③

其次介绍铁山港西港区。北海铁山港西港区的功能定位为：一是物流，二是商贸，以全方位地配合并服务于桂东乃至粤西的物流中转，以及发展临港工业。④⑤⑥

再次介绍石步岭港区。北海石步岭港区的功能定位是：一是客运，二是旅游配套包括规划中的将来的邮轮母港功能，三是集装箱标箱运输。⑦

最后介绍四个小港口区。涠洲岛港区、沙田港区、侨港港点、海角港点这四个小港口，作为北海港口群的有效补充和支撑，将有助于市区人们的生活改善、生产补充乃至休闲、休假、接待游客、发展经济等。⑧

旅游资源：按照表面的形式来分，北海市有三大旅游资源，一是上山，即往北可达十万大山；二是下海，即可达北部湾沿岸；三是出国，即可以到达东南亚各国。按照其实质的内容来分，北海市又有三大旅游资源，即自然风光、滨海风情、人文古迹这三类。北海的儒艮（美人鱼）国家自然保护区、山口国家级红树林自然保护区、冠头岭国家森林公园、“世外桃源”斜阳岛等属于自然风光旅游范畴，星岛湖旅游度假区、北海银滩国家旅游度假区、涠洲岛旅游区属于滨海风情旅游范畴，百年骑楼老街属于人文古迹旅游类范畴。此外，北海还有海洋之窗、海底世界等一批高规格值得一游的旅游景点。这其中需要特别指出的是，北海市的空气质量，如前文所述，由于将近36%的土地面积被森林所覆盖，再加上三面环海，海风经年劲吹，故而北海市的空气质量特别好，素有“天然氧吧”之称，空气中每立方米负氧离子的含量高达2500—5000个，是一般内陆

---

① 北海市政府门户网站：环境资源——北海概况，http：//www. bhzx. gov.

② “中国第一滩”的北海银滩，http：//www. gszj. org/。

③ 北海市基本情况，http：//blog. sina. com。

④ 北海市政府门户网站：环境资源——北海概况，http：//www. bhzx. gov。

⑤ “中国第一滩”的北海银滩，http：//www. gszj. org/。

⑥ 北海市基本情况，http：//blog. sina. com。

⑦ 环境资源 · 北海概况 · 北海市政府门户网站：http：//www. bhzx. gov。

⑧ 同上。

城市的 50—100 倍之多，常年排在中国十大空气质量最优城市之首位。①②③

亚热带农林经济资源：北海市有四个显著优势：一是土地肥沃，北海市滨海平原是河流和海潮合力冲刷而成，因而土地非常肥沃。二是阳光充足，前文说了，北海市平均每两天就有一天是晴天。三是雨量充沛，年平均降雨量达到 1670 毫米。四是经济作物、林木种类繁多。对于粮食类作物来讲，这里盛产大米、玉米、土豆、红薯、木薯等；对于经济作物来讲，北海盛产甘蔗、茶叶、花生、蚕桑、红麻、黄麻；对于水果来讲，这里简直就是水果王国，热带水果类如香蕉、杧果、菠萝、荔枝、龙眼、火龙果、扁桃等应有尽有，就是亚热带水果的柑橘、桃子、李子等不仅在北海大量产出，而且品质优良。对于林木资源来讲，北海市拥有 9.7 万公顷的森林资源。④⑤⑥

北海市海洋潮汐资源：北海市附近海洋潮汐的潮型属于混合类型。也就是说，既有往复型，又有环流型。其潮汐最大之流速为：涨潮时，每秒 0.23 米，落潮时，每秒 0.45 米。涨潮时，其最高潮位可达 6.06 米，其最低潮位则是 -0.06 米，平均潮位指标是 2.51 米。⑦⑧⑨

（二）北海市经济与社会发展概况

2010—2012 年，北海市市委、北海市人民政府在经济与社会发展方面主要做了以下两大项工作：一是紧抓发展，狠狠抓住发展不放松，这表现在做大经济盘子的同时，又提升经济内在的结构和品质；二是狠抓北海市三次产业结构的比例调节。2010 年 6 月以来，到 2012 年年底，北海市全市 GDP 连续 10 个季度实现不低于 17% 的高速增长。⑩ 2012 年，全市完成地区生产总值 630.8 亿元，比 2008 年翻了一番；人均生产总值突破 3.7

① 环境资源·北海概况·北海市政府门户，http：//www.bhzx.gov。
② “中国第一滩”的北海银滩，http：//www.gszj.org/。
③ 北海市基本情况，http：//blog.sina.com。
④ 环境资源·北海概况·北海市政府门户，http：//www.bhzx.gov。
⑤ “中国第一滩”的北海银滩，http：//www.gszj.org/。
⑥ 北海市基本情况，http：//blog.sina.com。
⑦ 环境资源·北海概况·北海市政府门户，http：//www.bhzx.gov。
⑧ “中国第一滩”的北海银滩，http：//www.gszj.org/。
⑨ 北海市基本情况，http：//blog.sina.com。
⑩ 《北海市政府工作报告》，http：//big5.sinhuane。

万元，是 2008 年的 2.13 倍；[①②] 2012 年，完成财政收入 100 亿元，这个指标是 2008 年的 3.7 倍，年均增长高达 38.72%，成为全广西壮族自治区第 5 个过百亿元人民币财政收入的地级市，收入质量位居全区前列；[③] 完成全社会固定资产投资 725 亿元，是 2008 年的 3.62 倍，年均增长 37.9%。[④] 三次产业比例由 2008 年的 26∶35∶39 调整为 22∶49∶29。[⑤]

1. 优势产业得到发展

一是狠抓优势产业，北海市这几年狠抓了临港新材料产业，该产业在 2012 年实现产值 150 亿元，该数据是 2008 年的 10.8 倍，年均增长高达 81.34%。二是狠抓了石油化工产业，该产业在 2012 年实现产值 300 亿元，该数据是 2008 年的 8.8 倍，年均增长高达 72.39%。三是狠抓了电子信息产业（包括该行业的服务业），该产业在 2012 年实现产值 500 亿元，该数据是 2008 年的 6.5 倍，年均增长高达 59.75%。四是狠抓出口加工区，2012 年实现工业总产值超过 100 亿元。五是狠抓北海工业园区，2012 年北海工业园区同样实现工业总产值超过 100 亿元，同年铁山港东区完成工业总产值 420 亿元。此外，引进林浆纸一体化项目、诚德新材料项目、中石化北海炼油异地改造项目、中电产业园项目等，不仅优势产业在北海得到快速发展，而且众多新项目相继落户北海市，必将开创北海市经济与社会发展的崭新局面。[⑥⑦]

2. 北海市对外开放跃上新台阶

这主要通过以下三项工作来实现。一是获得了一个转型基地，就水产品而言，北海市获得了国家第七批对外贸易转型升级水产品专业型示范基地。二是北海市获得了一个产业转移重点承接地，即北海获得国家加工贸易梯度转移重点承接地。三是获得了一个创新基地，北海市获批国家科技兴贸电子信息类创新基地。正是抓住了这些机遇，2012 年，北海市外贸

① 《北海市政府工作报告》，http：//big5. sinhuane。

② 周家斌：《政府工作报告》，《北海日报》2013 年 3 月 13 日。

③ 同上。

④ 同上。

⑤ 同上。

⑥ 《2013 年北海市政府工作报告》，http：//big5. sinhuane。

⑦ 周家斌：《政府工作报告》，《北海日报》2013 年 3 月 13 日。

进出口总额度为20亿美元，这个指标数据是2008年的2.82倍。①②

3. 打造生态宜居文明城市

在生态宜居方面，北海市有着得天独厚的自然条件，再加上北海市民与生俱来的绿色气质，无论北海市委还是北海市政府都会顺势而为，将北海建设成为一个美丽的滨海城市。在北海不仅仅吃是绿色的，穿是绿色的，住也是绿色的，行更是绿色的，是一个全方位的生态宜居文明城市。市委市政府切实加快推进城镇化进程，建成一批精品亮点工程，城市功能明显增强，城市品位明显提升。推动北海组团和铁山港组团互动发展，全面实施“城市建设管理年”活动。2012年北海市城镇化率超过了50%，达到了50.8%。城镇森林绿化率在原来36%的基础上更进一步，达到了37.92%。③④ 并获得以下荣誉称号：2012年北海市参加广西第八届“南珠杯”竞赛，一举拿下市、县、镇3个特等奖⑤；北海市申办2014年广西第四届园博会喜获成功；北海市2012年获批为国家园林城市；北海市2012年获批为国家历史文化名城。⑥

4. 民生问题解决良好

2010—2012年，北海市共投入184.66亿元的资金，切实改善民生。这笔钱主要用途：一是用于北海城市路网的改造与建设，大约改造北海市道路共36条，总长度为31.5千米，花去改造资金8.98亿元。此举基本解决北海市市民出行不便的问题。二是用于乡村道路畅通工程建设，共立项建设乡村公路336项，其中硬化公路为781千米。三是用于渡口改造以及桥梁建设，三年来共建设桥梁25座，由于道路桥梁的畅通，不仅极大地方便了乡村百姓的出行，更是促进了北海农村经济的发展。2012年，全市实现社会消费品零售总额145.76亿元，年均增长17.1%，是2008年的1.82倍；城镇居民可支配收入达到了2万元，增长率达11.4%，农村

① 《2013年北海市政府工作报告》，http://big5.sinhuane。

② 周家斌：《政府工作报告》，《北海日报》2013年3月13日。

③ 《2013年北海市政府工作报告》，http://big5.sinhuane。

④ 周家斌：《政府工作报告》，《北海日报》2013年3月13日。

⑤ 《广西第八届“南珠杯”竞赛北海一举拿下市县镇三个特等奖》，http://www.beihai.ccoo.cn/news/local/1613332.html。

⑥ 周家斌：《政府工作报告》，《北海日报》2013年3月13日。

人均纯收入也达到7000元，增长了12%。[①②]

## 三 钦州市经济与社会发展状况

### （一）钦州市地理环境、行政区划与自然资源

#### 1. 地理环境

钦州市位于北纬20°54′至北纬22°41′，东经107°27′至东经109°56′之间，处在广西南北钦防城市群的中心位置，北距南宁110千米，东距北海98千米，西距防城港76千米。钦州市的地理位置，从经济发展的角度来看，处于地缘经济中心的位置，即以钦州市为圆心，以经济互动的100千米为半径画圆，则可全部覆盖南宁、北海、防城港。也就是说，钦州市的经济位置非常重要。

钦州市位于北回归线以南，属南亚热带季风气候区，海洋性气候明显，年平均气温22℃，全年日平均气温高于10℃的有338天，四季暖和，无霜期350天左右；年平均日照1703小时，是全国热量资源最丰富的地区之一；年均降雨量1837毫米。北部湾是我国六大渔场之一，“对虾、石斑鱼、青蟹、大蚝”被誉为钦州湾“四大名海产”，钦南区获“中国大蚝之乡”。钦州市的生物资源品种繁多，盛产荔枝、龙眼、香蕉、柑橙等亚热带水果。比如灵山县是“中国荔枝之乡”，浦北县是“中国奶水牛之乡”，钦北区则是“中国果园鸡之乡”。钦州市的旅游资源丰富，人文景观主要有：民族英雄刘永福故居三宣堂、冯子材故居、尖山塔、天涯亭、镇龙楼、久隆汉墓群、平艮冯子材墓、大寺冯敏昌墓、广州会馆、越州古城遗址、白石水革命武装起义纪念旧址、张黄张世聪革命烈士墓等；自然景观有龙门群岛七十二泾（“南国小蓬莱”）、茅尾海天然海上运动场、麻蓝岛、犀牛脚金滩浴场、六峰山、三海岩、龙武岩、马鞍山岩、灵东水库和星岛湖（洪潮江水库）等。属自治区级保护区的有：钦北区的十万山水源林保护区、浦北县六万山水源林保护区、钦州港水井坑红树林保护区等。4A级旅游景区有：三娘湾风景区、刘冯故居和八寨沟。浦北县有五皇岭、灵山县有明清古宅大芦村等。

---

① 《2013年北海市政府工作报告》，http：//big5. sinhuane。

② 周家斌：《政府工作报告》，《北海日报》2013年3月13日。

2. 行政区划

钦州市下辖2个市辖区和2个县，即钦南区、钦北区和灵山县、浦北县。

先介绍钦南区。钦南区是钦州市委、市政府所在地，是全市的政治、经济、文化中心，管辖4个街道办事处、11个镇和1个华侨农场，陆地面积2215平方千米，海岸线520千米，总人口56万，是广西沿海地区充满魅力、充满商机、前景看好的美丽城区。

再介绍钦北区。钦北区位于广西南部，下辖11个镇，总面积2179平方，居住有汉、壮、瑶、苗、侗等10多个民族，总人口约69.4万人。

第三介绍灵山县。灵山县位于广西南部美丽富饶的钦州湾畔，广西北部湾经济区沿海核心工业城市——钦州市的东北部，北邻南宁市横县、邕宁区，南接北海市合浦县，东邻浦北县，西连钦南、钦北区。灵山县历史悠久，隋开皇十八年（公元598年）始置南宾县，唐贞元十年（公元794年）易名灵山县，因县治有西灵山（今称六峰山）而得名。原属广东省，1965年划入广西，现属钦州市。全县辖18个镇，行政区域面积3550平方千米，总人口147万人，为广西第三人口大县。县内交通十分便利，钦州至陆屋一级公路，209国道、308国道和310省道、黎钦铁路和在建的六景至钦州港高速公路等贯穿县境；县城距南宁市150千米，距钦州市100千米，距北海市150千米，距广州市500多千米。

最后介绍浦北县。浦北县位于钦州市东部，其东部接靠玉林市的博白县，西部与同为钦州管辖的灵山县相接，北面则与贵港市、南宁市的横县以及与玉林市的兴业县接壤，南边与北海市的合浦县相邻。陆上面积为2517平方千米，一共管辖16个镇，总人口约为80万人，因而浦北县可以算作一个大县，且发展经济的地缘区位优势非常明显。

3. 自然资源

港口资源：钦州海岸线长562千米。钦州港三面环陆，南部向海，是难得的天然良港，早在民国时期，孙中山先生就在《建国方略》中，将钦州港规划为南方第二大港。钦州港港池宽阔，避风条件好，拥有较好且较长的岸线资源。据统计，钦州港大约拥有86.08千米的码头岸线资源。这么长的岸线可以建设数量达200多个的1万吨级以上到30万吨级之间的优质码头。[①]

土地资源：南宁、北海、钦州、防城港四市当中，钦州市的综合条件或者资源禀赋是最好的，无论是海岸线资源，还是淡水资源，抑或是土地资源、人力资源，乃至其深厚人文历史资源，都是四个市之中最好的。当然由于不是省会的所在地，其行政资源要稍微差一点。就其土地资源来说，钦州至今还有土地存量面积 1207.67 平方千米，滩涂面积也多达 1442 平方千米，这些大数量的土地存量必将为钦州的经济发展减少成本，增加动能。

淡水资源：钦州市有着丰富的淡水资源，这主要由年降水量、地表径流、水库、地下水四部分构成，钦州市的水资源与其土地资源、历史人文资源、人力资源一道构成了钦州发展经济的资源优势。流经钦州且流域面积达到 100 平方千米以上的地表河流达 32 条之多，其主要河流有大风江、茅岭江、钦江等。其中最著名的是钦江，故而此地自古以来以钦州命名。据气象部门统计，钦州市的年降水量达 1764.5 毫米。另据水文专家统计，钦州市的年平均水资源总量大约为 104.41 亿立方米，全市水资源开发利用率为 15.1%。故而，钦州市的水资源非常富裕。[②]

经济作物资源及海产资源：由于钦州独特的“三南一湾”的地理位置特征[③]，使其兼有大陆和海洋两种资源的便利。对于动植物的经济资源，钦州素有多种“中国之乡”的美誉。比如，钦州市的钦北区不仅是“中国果园鸡之乡”，而且是“中国黑叶荔之乡”；钦州市的钦南区则是“中国大蚝之乡”；钦州市的浦北县是“中国香蕉之乡”；钦州市的灵山县不仅是“中国奶水牛之乡”，而且是“中国荔枝之乡”，等等。钦州市的海产资源更是充裕，在钦州湾及其所连接的北部湾上，钦州近海可以捕捞的贝类鱼虾海鲜等多达 500 多种，其中具有较高营养价值和经济价值的海产品多达 50 多种。

旅游资源：钦州旅游资源丰富，独具特色。有国家 4A 级景区 3 个，3A 级景区 2 个，2A 级景区 1 个，全国工农业旅游示范点 3 个。主要的景

---

① 《钦州》，http：//wenku.baidu.com，2012 年 11 月 23 日。

② 同上。

③ “三南”即处于桂南、北回归线之南、北半球亚热带之南，“一湾”即为钦州湾。

观景点有国家4A级旅游景区三娘湾旅游区、八寨沟旅游景区和刘冯故居景区。三娘湾风光旖旎，是国家一级保护动物——“海上大熊猫”——中华白海豚的故乡；八寨沟有“天然氧吧”之美誉；刘冯故居是“全国中小学生爱国主义教育基地”。大芦村民族风情旅游区是全国农业旅游示范点、广西楹联第一村。茅尾海是全国第一批获批的国家海洋公园。浦北五皇岭获批为国家地质公园。

矿产资源：据地质部门及有关专家所公布的数据，钦州市的地下蕴藏着四十多种矿产资源。它们是煤、石灰石、石英砂、钛、锰、高岭土、石膏、陶土等。其中，石膏矿保有资源储量31386.5万吨，锰矿保有资源储量303.7万吨，钛铁矿探明资源储量27.5万吨，高岭土探明资源储量420万吨，铅锌矿保有资源储量115.4万吨。陶土探明资源储量171.2万吨，其中以陶土烧制的钦州坭兴陶已有千年历史，是中国四大名陶之一。[①]

### （二）2010—2012年钦州市经济与社会发展概况

#### 1. 2010—2011年钦州市国民经济和社会发展状况

2011年，是“十二五”的开局之年。面对复杂多变的形势，钦州市紧紧围绕“富民强桂”新跨越和“构筑新高地、打造新一极”的战略要求，积极实施“建大港、兴产业、造新城、强科教、惠民生”五大发展方略，以“十大工程”为抓手，以“好干部善执行”和“创先争优”活动为载体，加快转变经济发展方式，努力建设“三枢纽一新城”，经济社会呈现“撑竿跳”式发展，实现了“十二五”开门红。

2010—2011年主要经济指标完成情况见表4-2。

#### 2. 2012年钦州市国民经济和社会发展状况

2012年，面对复杂严峻的经济形势，钦州市上下认真按照“稳中求进、好中求快、多出成效”总基调，加快转变经济发展方式，努力克服经济下行压力带来的不利影响，在上年实现经济发展第一次“撑竿跳”后，钦州市经济仍然保持平稳较快发展的良好势头。

① “钦州”，http：//wenku.baidu.com，2012年11月23日。

表 4-2　　2010—2011 年钦州市国民经济和社会发展计划主要指标完成情况

| 指标 | 单位 | 2010 年 | 2011 年 | 增长率 |
|---|---|---|---|---|
| 全市地区生产总值（当年价） | 亿元 | 520.6 | 734.4 | 22.5% |
| 财政收入 | 亿元 | 58.4 | 123.1 | 110.9% |
| 全社会固定资产投资 | 亿元 | 440.9 | 557.8 | 26.5% |
| 规模以上工业总产值 | 亿元 | 483.3 | 930.4 | 156.2% |
| 城镇化率 | % | 35.5 | 37.5 | — |
| 港口吞吐量 | 万吨 | 3022 | 4716 | 56.1% |
| 社会消费品零售总额 | 亿元 | 172.2 | 204.3 | 18.6% |
| 外贸进出口总额（海关口径） | 亿美元 | 13.1 | 29.8 | 127.5% |
| 出口总额（海关口径） | 亿美元 | 3.3 | 8.7 | 168.8% |
| 利用外资（自治区口径） | 亿美元 | 3.2 | 4.1 | 29.3% |
| 引进区外国内到位资金 | 亿元 | 343.5 | 439 | 27.8% |
| 居民消费价格指数 | 上年 = 100 | 103.3 | 105.4 | 5.4% |
| 城镇居民人均可支配收入 | 元 | 17356 | 19248 | 10.9% |
| 农民人均纯收入 | 元 | 5430 | 6167 | 15.5% |
| 年末总人口（户籍人口） | 万人 | 387.6 | 391.2 | 10.1% |

资料来源：钦州市人民政府。

地区生产总值：2012 年全市 GDP724.48 亿元人民币，同比增长达 12%。其三次产业依次为：第一产业增加到 168.23 亿元人民币，同比增长 6.8%；第二产业增加到 328.98 亿元人民币，同比增长 15.5%；2012 年的第三产业增加到 227.27 亿元人民币，同比增长 10.3%。2012 年，钦州市第一、第二、第三产业对全市的经济贡献率分别为 12.5%、61.6% 和 25.9%。按常住人口计算，人均 GDP23210 元，增长 11.07%。三次产业结构由上年的 24.1∶45.0∶30.9 调整为 23.2∶45.4∶31.4，其中工业增加值占 GDP 的比重由上年的 39.1% 下降为 38.24%。

**表4-3　　2011—2012年钦州市三次产业结构比重**　　单位:%

| 指标 | 2011年 | 2012年 |
|---|---|---|
| 第一产业 | 24.1 | 23.2 |
| 第二产业 | 45.0 | 45.4 |
| 第三产业 | 30.9 | 31.4 |

资料来源：钦州市统计局。

**表4-4　　2007—2012年钦州市地区生产总值表**

单位：亿元

| 指标 | 2007年 | 2008年 | 2009年 | 2010年 | 2011年 | 2012年 |
|---|---|---|---|---|---|---|
| 地区生产总值 | 286.67 | 345.75 | 396.18 | 504.18 | 646.15 | 724.48 |
| 同比增速（%） | 16.3 | 15.4 | 15.2 | 18 | 20.1 | 12 |

资料来源：钦州市统计局。

价格：2012年，全市居民消费价格指数为103.1，价格水平比上年增长3.1%；商品零售价格总指数为102.3，价格水平比上年上升2.3%。

**表4-5　　2012年钦州市居民消费价格指数**

| 指标 | 2012年 | 比上年涨跌（%） |
|---|---|---|
| 居民消费价格指数 | 103.1 | 3.1 |
| 食品 | 105.3 | 5.3 |
| 烟酒及用品 | 104.0 | 4.0 |
| 衣着 | 102.2 | 2.2 |
| 家电产品及保养 | 99.2 | -0.8 |
| 保健及医疗支出 | 102.7 | 2.7 |
| 通信及交通支出 | 101.4 | 1.4 |
| 电影阅读及文化支出 | 103.4 | 3.4 |
| 居住 | 101.7 | 1.7 |

资料来源：钦州市统计局。

## 四 防城港市经济与社会发展状况

### （一）防城港市地理环境、行政区划与自然资源

#### 1. 自然地理环境与气候特征①

防城港市有着优越的独特的地理位置，这种独特的地缘优势决定了该市的战略优势。防城港市陆路与东盟的越南山水相接，防城港市的海上则通过北部湾与东盟六国相连，这就是防城港市对外宣传的“两沿特征”——沿边且沿海。广西向外宣传的战略口号，诸如“背靠大西南，面向东南亚”，“东临粤港澳，西接云贵川”，“北接湘鄂赣，南向北部湾”，等等，都在防城港市得到了落实。这种地缘优势，不仅可以发展通道过境经济，诸如内陆各省区的出口，东南亚各国的进口，都可以借道防城港；反之亦然。防城港市的第三产业因之可以乘势而起。而且防城港市还可以成为产业转移的集聚地，无论是东盟的优势产业抑或是技术，还是内陆各省的优势产业抑或是技术，要想寻找比较优势，进行产业转移，都必须借助防城港市。因而，防城港市的地缘战略优势十分突出，在过去表现为地缘政治的优势，在今天则表现为得天独厚的地缘经济优势。②

防城港的整个地势是西北方向偏高而东南方向偏低，其西北是有名的十万大山，当年曾经是《英雄虎胆》电影的拍摄地点，地势向东南方向逐渐平缓，中间夹有十来条河流穿境而过，因而整个防城港市形成了既有高山，又有丘陵；既有台地，又有河流；既有这些河流冲积出来的河谷平原，更有沿海边上的滨海平原，这样一种较为复杂的地形地貌。其中，五条较为著名的河流分别是罗浮江、江平江、茅岭江、防城江以及中越界河北仑河等，因而水能资源颇为丰富。由于其独特的地理环境以及独特的气候，加上充裕的日照时间长度、充沛的年降水量，造就了防城港市丰富的物产资源。比如防城港市的海产资源：藻类不计其数，贝类不计其数，虾类 36 种，各种海洋鱼类多达 500 多种。比如防城港市的林业和经济植物资源：有橡胶、玉桂、八角、香樟木、山杉、楠木、紫荆、红锥、铁木，等等，尤其是楠木、铁木、香樟木颇为名贵。无论是陆地的名贵山珍，还

---

① 防城港简介——广西防城港—防城港旅游景点—防城港美食—北海康辉旅行社，http：//www. ctszl. com。

② 中文百科在线：防城港市，http：//www. zwbk. org/。

是海上的著名海味，都可在防城港市找到。其中，防城港市在全国颇有名气的特产有：大蚝、鲈鱼、膏蟹、对虾、鱿鱼、光坡鸡、香菇、香糯、香猪、金花茶、八角、玉桂、芒编、白龙珍珠等。①②

2. 行政区划③

防城港市的陆上面积为6300平方千米，总人口则为93.25万人，这片土地居住着4个民族，它们是京族、瑶族、壮族和汉族。防城港市由于其既沿边又沿海的地理特征，使其陆上跟越南交界的边境线长达230千米，而其沿海的海岸线总长则达584千米。防城港市拥有国家一类口岸4个，它们是东兴口岸、防城港口岸、企沙口岸及江山口岸。作为地市级别的防城港市，管辖着一县、二区及一个县级市。一县是上思县，二区分别是防城区和市辖港口区。④⑤

首先介绍港口区。防城港市辖港口区，位于我国大陆海岸线的西南端，三面临海，与越南隔海相望，下辖公车、光坡、企沙3个镇和白沙万、渔洲坪2个街道办事处，面积338平方千米，其中，耕地面积为1769公顷（26500亩），水域面积为13368公顷（20万亩），其他面积为25604公顷（38万亩）。人口18.53万人，是市政府所在地，全市政治、经济、文化、金融中心。⑥⑦

接着介绍防城区。防城区位于防城港市中心位置，是防城港市人口最多的一个城区。其前身则是防城县——全称为“防城各族自治县”。1993年5月，依据国务院的批示设立防城港市，原防城县遂演变为防城区。全区总面积2445平方千米，下辖4个乡6个镇141个行政村、15个社区，总人口37.6万人，其中农业人口29.26万人，非农业人口8.34万人，有汉、壮、瑶、京等19个民族，少数民族人口13.3万人，占总人口的

① 防城港简介——广西防城港—防城港旅游景点—防城港美食—北海康辉旅行社，http：//www.ctszl.com。

② 中文百科在线：防城港市，http：//www.zwbk.org/。

③ 防城港市—中文百科在线，http：//www.zwbk.org/。

④ 防城港简介——广西防城港—防城港旅游景点—防城港美食—北海康辉旅行社，http：//www.ctszl.com。

⑤ 中文百科在线：防城港市，http：//www.zwbk.org/。

⑥ 防城港简介——广西防城港—防城港旅游景点—防城港美食—北海康辉旅行社，http：//www.ctszl.com。

⑦ 中文百科在线：防城港市，http：//www.zwbk.org/。

35.4%，是一个既沿海又沿边的县级区。①②

第三介绍上思县。上思县，位于防城港市北部，坐落在风景绮丽的十万大山北麓，全县辖6乡2镇83个村委会4个社区，总面积2816平方千米，人口22万人，人口密度为每平方千米75人。壮族占86.8%，汉族占9.2%，瑶族占3.9%，其他少数民族占0.1%。③④

前文在介绍北部湾经济区的时候说北部湾具有三南的特征，即处于桂南、北回归线之南、北半球亚热带之南。用在上思县，是更为贴切的。上思县的平均日照为1896小时，这个数字比之钦州和南宁更高，因而太阳能资源颇为丰富。上思县的年平均气温为22℃，这个数据与钦州市持平。上思县的年降雨量达到1218毫米，这个数字颇为适中，既不偏高，也不偏低，因而在其土地上孕育了众多的动植物资源。上思县拥有国土面积为423万亩，可用于耕种的有35万亩，可用于放牧的面积有51万亩，因而上思县的水奶牛养殖及其水牛奶生产颇为有名，在全县的经济中占有较大比重；上思县的林地面积为267.6万亩。县内的十万大山，风光旖旎，民族风情浓郁，是不可多得的旅游胜地。⑤⑥

第四介绍东兴市。东兴市（县级市，原东兴开发区），位于防城港市西南部，现辖东兴镇、江平镇、马路镇3个镇，有31个行政村，10个社区。东兴市政府驻东兴镇。东兴市总面积540.7平方千米，陆地边境线长27.5千米，海岸线长50千米，总人口11万多人，主要居住有汉、京、壮、瑶等民族，是我国京族的唯一聚居地，现有京族人口约1.5万人。东兴为国家一级口岸，1992年被国务院列为边境开放城镇，1996年4月，国务院批准设立县级东兴市，东兴市既有海岸线，又有边境线，与越南水

① 防城港简介——广西防城港—防城港旅游景点—防城港美食—北海康辉旅行社，http：//www.ctszl.com。

② 中文百科在线：防城港市，http：//www.zwbk.org/。

③ 防城港简介——广西防城港—防城港旅游景点—防城港美食—北海康辉旅行社，http：//www.ctszl.com。

④ 中文百科在线：防城港市，http：//www.zwbk.org/。

⑤ 防城港简介——广西防城港—防城港旅游景点—防城港美食—北海康辉旅行社，http：//www.ctszl.com。

⑥ 中文百科在线：防城港市，http：//www.zwbk.org/。

陆相连，是我国通向东南亚唯一最便捷的水陆门户。[①②③]

3. 自然资源禀赋[④]

土地资源：前文说了，整个防城港市的土地资源呈现既有高山又有丘陵，既有台地又有河流，既有五条河流冲积出来的河谷平原更有沿海的滨海平原，这样一种较为复杂地形地貌的土地资源特征。故而全市有山、有水、有河谷平原、有滨海平原、有沿海滩涂。防城港市的总面积约为931万亩，其中耕地面积约为68万亩，约占总面积的7.2%，这部分土地可以用来栽种粮食。防城港市的山地和丘陵面积约为728万亩，约占总面积的78.1%，这部分土地既可以封山育林，也可以栽种甘蔗和经济林木。防城港市拥有的水域面积为74万亩，占全市总面积的8%。这部分水域面积可以用来搞水产养殖，无论是淡水养殖还是海水养殖均可。至于沿海的滩涂，不仅可以用来养殖鱼虾蟹贝类，还可以用来养殖珍珠。[⑤⑥⑦]

林业资源：由于十万大山以及特殊的气候原因，整个防城港市拥有丰富的林业资源。将全市的森林用地面积换算成市亩，则有750多万亩。这750多万亩又分为两部分：一部分是浓密的森林包括原始森林约446万亩，另一部分则是适宜于封山育林的山地，约有300多万亩，两部分合起来则占整个防城港市总面积的70%以上。防城港人民几十年来狠抓植树造林，封山育林，先后建立了8个国有林场，设立了“十万大山水源林自然保护区”，并人工植树造林多达150多万亩。其森林覆盖率达到了50%以上，是一个巨大的“天然氧吧”。这些面积庞大的林木资源，按照用途可分为经济林、用材林、海边防护林、近海红树林、薪柴林五种。其具体的数据则分别为：近海红树林6.5万亩，用于抵御海浪和强热带风暴的袭击；海边防护林64万亩，用于抵御台风；用材林284万亩，对防城

---

① 防城港简介——广西防城港—防城港旅游景点—防城港美食—北海康辉旅行社，http：//www.ctszl.com。

② 中文百科在线：防城港市，http：//www.zwbk.org/。

③ 引自防城港—百度文库—互联网文档资源，http：//wenku.baidu.com。

④ 同上。

⑤ 防城港简介——广西防城港—防城港旅游景点—防城港美食—北海康辉旅行社，http：//www.ctszl.com。

⑥ 中文百科在线：防城港市，http：//www.zwbk.org/。

⑦ 引自防城港—百度文库—互联网文档资源，http：//wenku.baidu.com。

港市经济与社会发展起着巨大的作用；经济林约 90 万亩，名扬海内外的八角、玉桂等香料，是防城港市的主要经济林木。防城港市年产八角 25000 石，年产玉桂 4 万石，这两项经济林木的种植不仅为山区农民脱贫致富提供了可以长期依靠的手段，更是为防城港市打造了一张全中国都知晓的名片："中国肉桂之乡"。基于此，防城港正在打造建立全中国最大的香料生产基地和销售市场。①②③

经济植物以及动物物种资源：防城港市经济植物以及动物物种资源繁多，主要有三个原因：一是独特"两沿特征"的地理位置——既沿边又沿海；二是境内特殊的地貌，有山、有水、有河谷平原、有滨海平原、有沿海滩涂；三是既有充沛的降雨又有较长日照时间的特殊气候。正是这三个缘由，使防城港市在植物及经济林木方面，有着其他地方不能奢望的得天独厚的优势，在这里生长着多种国家特别保护的一、二、三级珍贵树种。比如防城港市有属于我国三级珍贵树种的香花木、土沉香、竹叶楠等；有属于二级国家珍贵树种的广柏、野荔枝、万年木、紫荆木等；防城港市还有金花茶这种国家列在一级保护名单中的珍稀树种。更有一大批名贵中药材和土特产，比如蜂蜜、七叶一枝花、杜仲、茯苓、枳实、巴戟、灵芝、砂仁、香菇、木耳、野人参等。据有关专家统计，防城港拥有林木、经济作物等物种约 1500 多种，其中，林业副产品达 300 多种。而生存栖息在这片土地上的动物物种有爬行动物，有两栖动物，有鸟纲动物，还有哺乳动物。根据博物学家的专业分类，这些动物分别属于 28 目，80 科，269 种。其中被列为国家一级保护动物目录的有：苏门羚、穿山甲、獐、云豹、金猫、小水獭、黑叶猴、蜂猴等共计 21 种；被列为国家二级保护动物目录的有：爬行类 6 种，如蟒蛇、巨蜥、地龟、虎纹蛙等，鸟类 8 种，如大山雀、绿嘴地鹃、原鸡、鹇等。④⑤⑥

---

① 防城港简介——广西防城港—防城港旅游景点—防城港美食—北海康辉旅行社，http：//www. ctszl. com。

② 中文百科在线：防城港市，http：//www. zwbk. org/。

③ 引自防城港—百度文库—互联网文档资源，http：//wenku. baidu. c。

④ 防城港简介——广西防城港—防城港旅游景点—防城港美食—北海康辉旅行社，http：//www. ctszl. com。

⑤ 中文百科在线：防城港市，http：//www. zwbk. org/。

⑥ 引自防城港—百度文库—互联网文档资源，http：//wenku. baidu. c。

水能资源：防城港市有着丰富的水能资源，这主要有三个原因：一是由于防城港市独特的西北方向偏高而东南方向偏低的地势，造就了境内的河流大都从西北发源而流向东南沿海的河流走向。二是防城港市既有高山又有丘陵、台地，河流不仅有较高的落差，而且这种落差有着明显的梯级表现形式。三是充沛的降雨量，防城港市的年降雨量达2823毫米，年降水总量达80亿立方米以上。其总水能蕴藏量达到了45万千瓦，达到装机开发标准的容量也达到了15万千瓦。然而，现在防城港市已经开发的水能发电机的容量仅仅是寥寥的3.1万千瓦，只占总容量的20.6%，因而，防城港市丰富的水能资源还有着极大的挖掘开发的潜力。①②③

旅游资源：防城港市向外介绍时，总是强调其“三个一”的特点，即“一山一边一湾”。“一山”指的是上思县的十万大山，“一边”指的是中越边境，“一湾”指的是北部湾。另外，其向外介绍当地的人文风情时总是强调京、壮、瑶三个少数民族的独特性。正是基于这种地理特征以及民族风情的考量，防城港向外主推的旅游策略是“上山下海出国”。“上山”即为游览十万大山。“下海”即为从十万大山下来后，即前往北部湾滨海旅游。“出国”即为通过中越边境出国前往越南旅游。诸如“十万大山森林疗养度假游”是围绕“上山”做文章的；“滨海休闲度假游”是围绕“下海”做文章的；“中越边境跨国旅游”是围绕“出国”做文章的；“民俗风情游”则是围绕京、壮、瑶三个少数民族的独特性做文章的。如今，防城港市已经成为北部湾畔一颗璀璨的明珠，吸引着来自全世界各地的游客。④⑤⑥

港口资源：北部湾包括北海、钦州、防城港在内的港口各有其特点，但防城港又有其更为特别的三个方面。首先，由于其深水航道条件好，十万吨级乃至以上级别的特大轮船可以直接停靠，故而防城港的第一个特点

① 防城港简介——广西防城港—防城港旅游景点—防城港美食—北海康辉旅行社，http：//www. ctszl. com。

② 中文百科在线：防城港市，http：//www. zwbk. org/。

③ 引自防城港—百度文库—互联网文档资源，http：//wenku. baidu. c。

④ 防城港简介——广西防城港—防城港旅游景点—防城港美食—北海康辉旅行社，http：//www. ctszl. com。

⑤ 中文百科在线：防城港市，http：//www. zwbk. org/。

⑥ 引自防城港—百度文库—互联网文档资源，http：//wenku. baidu. c。

就是以散装货物为主，占总吞吐量的80%以上，诸如硫黄、重晶石、铁矿砂、工业盐、化肥、大豆、钢材、煤炭、氧化铝、磷矿砂等这些散装货物，由于成本的原因，多选择防城港登陆进港。其次，防城港港口码头的各种货物，无论是出口，还是进口，多以我国的西南地区为主要目的地和来源地，同样占整个防城港总吞吐量的80%以上，这是它的第二个特点。换句话说，从防城港进口的货物多半是流向我国西南地区省份，而从防城港出口的，也多半是我国西南地区销往国外的货物或者原材料。从这第二个特点中可以看出，防城港真正起到背靠大西南，面向东南亚的作用。最后，从防城港各港口中转的各种货物，多是以外贸为主，占整个防城港总吞吐量的85%以上。总结起来，防城港港口资源的特点就是"三个为主"，即以散装货物为主，以大西南为主，以外贸为主。而且其各自的吞吐量，占年总吞吐量的比重指标，都在80%以上，当然这中间有交叉重叠的成分。①②③

### （二）防城港市经济与社会发展概况

#### 1. 2011年防城港国民经济和社会发展状况

2011年，防城港市委、市政府团结带领全市人民，全面贯彻落实科学发展观，进一步转变发展方式。市委、市政府紧抓新一轮西部大开发和北部湾经济区建设深入推进、东兴重点开放开发试验区纳入国家发展战略的重大机遇，采取各项措施积极应对电力紧张、物价上涨、信贷紧缩等挑战，全市经济继续保持快增长、扩总量、提效益的良好发展态势，民生福祉进一步得到保障和改善，各项社会事业继续稳步扎实推进，实现了"十二五"良好开局。

2011年，全防城港市实现生产总值419.84亿元人民币，同比增长15.6%。其中，农业、矿业等第一产业的增加值为57.7亿元人民币，同比增长5.2%；第二产业的增加值为224.27亿元，同比增长19.7%；第三产业的增加值为137.86亿元，同比增长14.1%。第一、第二、第三产业增加值占生产总值的比重分别为13.7%、53.5%和32.8%，对经济增长的贡献率分别为5.0%、63.0%和32.0%。按常住人口计算，人均生产

① 防城港简介——广西防城港—防城港旅游景点—防城港美食—北海康辉旅行社，http：//www.ctszl.com。

② 中文百科在线：防城港市，http：//www.zwbk.org/。

③ 引自防城港—百度文库—互联网文档资源，http：//wenku.baidu.c。

总值48110元。

表4-6 2006—2011年防城港市国内生产总值（GDP）及同比增长率

单位：亿元

| 指标 | 2006年 | 2007年 | 2008年 | 2009年 | 2010年 | 2011年 |
| --- | --- | --- | --- | --- | --- | --- |
| 国内生产总值（GDP） | 122.78 | 162.91 | 213.34 | 251.04 | 313.8 | 419.84 |
| 同比增长率 |  | 32.68% | 30.95% | 17.67% | 25.00% | 33.79% |
| 按可比价计同比增长率 | 19.8% | 20.7% | 20.1% | 22.6% | 17.0% | 15.6% |

资料来源：防城港市统计局。

2011年，财政收入44.35亿元，增长26.3%。其中，税收收入31.04亿元，增长31.1%；非税收收入13.30亿元，增长16.3%。一般预算收入28.30亿元，增长24.7%。一般预算支出60.77亿元，增长15.6%。其中，社会保障和就业支出增长31.0%，医疗卫生支出增长24.4%，科学技术支出增长75.6%，教育支出增长32.6%，农林水事务支出增长31.7%，住房保障支出增长32.9%。

表4-7 2006—2011年防城港市财政收入及增长幅度

单位：亿元

| 指标 | 2006年 | 2007年 | 2008年 | 2009年 | 2010年 | 2011年 |
| --- | --- | --- | --- | --- | --- | --- |
| 财政收入 | 10.59 | 15.76 | 21.92 | 27.39 | 35.12 | 44.35 |
| 增幅（%） | 31.7 | 48.8 | 39.1 | 24.9 | 28.3 | 26.3 |

资料来源：防城港市统计局。

表4-8 2006—2011年防城港市规模以上工业增加值及增长幅度

单位：亿元

| 指标 | 2006年 | 2007年 | 2008年 | 2009年 | 2010年 | 2011年 |
| --- | --- | --- | --- | --- | --- | --- |
| 规模以上工业增加值 | 31.35 | 58.83 | 76.41 | 97.6 | 130.25 | 181.47 |
| 增幅（%） | 48.2 | 39.2 | 27.3 | 39.8 | 18.5 | 19.9 |

资料来源：防城港市统计局。

2. 2012 年防城港市国民经济和社会发展状况

2012 年，防城港市上下紧紧围绕市委、市政府的决策部署，紧扣发展主基调，全面推进“双二十”大事，加快东兴试验区建设，积极打造千亿产业集群和国际通道重要枢纽，大力改善民生福祉，在内外部经济复杂性、不稳定性超过预期的情况下，全市经济呈现出稳中趋好的发展态势。所谓“稳”表现在全市经济总体在前三季度逐季回落的情况下，第四季度实现企稳；所谓“好”指的是工业、贸易、财政等主要经济指标走稳的同时呈现出积极变化，港口货物吞吐量等部分指标还实现了历史性的突破。

全年全市实现生产总值 457. 53 亿元，增长 12. 5%（按可比价格计算，同比，下同）。按常住人口计算，人均生产总值 51836 元。

从产业看，第一产业增加值 61. 65 亿元，增长 5. 6%，同比回落 0. 2 个百分点；第二产业增加值 243. 28 亿元人民币，增长 17. 9%，但同比回落了 1. 1 个百分点，其中工业增加值 207. 36 亿元人民币，增长 17. 9%，同比提高了 0. 5 个百分点；第三产业增加值 152. 60 亿元，增长 7. 2%，同比回落 6. 8 个百分点。三次产业结构为 13. 5∶53. 2∶33. 3。通过这些数据，可以分析并判断出，防城港市的第二产业正在上升，说明技术流、资金流、人流在持续流入防城港市，导致第二产业上升。而第一产业则相对呈下降趋势，与上年相比，下降了 0. 5%，这说明技术的有机构成提高了，劳动力人员的素养提高了。第二产业同比上升 0. 6 个百分点，第三产业比重同比回落 0. 1 个百分点。

从对经济增长的贡献率看，三次产业对经济增长的贡献率分别为 6. 1%、73. 8% 和 20. 1%，其中第一、第二产业对经济增长的贡献率同比分别提高 0. 5 个百分点、11. 8 个百分点；第三产业对经济增长的贡献率同比下降 12. 3 个百分点。三次产业分别拉动经济增长 0. 8 个百分点、9. 2 个百分点和 2. 5 个百分点，其中工业对经济增长的贡献率达 63. 1%，同比提高 14. 0 个百分点，拉动经济增长 7. 9 个百分点。

全年财政收入 52. 38 亿元，增长 18. 1%。其中，税收收入 36. 60 亿元，增长 17. 9%；非税收收入 15. 78 亿元，增长 18. 6%。公共财政预算收入 35. 55 亿元，增长 25. 6%。公共财政预算支出 74. 73 亿元，增长 24. 3%。在这些经济指标中，防城港市除了住房保障支出下降了 4. 9%，社会保障以及就业支出下降了13.3%以外，其他都呈增长态势。比如，医疗卫生事业的支出增长了9.6%，对于科学技术的投入增加了一倍多，其增长达到了104.5%，用于防城港教育事业的支出增长达到48.6%之多。

## 第三节　北部湾经济区未来发展的城乡一体化驱动力

### 一　城乡极差的存在及其相关指标

通过上述对南北钦防四市之地理环境、行政区划与自然资源以及四市经济与社会发展的统计和比较研究，有一个基本的判断：存在城乡极差。

城乡极差可以理解为两个方面：一种是城市与城市之间的极差，这是由于各地区发展顺序、发展水平不同而造成的；另一种是城市与乡村之间的城乡极差，这是由于城市与乡村之间的发展程度不同造成的。

北部湾经济区存在城乡极差，这首先表现在北部湾四市的城镇化率存在不平衡。北部湾四市2012年城镇化率如表4－9所示：

**表4－9　　2012年北部湾四市城镇化率**

| | 南宁（2011年数据） | 北海 | 钦州 | 防城港 |
|---|---|---|---|---|
| 城镇化率（%） | 54.55 | 50.80 | 41.00 | 50.18 |

可以看到，南宁、北海、防城港的城镇化率都超过50%，而钦州的城镇化率则刚过40%，四市的城镇化率之间有着较大差距，这属于城市与城市之间的城乡极差。

另外，在城市与乡村的发展水平上也存在不平衡，这种不平衡明显地表现在城乡居民收入的巨大差距上。

**表4－10　　2012年北部湾四市城乡居民收入对比**

| | 南宁 | 北海（2011年数据） | 钦州 | 防城港 |
|---|---|---|---|---|
| 城镇居民人均可支配收入（元） | 22561 | 18656 | 21600 | 22203 |
| 农村居民人均纯收入（元） | 6777 | 6249 | 7140 | 7539 |

由表4－10可以看出，北部湾经济区内，城镇居民人均可支配收入普遍是农村居民人均纯收入的3倍以上，城乡之间存在巨大的不平衡。

综合两组数据不难发现，北部湾经济区内已经形成了城乡极差，南宁以最高的城镇化率成为城乡极差中的增长极，将会带动北海、钦州、防城港的城镇化建设。而北部湾四市城镇区域为较发达极，农村区域为欠发达极，城镇与农村之间的极差作用更会从整体上促进北部湾经济区的城乡一体化建设。

### 二　城乡极差所产生的驱动能量

为什么说城乡极差能促进城乡一体化建设呢？我们可以来分析城乡极差两极之间的优势与需求。

在城市极方面，城市所具有的优势是具有充足的发展资金、先进的科技支持、便捷的交通网络、完善的配套体系等。与此同时，城市在发展中也受困于土地紧缺、劳动力成本更高等问题。

在乡村极方面，乡村发展所具有的优势是劳动力价格低廉、土地广阔等。而乡村发展总是面临资金投入不够、缺少高素质人才、交通不便等问题。

可以说，城市所具有的优势正好能满足乡村发展的需求，而乡村所具有的便利条件则对城市有吸引力。所以，城乡极差之间能相互满足与补充，城乡极差缩小的过程就成为城乡一体化的过程。

以往在谈到城乡一体化建设动力的时候，我们总会说需要政府推动干预、需要城市加大对农村的帮助建设、需要农村自力更生艰苦奋斗……其实，在运用极差的视角对这些方式进行解析之后，我们会发现这些方式都是存在逻辑问题的。城市与乡村之间存在巨大的差距，其实这本身就是城乡一体化建设的动力，当务之急是需要破解阻碍城乡一体化的壁垒，而不是继续寻求多余的动力。换言之，城乡极差使城乡一体化已经有了巨大的势能，我们需要的只是给城乡之间打开一条通道，使物流、人流、资金流得以通过，从而配平极差，达到城乡一体化。

### 三　集聚：城镇群建设所产生的极差驱动力

本章开篇就介绍了南宁市的地理环境及其特征，具有“两近两沿”的特点。“两近”：一是近海，二是近边。所谓近海，即是指南宁市区距离钦州港、北海港、防城港分别为104千米、204千米和173千米；而从钦州来看，距离南宁、北海、防城港则分别是 104 千米、100 千米、73 千米，典型的区域“金三角”。所谓近边，即是指距离中越边境的凭祥市和东兴市分别为 230 千米和 204 千米。而所谓的“两沿”：一是沿线，二是沿江。所谓的沿线，即是指沿着南昆线、黔桂线、湘桂线和黎湛线铁路，且这几条铁路线都在南宁市交会，故而南宁市是西南地区有着重大战略地位的铁路枢纽。所谓的沿江，即是指南宁市沿着邕江两岸。邕江是西江的支流，待西江河道二期整治工程竣工以后，即便重量达到 1000 吨级的内河船舶，依然可以从南宁顺流而下，直达港澳台。由此可见，南宁市对广西沿海的城市群发挥着极其重要的依托作用。南宁对于华南经济圈，对于西南经济圈，对于东盟经济圈所发挥的枢纽城作用，无论如何重视都不为过。

在这样的地理环境以及经济环境下，由南宁、北海、钦州、防城港 4 市及玉林、崇左两市被自治区一并纳入的物流通道功能将日益彰显。我们知道，前面花了很多笔墨来描绘、渲染的广西北部湾经济区的特殊地缘位置，比如处于西南经济圈、华南经济圈、东盟经济圈、泛珠三角等的交叉重叠区域上，成为一个特殊的地缘经济发展的枢纽。的确，北部湾经济区不仅是东盟北上的枢纽，是华南经济圈、西南经济圈与泛珠三角南下的枢纽，还是西南经济圈往东靠、东部优势产业往西转移的枢纽，乃至走向东盟、通往全球大市场最便捷的门户。而在这个节点上，北部湾经济区所崛起的城镇群，是我国构筑多极发展，推进城镇化战略、西部大开发战略、外交战略、能源安全战略等多方面的需要。

北部湾城镇群是南中国面向东南亚的门户型区域，具有优越的各种资源组合的优势，诸如丰富的地表动植物资源，丰富的海洋生物资源、丰富的人力研发资源，悠久的历史人文沉淀及旅游资源，具备各种航道条件的港口码头资源，丰富的矿产资源，以及整体优越的生态环境等，资源环境组合条件良好，环境容量大，腹地广阔，开发潜力巨大。北部湾城镇群目前还属欠发达地区，但具有重要的战略地位，经济建设开始迈入发展的“快车道”。

2005 年，北部湾经济区城镇化水平为 33%；城镇密度为 0.46 个/百平方千米，高于广西和全国平均水平；但城镇规模普遍偏小，平均规模 2.3 万人，低于全国平均水平。2009—2011 年，广西北部湾经济区城镇化水平从46.8%提高到了49.6%，年均增加1.4个百分点。南宁市一枝独秀，但对区域的辐射带动作用有限。广西北部湾经济区目前产业集聚效应尚不明显，但假以时日，必将结成硕果。其城镇间经济效益差别巨大，城镇个体大部分处于散点发展、自我集聚阶段。城市间经济联系少，分工合作处于起步阶段。城市建设和空间发展处在不同阶段，对新的土地开发需求十分旺盛：南宁市区已经开始沿交通干线呈星形放射状向外拓展，对周边地区辐射带动作用日益显现，假以时日，其他各市也将同步发展。

按照增长极理论、生产力梯度理论和经济发展辐射理论，一个地区的经济发展，首先取决于增长极的形成，其次是产业结构的提升，再次沿着交通干线辐射，以整合整个区域的各种资源和要素，最后是点—线—面—网状结构，提升产业结构，提升整个空间结构的经济品质，带动区域向前发展。

北部湾“4+2”，已然基本上具备了上述物理条件。目前北部湾城镇群经济发展取得了初步成效，但还存在诸多困难和问题。随着中国—东盟自由贸易区建立步伐加快，泛北部湾经济合作的推进，泛珠三角区域合作进一步开展，西部大开发的深入实施，北部湾城镇群正面临着历史上最好的发展时期。

### 四 北部湾城镇一体化总体发展目标

北部湾城镇群要立足于建设成为南中国地区具有国际影响力和竞争力的特色城镇群，成为城镇群建设中“科学发展”示范区。①②

一是要面向东盟和区域合作大舞台，成为在中国—东盟国家尤其是泛北部湾地区具有国际性影响的经济区，成为南中国地区具有国际竞争能力的城镇群。③④

二是要建成为国家经济发展新兴增长极，成为辐射与服务西部地区，直接带动大西南经济发展的新兴增长极，为国家城镇化发展、区域协调发展做出贡献。⑤⑥

① 王凯：《从全国城镇体系规划，看北部湾地区的发展》，《创新》2007年6月28日。
② 《区域规划：广西北部湾经济区发展规划（2006—2020）》，http://blog.sina.com。
③ 王凯：《从全国城镇体系规划，看北部湾地区的发展》，《创新》2007年6月28日。
④ 《区域规划：广西北部湾经济区发展规划（2006—2020）》，http://blog.sina.com。
⑤ 王凯：《从全国城镇体系规划，看北部湾地区的发展》，《创新》2007年6月28日。
⑥ 《区域规划：广西北部湾经济区发展规划（2006—2020）》，http://blog.sina.com。

三是要建成为中国滨海生态环境友好区，加快转变经济增长方式，走新型工业化道路，坚持发展与保护并重，为整体环境质量的改善做出贡献。①②

四是要建成为西部城乡协调发展示范区，坚持“以人为本”的发展理念，把社会主义新农村建设同城市发展纳入统一的经济社会发展体系。逐步改变城乡二元结构，最终形成农村繁荣、农民富裕、农业发达和城乡协调发展的新格局。③④

五是要创建文化先进的社会和谐区，注重挖掘和弘扬多元文化的特色，保持文化多样性，鼓励百花齐放。注重培养市场意识、创业精神和创新精神，建设先进文化。创建文化发达、开放包容的和谐区域。⑤⑥

① 王凯：《从全国城镇体系规划，看北部湾地区的发展》，《创新》2007 年 6 月 28 日。
② 《区域规划：广西北部湾经济区发展规划（2006—2020）》，http：//blog. sina. com。
③ 王凯：《从全国城镇体系规划，看北部湾地区的发展》，《创新》2007 年 6 月 28 日。
④ 《区域规划：广西北部湾经济区发展规划（2006—2020）》，http：//blog. sina. com。
⑤ 王凯：《从全国城镇体系规划，看北部湾地区的发展》，《创新》2007 年 6 月 28 日。
⑥ 《区域规划：广西北部湾经济区发展规划（2006—2020）》，http：//blog. sina. com。

# 第五章　产业极差驱动因素研究：北部湾经济区产业布局与产业结构升级

某种意义上，产业可以视为技术的集合，社会则可以视为产业的集合。产业扮演着技术与社会的中介角色，因而产业是技术与社会的混合体。换句话说，产业既是技术见之于社会之必不可少的环节，同时产业又是社会吸纳技术加长产业链条整合社会之必不可少的环节。技术通过产业“决定”社会，社会则通过产业“建构”技术。于是在发现、发明、设计、制造之后，技术正是通过产业才得以在实践的环节上迅速进入大众生活，实现其社会化，从而改变人们的生活方式。而人们也正是通过产业才得以结成业缘、地缘、物缘等各种网络的社会关系，从而组成纷繁复杂的社会。从社会的角度而言，技术不经产业化便无法充分实现其应用价值，而从政府乃至商家角度而言，产业没有技术的含量或者缺失其内在结构的提升，便无法实现其价值，也就失去了其存在的基础。在此意义上，任何区域的建设，乃至区域经济的发展，产业都是其核心要素。

## 第一节　北部湾经济区产业发展概况与产业极差的存在

### 一　北部湾经济区的产业发展重点[①]

《广西北部湾经济区发展规划》提出，北部湾经济区工业将重点发展以下产业：

---

① 参见自治区党委办公厅自治区人民政府办公厅关于印发《广西北部湾经济区发展规划》的通知——《中国对外经济贸易文告》，2008－04－08。

石油化工。利用较好的港口条件和南海丰富的油气资源，建设钦州大型炼油基地，发展原油加工等石化产业；力争“十二五”时期建设石化产业链后续工程，形成沿海石化产业集群。依托南宁化学工业基础，建设南宁精细化工基地。①

造纸。利用适宜种植速生林的优势，建设钦州、铁山港大型林浆纸基地，生产高中档造纸系列产品，发展林浆纸一体化产业，形成沿海林浆纸一体化产业群。积极发展木材综合加工。②

冶金。按照国家钢铁产业政策要求，充分发挥沿海优势，实施产品结构调整，积极推进钢铁企业联合重组，加快淘汰落后钢铁产能，提高产品附加值。发挥广西铝资源丰富的优势，发展技术含量高、市场竞争力强的铝加工项目，建设南宁铝深加工产业，开发满足交通运输、航空、包装等领域发展需要的精深铝板带箔材等产品。③

轻工食品。依托沿海港口，大力发展粮油食品加工等产业。把制糖工业建成综合利用、循环发展的产业。利用丰富的农产品资源，积极发展茧丝绸、果蔬、剑麻、八角、金花茶、竹笋、烟草等深加工。利用区位优势，发展纺织服装工业。④

高技术。加快科技成果引进消化吸收再创新，重点培育发展电子信息、生物工程、新材料、现代中药、节能环保等高技术产业，积极发展软件开发、新型电子元器件、生物基材料和稀土等高性能材料、生物质能源、节能环保材料及产品，建设中药材 GAP 基地。提升南宁、北海高新技术产业园区的创新能力和孵化能力。建设南宁生物质产业基地。⑤

海洋。发挥海洋资源优势，大力培育发展海产品深加工、海洋生物制药、海洋化工等海洋产业，加强海洋油气等矿产资源勘查与开发。促进海洋科技成果产业化。⑥

---

① 参见自治区党委办公厅自治区人民政府办公厅关于印发《广西北部湾经济区发展规划》的通知——《中国对外经济贸易文告》，2008 - 04 - 08。

② 同上。

③ 同上。

④ 同上。

⑤ 同上。

⑥ 同上。

## 二　北部湾经济区的产业结构及影响因素①

一个经济区的产业结构反映了其资源分配情况和经济发展水平。从近年来北部湾经济区产业结构的变化来看：1992 年以前，农业产值最高，工业产值最低；1993—1999 年，工业迅速发展，农业产值所占比例大幅度下降，低于工业和第三产业；2000—2012 年，工业和第三产业的产值持续增长，农业所占比例继续下降。如今三次产业的分布出现了“三、二、一”结构，与国家“二、三、一”的结构分布仍有不小距离，但正在趋近。要对广西北部湾经济区产业结构进行优化，须首先认清其发展现状，进而分析引导产业结构变动或调整的因素。

一是消费导向的因素。

随着经济的发展与居民生活水平的提高，人们对产品的消费模式将从简单的需求满足转向质量的提高。在此过程中，产品消费的供给方式将从传统的自给自足转为向社会购买。从而对社会轻工业的发展提出了更高要求，以保证更高品质的产品。轻工业的发展主要体现在产品加工业的增长，产品流通与服务业的增加。这必然吸纳更多之前属于第一产业的劳动力，一方面使得农业产值下降，另一方面提升了工业产值甚至服务业的产值，从而调整了经济区的产业结构。

二是资产投资的因素。

对三次产业固定资产的投资结构，将对其产业基础建设的转变和提升产生实质性的作用，从而决定其未来产业的结构。如今，北部湾经济区三次产业的投资比重由大到小依次为第三产业、第二产业、第一产业。因此，要对北部湾经济区三次产业的结构进行调整，须考虑资产投资比例的调整。

三是科学技术的因素。

科技创新可分为技术创新和管理创新，它是所有产业和部门提高效率与竞争力的必然选择。受传统产业特别是农业主导的影响，以及新兴科技产业和部门的缺乏，北部湾经济区的科技水平仍然低下。而要优化产业结构，应充分尊重现实情况及其有利条件，提高农业产业的科技水平，加强环境保护与污染防治的科技创新，促进各产业的协调发展与良好循环。

---

① 参见自治区党委办公厅自治区人民政府办公厅关于印发《广西北部湾经济区发展规划》的通知——《中国对外经济贸易文告》，2008 - 04 - 08。

四是产业布局的因素。

产业布局就是产业规划，它是对区域内各产业的发展及其结构进行的整体布局。布局合理与否，将对资源、劳动力、资金、技术等产业要素的配置产生重大影响。进而影响到产业之间的协调性及其长远发展，最后影响到产业结构的调整和优化升级。

## 三 产业极差的存在

同城乡极差一样，北部湾地区的产业极差也具有两种表现形式。

第一种是表现在不同城市的产业结构之间，存在产业极差。如图5－1所示。

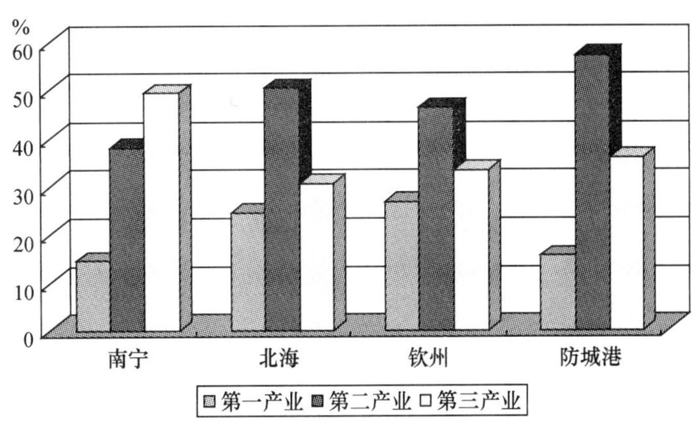


**图5－1 北部湾四市三次产业结构比较**

通过图5－1我们发现，北部湾四市的三次产业结构中，南宁达到了理想的三产＞二产＞一产的结构，处于产业结构极差中的高极，而北海、钦州的第一产业比重超过了20%，处于产业结构极差中的低极。

第二种是表现在不同产业的发展水平存在差异。根据《广西北部湾经济区发展规划》，北部湾经济区工业将重点发展石油化工、造纸、冶金、轻工食品、高技术、海洋这六大产业，但在不同城市这六大类产业的发展水平参差不齐。比如石油化工行业，其在钦州的发展水平最高，在防城港的发展水平较低；又如电子信息这一高技术产业，北海的发展水平较高，而钦州的发展水平则较低。

在以上两种不同的极差作用下，对北部湾未来产业发展的影响也有不同的侧重点。第一种极差对北部湾经济区产业结构升级的驱动作用更大，第二种极差对北部湾经济区产业布局调整的驱动作用更大。

## 第二节　产业极差驱动下北部湾经济区产业结构升级与布局调整

我们可以将第一种极差称为产业结构极差。这一极差是整体性的，不仅是位于极差中低极的北海、钦州的产业结构存在缺陷，即使是位于极差中高极的南宁，其产业结构也存在第一产业比重过大的不足。也就是说，若将北部湾经济区的产业结构放在更大的区域背景下，则北部湾经济区位于产业极差中的低极。由于这一极差所具有的整体性，使它能在未来提供更大的驱动力量。

就北部湾经济区内部而言，南宁位于产业结构极差中的高极，有着更合理的产业结构，对北部湾其他城市的产业结构升级起到了刺激与示范作用。从更广阔的区域来看，北部湾经济区与珠三角经济区之间存在极差，北部湾经济区位于极差中的低极，位于极差中高极的珠三角经济区会有更多的资本、技术流向北部湾经济区，促进北部湾经济区的产业结构升级。

我们可以将第二种极差称为产业布局极差。这种极差驱动北部湾未来发展的方式具有特殊性：它是通过错位发展的方式，在实践中刻意地形成了极差，在产业的集聚效应和极差拉动效应这双重力量的作用下，驱动产业的发展。

错位发展的产业布局其实是极差理论的一种应用形式：在对区域产业布局时，预先规划好各个城市的特色、优势产业，继而投资发展这些优势产业，那么这些产业实质上就成为极差中的高极。这种产业布局上的极差高极具有双重的动力。一方面，当极差累积发展到一定程度，自然会由产业高极向低极扩散发展，从而驱动北部湾经济区发展。另一方面，产业集聚效应会在极差高极表现得特别明显，优势产业及其配套产业会不断在高极聚集，从而驱动经济发展。

所以说，产业极差驱动将会是北部湾未来经济发展的一大动力。一方面，产业结构极差在带动北部湾产业结构调整的同时，它所具有的整体性能使北部湾经济区从珠三角经济区等其他区域获得更大助力；另一方面，产业布局极差能在极差的带动作用和产业的集聚效应双重动力下驱动北部湾经济区未来发展。

## 第三节　一种可能的路径：北部湾经济区承接发达地区的产业转移

### 一　产业转移与产业集聚

产业转移，指的是产业在不同的区域之间进行流动或转移的一种现象。其原因主要是产品需求与生产要素的变化。其本质是各种生产要素在不同区域之间的流动和重组。产业转移主要是通过企业的投资与贸易来完成的，其动力可分为内在动力与外在动力。内在动力主要来源于企业追求经济利益的根本动机；外在动力则根植于整个行业或产业为提高生产效率而产生的转型升级需求，或者不同地区的产业因梯度的差异而产生的流动需求。

所谓产业集聚，就是同类产业或相关产业在一个特定区域内不断集中，资金、管理、人才、技术等产业要素不断汇集的过程。其发生机制主要分为两种：市场驱动与资本驱动。市场驱动，当区域内出现某种特定的市场需求时，出于物流与信息的便利性，区域附近将出现一个能够相互配套的产业群落。这是一种由市场驱动而自发形成的产业集聚。北部湾经济区的附近缺乏经济发达区，因而难以通过市场驱动机制实现产业集聚。资本驱动，企业具有节约成本与占据市场优势地位的天然倾向，因而当一个较大规模的企业在某特定区域进行投资和落地之时，其同类企业和匹配产业必然向其周围投资，形成产业集聚。这种产业集聚主要通过不同地区之间产业资本的转移而实现，适合于具有地理区位优势与要素优势的地区。这与北部湾经济区的条件相匹配。因此，为了经济更好、更快发展与产业集聚，北部湾经济区可以通过我国东部产业的转移与外来的投资而实现。

鉴于自身独特的地理位置，广西自20世纪80年代就开始了探索与谋划，将广西北部湾地区建成我国西南地区的重要出海口。近年来，随着国家西部大开发战略的实施，中国—东盟自由贸易区的建设，以及广西北部湾经济区的开放成为国家战略，广西的发展面临着全新的发展机遇。广西北部湾经济区，一方面依托中国西南部地区作为大后方，另一方面面向越南、老挝、泰国等东盟国家，因而有机会成为一个沟通我国东部、中部与西部，连通中国与东南亚国家的重要经济区与航运枢纽。这些优势，必将助力广西北部湾经济区成为我国沿海地区新的经济增长极。

然而，相对于国内其他经济区，北部湾经济区近年来虽然取得了较快发展，但是对周围地区的经济发展仍然缺乏引领性作用和地位。其原因主要在于经济区内在过去的发展中没有出现产业集聚。基于此，广西北部湾经济区应根据自身经济与产业发展现实，努力探寻和承接发达地区的合适产业及其转移，促进这些产业的集聚与协调发展，进而带动广西及附近地区的经济发展。

## 二 北部湾经济区承接东部产业转移及形成产业集聚的必要性

产业的转移会导致产业的集聚，通过产业的承接与集聚达到经济发展是有先例可循的。改革开放之初，珠三角地区主要是通过自身的土地、劳动力等优势吸引了港、澳、台等地区的产业转移与大量外来投资，形成了家电、机械、电子、鞋业、服装等一大批产业群落。在这些群落之内，企业与企业之间形成了上游—下游、核心—配套等关系网，相互促进，相互补充。产业群落整体的效率和优势得到极大的凸显，于是又进一步吸引了外来的产业集聚与产业投资。可见，珠三角地区承接的产业转移，使产业的集聚效应不断加强，极大地带动了珠三角地区的经济发展。

近年来，北部湾经济区在政府的扶持下，随着与东南亚国家和国内珠三角地区经济合作的加深，取得了一定成果。石油化工、造纸、冶金、制糖等产业初具竞争力，但产业的规模、竞争力亟须提高。总体而言，经济区的总体经济实力仍然不强，工业基础差，产业发展不平衡，经济发展要素分散，与其他发达经济区和市场的联系不紧密。这意味着北部湾经济区的发展光靠自身的力量是无法实现产业规模的扩大和优化升级的。必须强化与“珠三角”、“长三角”等经济发达区的联系，抓住机遇，主动承接来自东部且适合自身发展要求的产业转移，整合并实现经济区内外经济要素的优化配置。这样才能以最低的成本，提升广西北部湾经济区发展的质量和速度，使之成为中国经济增长新一极。

## 三　北部湾经济区承接东部产业转移的条件分析

### （一）外部条件

原先集中在我国东部发达经济区的产业，如今正不断地往西部转移，且在不少地区建立了企业、分公司、分工厂。主要有两方面原因：当地的产业结构面临着转型与升级；相对于当地高昂的土地与劳动力等生产要素的成本，西部地区更有优势。目前，东部产业的转移来源地主要是长三角和珠三角发达经济区，其转移主要呈现以下几个特点：劳动密集型加工产业的转移占据主流；资源和能源依赖性强的上中游产业也开始向西转移；产业转移的规模不断加大，速度不断加快。针对东部产业转移的特点，北部湾经济区基于自身优越的土地、劳动力和自然资源优势，须创造条件，把握承接以上产业的机遇，发展新产业，促进产业集聚，优化产业结构，最终带动经济的快速发展。

### （二）内部条件

目前，广西北部湾经济区在承接东部产业转移方面，已经具备多方面有利条件。一是政策支持层面。2008 年 1 月 16 日，国家批准实施《广西北部湾经济区发展规划》，随后国务院在不到一年的时间里，相继制定了多个具体相关政策，批准设立了四大保税区：钦州保税港区、广西凭祥综合保税区与南宁保税物流中心，北海出口加工区也获准拓展保税功能。广西也出台了《广西承接产业转移优惠政策》。前者为北部湾经济区的建设指明了方向，注入了极大的发展动力与机遇；后者对服务、税收、厂房建设等方面做出具体规定，具有很强的操作性。二是区位优势层面。北部湾经济区背靠大西南，连接华南，面向东南亚，是这三个经济圈的交接处，对于沟通我国东中西部，联结中国与东南亚具有十分优越的区位优势。广西南宁作为中国—东盟博览会的永久性会址，为中国和东盟经济交流的密切化与合作的便利化提供了良好条件。这进一步凸显了北部湾经济区在我国对东盟进行开放与合作的战略中所扮演的窗口与桥梁作用。三是基础设施保障层面。防城港、钦州和北海等东南沿海地区，在机场、高铁、高速公路、港口等交通的便利化提升方面已大有改观。水利、能源、信息等其他基础建设的保障方面也已大幅改善。这些条件使北部湾经济区的引资、投资环境得到明显的改善。四是产业园区建设层面。钦州中石油 1000 万吨炼油项目在 2010 年投产，辽宁天合、美国鑫源石化等众多石化项目落户石化园区，形成了初具规模的以炼油、化工、原油储备等为主体的产业集群。中国石化北海炼油异地改造石油化工项目在铁山港工业园区全面开工，产业园规划面积达60平方千米，预计项目产品聚丙烯达到每年20万吨。作为广西首府，南宁已经建成了南宁经济技术开发区、南宁高新技术产业开发区、南宁华侨投资区（中国—东盟经济园区）、邕宁沿海经济走廊开发区、南宁市大沙田经济开发区等。这些产业项目和工业园区为北部湾经济区对东部产业转移的承接提供了能力保障与吸引力，其本身业已形成的产业集聚效应，必然为经济区的发展带来更多机遇。

## 四　北部湾经济区承接东部产业转移与产业集聚的关系

从以往经济发达区的经验来看，产业的集聚本身也会引起产业转移。20世纪90年代，珠三角地区以其全球电子信息产业的生产基地地位，使2000年以后全球产业转移中的IT产业和电子信息产业都集聚于珠三角。这是通过产业集聚引发产业转移的典型案例。可见，具有产业聚集效应的地区比起其他地区，更容易对产业的转移产生吸引力。被吸引来的产业除了同类产业之外，还有其他配套的服务、互补产业，从而在更高的层次上推动产业升级与经济发展。

一方面，随着北部湾经济区基础设施、产业配套设施的不断完善，生产要素的开发利用，以及石化、钢铁、造纸、有色金属等重要产业及相关产业初步形成的产业集群，正在发挥着产业集聚化效应。另一方面，北部湾经济区内低廉的土地成本、劳动力成本、交易成本，必然对区外相似、相关和匹配的产业产生吸引力，从而形成更大规模、更多元的产业集聚。这将极大提升广西北部湾经济区承接东部产业转移的能力。可见，产业集聚与产业转移相互促进，使经济区内的产业结构不断优化，经济竞争力不断提升，辐射至更远地区。

## 五　案例分析：北部湾经济区的轻工业发展分析

### （一）轻工业的大发展，是北部湾经济区综合实力发展壮大的基础

如今，在经济全球化时代新形势之下，落实《广西北部湾经济区发展规划》是促进北部湾乃至整个广西地区经济更快、更好地发展的重要战略。其中，轻工业的更快、更好发展是不容忽视的。

#### 1. 轻工业的大发展有利于经济区产业结构的优化

广西北部湾经济区，曾是古代海上丝绸之路的起点，如今随着国际交

流的增加与国家战略的布局，凭借自身的区位优势，再次吸引着人们的目光，也吸引了国内外的大量投资。随着一批批大型化工项目的投资和落成，经济区内以重化工为主的工业化速度明显加快。但是，重工业的直接移植，在某种意义上是对产业结构自然生长过程一般规律的扰乱。自2004年以来，区内重工业产值的比重不断上升，远高于发展缓慢的轻工业。这种发展趋势若不及时加以纠正，将导致区内绝大部分劳动力依附于农业，没有机会转向轻工业。而轻工业发展的缺失和滞后，必然拖累包括重工业在内的其他产业的长远发展。在中国—东盟自由贸易区建设不断完善的情况下，这种不正常的产业结构蕴含很大不确定性和风险。因此，要促进广西北部湾经济区经济产业结构的优化与升级，必须大力发展轻工业。

2. 轻工业的大发展有利于提升经济区产业的协调性与生产要素的联系性

按照三次产业发展的一般规律，没有第一产业的充足发展，占据劳动力多数的农民就不可能得到增收。而第一产业的发展与第二产业紧密相连，第二产业的发展将极大地促进第一产业的发展。因此，轻工业的充分发展直接关系到农业产业结构的优化升级，直接关系到民生的改善。所以，广西北部湾经济区在大力引进和发展重工业的同时，务必重视和大力促进轻工业的发展。并且在此基础上协调好三次产业之间的关联性与生产要素的联系性，这样才能使产业结构健康、合理、协调、可持续发展。

3. 轻工业的大发展有利于节约投资、缓解资金供应紧张局面

经济建设，产业结构的调整，须按照投资发展环境的变化而变化。计划经济时代，地方经济产业的发展完全是中央的直接投资，以及向中央索求项目和投资。如今市场经济环境之下，国家对广西北部湾经济区的支持主要是基础设施建设。因此，地方须认清国家对于地方产业投资减少的现实，发挥市场在资源配置中的决定性作用。地方经济产业结构的发展和优化升级，主要取决于地方政府的投资引导。其中，民间资本的引入是一个值得思考的问题。鉴于民间资本资金量小、分散、抗风险力小等特点，民间资本不可能进入需要长期、大量、回收周期长的重工业项目，只能进入投资风险小、见效快、投资少的轻工业项目。因此，基于广西财力不足以及国内金融形势不乐观的现实条件，引入民间资本，大力发展轻工业，是

广西北部湾经济区经济产业发展的重要方向。

4. 轻工业的大发展有利于经济区整体竞争素质的提高

限于广西北部湾经济区第一产业的传统，科学技术水平低下，产业结构的发展也欠缺技术含量。引进的外来重工业需要较高的技术水平支持。两者的技术能力与要求的脱节，使产业结构的整体效率偏低，产业之间也不尽协调，进而加剧了广西北部湾经济区的经济产业在区际竞争中的不利。轻工业的技术水平要求虽然并不高，但它的大力发展将加速技术的积累与技术水平的提高。因而，轻工业产业的大发展，有利于轻工业企业的集聚，也能够为大型重化工企业的产业延伸提供配套和支持，从而确保整个产业结构的协调发展。因此，广西北部湾经济区在引进大型重工业发展的同时，也要加大轻工业的发展，提高经济区整体竞争素质。

5. 大力发展轻工业有利于城乡居民就业，缓解节能减排压力

轻工业对技术水平要求较低，属于劳动密集型产业，因而能容纳大量普通劳动力的就业。大力推动轻工业的发展，对于促进城乡居民的就业，主要体现为以下几点：一是增加企业数量，扩大企业规模，增强企业实力，从而吸纳更多的居民就业；二是轻工业的大发展将推动其前向、后向、旁边产业的关联程度，进而带动相关产业的发展，提供更多就业机会；三是轻工业的发展将对农业产业结构的优化产生牵动作用，促使农业现代化，增加农民收入，提高农民生活水平。事实表明，促进轻工业的发展，有利于增加居民就业，保障和改善民生。另外，相对于重化工业，轻工业所消耗的资源与产生的污染要小得多。如今，遍布广西北部湾经济区乃至整个广西的重化工业，大多数属于高耗能、高污染的产业。这对于广西节能减排目标的实现有较大冲击。综上，大力发展轻工业是增加民众就业，保障民生，缓解节能减排压力的重要举措。

6. 大力发展广西特色轻工业符合经济区战略主导产业的需求

大力发展轻工业，一方面符合我国消费趋势的要求，另一方面有利于把握东盟国家民众生活产品需求的发展机遇，从而促进经济区经济产业的长远发展。随着我国居民生活水平的不断提高，居民的消费将由简单的满足生活需要，转向生活质量的重视。民众的食物结构也将由自给型食物消费，转向绿色、方便、高品质等新的工业化食品。未来的消费将更加注重健康、绿色、保健等方面。这是经济区轻工业发展的新方向。广西处于亚

热带地区，具有特殊的种植业和养殖业，独特的中药原料基地，以及丰富的山水旅游资源，这为广西发展符合新消费需求的绿色、健康食品、中药、纺织、皮革、保健品等特色轻工业，提供了得天独厚的气候、地理条件。另外，东盟国家有6亿人口，不少居民的物质生活资料仍然比较缺乏，居民的消费需求仍在不断满足吃和穿。这是一个繁荣传统工业市场，大力发展轻工业的大好时机。若失去这一机遇，将错失广西北部湾经济区与我国华南、西南、中南与东盟市场进行合作与交流的机会，也就难以实现广西北部湾经济区乃至整个广西经济产业的繁荣发展。

### （二）轻纺加工业是广西北部湾经济区产业配套的不可或缺的产业

广西北部湾经济区作为我国西部大开发、面向东盟国家进行交流与合作的第一站、前台，要发挥好经济区的区位优势，实现跨越式发展，就必须在引进资金、技术、人才发展大产业的同时，更加注重自身产业结构的现实优势与不足。大力发展轻纺加工业，以配套和协调大工业的发展，形成大、中、小企业的优势互补，促进整体产业的健康、协调发展。因此，轻纺加工业是广西北部湾经济区整个产业协调发展不可缺少的重要部分。

#### 1. 广西北部湾经济区须大力发展配套协调的轻工业以增强综合竞争能力

以往的国内外经济产业发展的经验表明，一个地区重化工业及其大型企业的发展，离不开诸多轻工业的配套。轻工业作为重工业发展的产业基础，决定着重工业及其上下游连接的紧密程度与联动程度，进而决定着重化工业的可持续发展及其结构优化方向。而重化工业的发展也对轻工业及中小企业的发展起着重要的促进作用。重化工业与轻工业、大型企业与中小企业的发展是紧密相连、相互促进的。因此，市场经济条件下，对重化工业进行“单株引进”的方式难以直接适应一个地区的产业生态，也就难以起到产业、企业之间上下联动、相互促进的效果。广西北部湾经济区具有良好的区位和资源优势。但是迄今为止，到这里来投资或者被吸引来的大型工业和企业的数量却不多。最重要的原因还是缺乏大型工业或企业投资的配套基础，或者说缺乏众多中小企业的配套与协调，从而使投资者不敢轻易投资相关产业和企业。目前，广西北部湾经济区内已经出现了大型的炼油、炼钢、能源、化工等大型项目，能在某种程度上带来经济区工业总产值的增加。但是，这些项目和产业仍然缺乏其上下游产业链的配套和支持，使得区内不同产业间的内在结构矛盾更加突出，也就不可能真正促进经济区经济实力的长远发展，更不用说提高区内居民的就业率、保障民生。没有中小企业和轻纺加工业的大力发展，这些问题不可能自动消除，反而为区内经济产业的优化发展带来巨大障碍。

2. 广西北部湾经济区的“洼地效应”有利于加工业的发展

当前，世界范围内的产业转移方兴未艾，我国发达经济区为优化产业结构，转变经济增长方式，也急于向外转移产业。纳入了国家战略的广西北部湾经济区，凭着后发优势的“洼地效应”，理论上来说，这是一个引进和承接外来产业的大好时机。然而，珠三角和长三角等发达经济区，在长期的产业发展中已经形成了产业集聚——一种介于市场与产业之间的相互协调与促进的产业群落。产业群落中的大、中、小产业和企业，能够通过信息共享、创新扩散和利益的平衡，实现不同产业和企业间的专业化分工与协调，从而解决了中小企业规模小、实力差、技术进步慢等问题，实现了重轻工业、大小企业的优势互补，共同进步。因此，通过集聚效应，这些发达经济区产业群落产生的效率与效益，要远比广西北部湾经济区的“洼地效应”来得大，从而对企业投资者有着更大的吸引力，使前面所讲的产业转移很难自动地、大规模地向外扩散。所以，广西的产业发展，尤其是核心产业，不能通过简单的产业移植来实现。而应树立自力更生、艰苦创业的理念，以自身的经济、产业、资源、生产要素等条件作为现实出发点，通过自身的“洼地效应”和比较优势，大力发展加工业，完善产业配套能力，构建自身独特的产业结构和产业优势。从而化解发达经济区产业转移失灵的情况，突破广西长期作为发达经济区经济产业战略的原料输出与产品输入角色，改变这种利益双损的尴尬局面，从而缓解自身资源浪费和环境恶化的情况。

3. 广西北部湾经济区加工业的发展将凸显其在东南亚地区的“极化效应”

作为中国一个省的广西与作为一个国家的越南，土地接壤，两者位置同处于中国—东盟自由贸易区和东亚经济圈的中心。相对于广西，越南以其政策环境、资源条件和更大的“洼地效应”，对外资有着更大的吸引力。近年来，外资通过广西进入越南的情况，更是让广西的招商引资面临极大压力。尽管广西占据连接中国与东南亚的桥梁优势，但随着东盟地区交通的便利化，越南也有可能取代广西，占据经济产业发展的优势地位。所以，广西必须基于自身的资源和基础优势，推动加工业的大发展，扩展产业链，增强自身产业的配套和协调能力。发挥产业集聚效应，将自己打造成为东盟地区经济产业发展的一极，这样才能有效地吸引来自国内外的产业和资本投资，实现自身经济产业的优化与持续发展。相反，若忽略了加工业的大发展，广西北部湾经济区也就难以建立高效协调的产业群落，且将在东盟的优势经济圈和中国内地的发达经济圈的南北夹击之下举步维艰，只能成为中国与东盟地区的交通枢纽。

4. 广西北部湾经济区加工业的发展有利于打造“三基地一中心”

按照《广西北部湾经济区发展规划》的要求，经济区的建设，要朝着成为中国与东盟国家开放、交流与合作的物流基地、商贸基地、加工制造基地和信息交流中心（简称“三基地一中心”）的目标而进行。其中，属于第二产业的唯有加工制造业，剩下的都是第三产业。事实上，第二产业是第三产业的基础，没有第二产业的发展繁荣就没有第三产业的兴旺和昌盛。也就是说，对于广西北部湾经济区而言，如果加工制造业发展不足，就不可能实现物流、商贸与信息交流业的发展繁荣。这也道出了为什么长期以来，广西虽然拥有几大深水港口的交通便利优势，却迟迟没有迎来物流、商贸繁荣发展的深刻原因。因此，广西北部湾经济区应综合区内外的条件全面思考，大力发展具有自身优势的加工业，主要包括服装、家具、包装、电子、编织物、工艺品等劳动密集型的轻工业和加工业。这样才能为重化工业的发展提供产业配套，为港口提供物流来源——充足货源，促进经济区乃至更大范围的经济协调发展。

可见，这些加工业的发展，是广西北部湾经济区产业群落与经济发展中不可忽视的重要力量，也是引领广西北部湾经济区建成“三基地一中心”战略设想的重要组成部分。

（三）推进广西北部湾经济区轻工业发展的若干建议

要将广西北部湾经济区建设成为中国与东盟地区的加工制造基地，甚至成为我国沿海地区经济发展新的一极，须基于自身的区位条件、信息优势、发展现实、资源优势与不足，从产业和市场两个重要角度入手，通过对国内外市场的有效把握，以较低的成本吸引外来的有利资源，提高自身资源开发利用程度和效率，促进轻工业的大发展，进而延长产业链上下游的长度，为重化工业的发展提供更大的市场空间，促进其发展的健康化、长期化、高端化，使经济区重化工业与轻工业的发展相互配套、协调，形成相互促进的新格局，推动经济区成为中国装备制造业进入国际市场的重要平台。为实现以上目的，须抓住以下几点。

1. 转变产业发展思路，重视轻工业的发展

广西北部湾经济区的发展，要转变发展思路，处理好重工业与轻工业、农业的关系，促进产业在经济区内外分工的科学性，实现资源利用的有序化和高效化。

一是对重工业与轻工业、农业三者关系的处理，须以产业结构的优化为方向。鉴于重工业对经济增长的显著效果，以往的产业发展常常重视重工业的发展而轻视轻工业的发展。这种思路须转变，因为轻工业的发展投资较少，见效快，且在延长其前后产业链的同时，促进整条产业链的全面互动发展，进而在更大的程度和深度上促进经济的发展。在产业方面，为重工业的发展提供广阔的市场。在就业方面，吸纳大量劳动力就业，极大地改善民生。因此，轻工业的大力发展刻不容缓、不可轻视。

二是促进经济区内的科学分工与协调发展，推动经济区发展的一体化。为实现经济区内产业结构更大程度上的整合与协调，须在逐渐淡化甚至消除区内行政区的划分概念，促进原来“经济强市”的意识转向“经济强区”。这就需要根据不同地方资源状况、经济发展水平，按照经济区发展的规划要求、发展方向、生产力布局，通过区内产业功能的定位与布局结构的优化，促进区内产业间的分工与合作，推动整个经济区规划、资源、设施、生态、产业等方面的共同设计与分享。

三是不同经济区间的分工与协调联动。经济区的发展不应局限于自身行政区域的划分，而要在全区的大背景下进行谋划，实现经济区内外的协同与共赢发展。这就必须以县域经济的崛起为着力点和联结点，促进经济区内外轻工业的协调发展，并与经济区内重工业的发展形成良好的互动关系。这种通过县域经济的崛起而造就的众星拱月之势，一方面推动经济发展的全面联动性、协调性与循环性，另一方面助推经济区内产业结构的优化升级。

四是坚持资源的有限开发与效用最大化原则。基于目前的条件，广西北部湾经济区经济产业的发展，可以通过轻工业的大发展，实现各种规划

开发资源得到全方位和多层次的开发，实现资源利用的高效化。而目前没有足够条件开发利用的资源，可以先进行战略上的封存与保护，以备将来之用。

2. 凸显广西轻工业发展的特色

特色资源与传统产品是广西轻工业的主要特色。广西是多种多样的特色原料基地，具有轻工产业的基础，且随着市场化的发展，培养出了一批技术型人才、企业家、企业品牌。轻纺工业是广西的优势产业，也是人类生活不可或缺的重要产业。广西或者广西北部湾经济区大可以自身的特色资源、传统产业以及人才技术基础，大力发展相关轻纺工业，必然对区内特色产业的推广和升级起到积极促进作用，也有利于解决区内农民的就业问题和民生问题。因此，立足于广西的产业特色和发展基础，促进特色轻纺工业的发展，具有广阔的发展空间。

可从以下九个领域发展广西特色轻纺工业的发展：一是以农产品为中心，大力发展制糖业，林浆纸业，木、竹、藤、草等植物制品业。二是大力发展功能、营养、保健食品业，广西的亚热带气候与特殊的山水地理特征，具有独具特色的动植物资源，如罗汉果、金钱草等中草药植物，荔枝、龙眼等热带水果，以及诸多菌类、贝类资源。积极发展功能明确、效果显著的新一代功能、营养、保健食品，以适合不同人群，极具发展潜力和前景。三是承接来自东部的种桑养蚕产业，促进广西丝绸纺织业与绢麻纺织业的发展。四是以广西的中草药、海洋药物加工业的发展，大力发展医药工业。五是大力发展纺织、塑料、玩具等轻工业，配套和促进重化工业的发展。六是采用更新的加工技术，往高、精、优、名等方向改造和发展传统的轻工产业。七是引进、培养高端人才，组建高品质的人才队伍。八是组建一个优秀的营销人才队伍，促进轻纺工业产品的市场化。九是加强人员技能培训，提高劳动者的素质，为广西轻工业的发展奠定人才基础和技术基础。

3. 通过县域经济单元点的发展及其联结，打造经济区乃至整个广西的轻工业基地

县域经济作为我国区域或行政区经济发展的基本单元，其发展程度及其相互联结程度，直接反映了该经济区或区域内的经济发展水平和经济产业布局。从珠三角、长三角等发达经济区反映的事实来看，县域经济发展

得越活跃，整个省、市内区域或经济区的经济发展形势就越出色。县域之间经济发展的相互联结，及其导致的联动效应，将对整个区域的经济发展起到全面的带动作用与崛起效果。而县域经济发展低下，省、市区域的经济发展也不可能出色。广西与其他发达经济区经济实力的差距，集中体现在县域经济发展水平的差异上。因此，广西或广西北部湾经济区轻工业的发展，不应局限于传统的工业集中区的方式来进行，而要重点发展县域经济，着力推进县域经济产业的工业化。这是广西北部湾经济区打造轻工业基地，增强经济产业发展的协调化与可持续化的关键步骤。

推动县域经济的发展可从以下几个方面着手：一是按照不同的县、乡（镇）、村的资源优势和生产要素特点，发展适合当地的产业，综合考虑农、工、商、林、牧等产业的发展。通过科学的规划、定向的培育、集约的经营和市场化的竞争，将资源的优势发挥转化为产品、产业和品牌优势。二是通过市场和技术的因素发挥传统品牌的经济特色。广西区内不同的地方有极具特色的小商品和小加工业。通过工艺技术的再创新，从而推出更加符合当代人生活方式和要求的产品，推向更广阔的市场，使老品牌焕发新生命。三是改革管理体制，扩大县级的权力。在市和县两级的管理体制下，两者的矛盾越发突出，这是制约县域经济发展的最大“瓶颈”。务必通过自主权的扩大激发县域经济的发展活力。

而要实现管理体制的创新，可从以下几点进行考虑。第一，在自治区内试点示范县的权限扩大，然后对其中的成熟经验进行推广。第二，通过综合改革实现县域经济和社会发展管理权限的扩大。第三，推动其他配套改革和政策支持，促进县域经济发展的自主性与自我管理，同时构建约束机制，以更好地把握县域经济发展的方向和动力。第四，对于一些发展潜能和势能足够大的县级市转为地级市，或者通过其他方式扩大辖区的发展空间，调整辖区的机构和职能，通过合理的规划促进城市管理体制的改革和发展。

4. 通过优势产业集群的方式，推动经济区轻工业的大发展

产业集群不仅是一种产业的聚合状态，更是一种促进经济产业发展的有效途径、方法和手段。产业集群可以沟通不同发展水平和不同性质的产业，贯通宏观与微观产业，还可以协调传统与现代的产业发展理念和模式。因而，产业集群不应简单看成一种机械性的产业聚集形态，而应视为

有机的、系统的、能动的产业发展方式。因此，广西北部湾经济区轻工业的新一轮大发展，完全可以通过产业集群的方式进行推进。但是产业集群这种变革式的发展是一个涉及多方面因素的系统工程，不是一个自发的、一蹴而就的过程，需要从以下方面准备好各种条件。

（1）政府要树立新观念，通过政策营造产业发展的优良制度环境。一方面，政府要根据产业发展的不同地区、不同阶段、不同要求进行灵活的引导和干预，克服无为而治的思想以及过于干预的错误做法。另一方面，转变原有的对重点企业进行特殊照顾的扶持做法，将注意力放在改善产业发展与企业经营制度环境的设计和营造上，例如规范市场秩序，制定政策促进企业的创新和升级。对不同规模、不同种类的轻工业产业群平等对待，促进相关产业集群的萌芽、发展、壮大。从而通过市场的扩大，促进广西沿海地区重化工业的发展。

（2）以特色产业园为基础，将产业发展项目集聚化，通过分工协作推动产业集群的系统化发展。

（3）在区域内树立企业的品牌效应，实现生产与营销环节方面的一体化，发展现代生产协作体系，实现中小企业在品牌方面的共享与优化集群。

（4）通过行业协会、商会的发展，促进产业集群，促进行业间的自律，达到经营的有序化、规范化。

5. 在政策方面适度倾斜于轻工业发展

一是投资政策。广西区级、市、县等财政部门要重点扶持那些能够为轻工业的发展提供原材料和生产资料的农业、特定重化工业。

二是金融政策。鉴于轻工企业的资金紧张情况，可以在适当时候降低企业贷款利率，放宽其信用贷款规模，可以批准自身管理完善、发展潜力大的企业通过发行债券筹集资金。

三是税收政策。为解决轻工企业发展初期的困难，应在必要的时候通过降低税率等方式，推动企业的稳定发展。对于品牌出色的产品、企业，要加大扶持。对于符合未来消费发展趋势、具有市场潜力、独具特色和优势的产品、企业，要在技术的改造贴息资金和税收减免等方面予以支持。

四是人才政策。鼓励优秀管理人才和技术人才流向轻工业，完善人才保障机制和激励机制，吸引人才，留住人才。

## 第四节 产业布局原则：生态优先

生态优先，就是强调在经济产业的发展过程中，要提高资源的利用效率，最大限度降低环境污染，完善生态保护机制，维护生态的动态平衡。广西北部湾经济区的发展具有后发的优势，须吸取以往其他地区经济发展过于注重所谓增长，忽略生态环境的保护，从而付出严重后果的教训。经济区的产业布局与发展是一个复杂的系统工程，要从联系、发展的角度看待这些问题。要以生态优先的原则，协调好产业发展与生态保护的平衡。这样，经济区产业的发展才能长久化、持续化。

### 一 根据生态优先原则调整产业结构

经济的大发展时代带来了环境保护问题，以往不顾环境承载力的资源索取、浪费、污染的经济增长方式已然不符合新时代的要求。循环经济的发展势在必行，它是对传统经济增长方式的彻底变革，关乎产业发展的可持续性问题，乃至整个人类生活的健康和安全问题。北部湾经济区发展，应致力于实现自然资源利用的多次化、循环化、高效化，极大地降低经济增长的资源成本和环境代价，协调经济、环境、社会三者的平衡。从而确立一种具有可持续性的循环经济增长模式，对传统粗放型经济增长模式进行根本性变革。一是根据地区资源和环境承载力，制定和实行严格的环境准入条件和标准，建立明确到位的环境保护责任制度，禁止高耗能、高污染的产业和企业落户。二是通过税收、财政、政策的引导和约束，鼓励企业在生产过程中积极节能减排。通过政策和制度的保障，大力支持低能耗、高效率、低污染、技术水平高的企业和产业发展。三是建立完整的环境反馈体系，定期检测企业排污情况和环境污染情况，通过公开的宣传和听证会的举办，督促相关企业履行环境保护的责任。

### 二 根据生态优先原则做好产业布局区域规划

产业的健康发展离不开科学的区域规划和产业布局，也就是要以生态优先的原则进行规划。

一是通过各城市产业的差异化发展、特色化发展，形成各自的独特优势，共同促进区域产业的结构优化和升级。不同的地区要从自身的优势资源或要素出发，选择和构建合适的产业。沿海地区，大力提升海洋产品技术，发展海洋产业，例如海生物医药、保健食品、渔业、海上开矿、生物工程等，以此扩大广西北部湾经济区发展的领域，丰富产业发展的类型，促进可持续发展。内陆地区，为缓解资源的紧张局面，可大力推进生态农业和第三产业的发展。沿海港口地区，发展特色农业和出口型加工业，实现经济与资源、环境的协调发展。

二是对自然资源的开发利用，应实现规划、使用、管理的统一性，避免无序开发及其造成的资源浪费，节约自然资源。产业布局及其园区规划应遵循效率原则，使相似、相关联的产业集中于同一园区，一方面实现资源和其他生产要素流动的便利性，实现资源共享，污染共治；另一方面通过产业集聚，发挥规模效应、品牌效益，提高产业发展的可持续化与集约化。

三是规划并大力推动产业间的生态联系与资源循环利用，使上游产业和企业生产过程中出现的副产品能够作为下游产业和企业的资源、原料，实现资源的高效利用，最大限度地减少自然资源的需求量。

### 三　根据生态优先原则积极研发生态技术

产业布局的生态化，除了上面讲到的自身结构的优化以及产业与产业之间的协调发展以外，还需要生态技术的发展与支持。生态技术的发明，需要深厚的生态知识作为研发背景。因此，以企业为主体，同高校、科研机构进行合作，是一个更有利于整合相关知识、技术等资源的简便方法。提高资源利用效率，创新废物处理技术，使广西北部湾经济区产业布局最终达到生态化的必然要求。因此，鼓励产、学、研的相互结合、相互促进，有利于开发和掌握具有自主知识产权的新技术，为资源利用效率的提高、废物的处理提供知识和技术保障。各级政府通过技术的承接机制，实现生态技术的广泛传播，最终为经济区产业的发展提供生态技术保障，实现经济发展与环境保护的协调性。

# 第六章　经济极差驱动因素研究：北部湾经济区区域经济合作

生产要素不同，则流动性不同，同质要素相互排斥，异质要素则相互补充。当产业规划和产业布局确定之后，产业链便开始生成，其内在要求是相互间的空间距离不能太远。于是产业便开始有选择地建构，集聚开始形成。集聚一旦形成，在空间上便有了冻结的效果，新的要素又被吸引过来，集聚便由中心向边缘扩张。紧随其后的便是城乡一体化的形成：在核心城市的周围就会出现规模较小的城市，在小城周围就会形成小镇。整个区域形成了对生产要素流动性的需求——上下游产业的衔接、对知识的共享、对社会资本的共享、对共同市场的分享等。于是经济区域开始形成，其核心依然是生产要素转移、成本、收益衡量的结果。基于此，本章将较为详细地研究北部湾经济区未来发展的经济极差驱动因素，即较为详细地研究区域经济合作给北部湾经济区带来的经济发展驱动力。

## 第一节　北部湾经济区区域经济合作概况

### 一　北部湾经济区区域经济合作的宏观概况

近年来，广西北部湾经济区区域经济合作主要表现在以下五个方面。①

第一是尽最大能力提供金融支持。2008 年，自治区组建“广西北部湾银行”并于当年年底运行。北部湾银行的主要目的就是为广西北部湾

① 参见王德宾《深化广西北部湾经济区区域经济合作的探讨》，《消费导刊》2009 年第 4 期。

经济区提供金融支持，并以此作为合作平台，与国有五大商业银行（即中国建设银行、中国工商银行、中国农业银行、交通银行、中国银行）以及东部粤港澳的金融机构进行合作，以全力支持北部湾经济区的投融资，形成优势互补的金融格局。①②

第二是抓区域经济合作中的主要矛盾——基础设施的建设以及落实到位，主要抓铁路、公路、码头、机场、电力等基础设施的建设到位，这样既缓解了当下的矛盾，又增添了后劲，还由于这些项目的投资巨大，拉动了经济增长，真正是一举多得。比如，广西抓了投资1000亿元的铁路改造项目，抓了新增吞吐量在1500万规模的防城港、钦州、北海三市深水公用码头建设项目，抓了沿海基础设施建设大会战二期工程，现已基本建成。抓了广西之出海、出边国际大通道建设，等等。此外，还抓了总装机容量达1200百万千瓦的电力项目建设。这些重大基础设施的建设及其完成，不仅仅在于其成效是相当的明显，更在于增添了北部湾经济区将来发展的后劲。③④

第三是主抓港口合作。近年来，北部湾经济区之所以战略地位如此凸显，主要在于拥有一大片蔚蓝色的海洋——北部湾。而北部湾恰恰又是以港口著称于世的，从古代的海上丝绸之路始发港之一，到今天习近平所提倡的“海上丝绸之路”经济带，广西北部湾的港口群都将起到举足轻重的作用。北部湾港口群的经济合作，主要有国内和国际两大板块。对于国内港口之间的合作而言，主要是与深圳盐田港集团、中海集团、中远集团等加强了战略性的合作。对于国际而言，主要加强了与东盟国家的港口合作，比如加强了与越南岘港、胡志明市、海防等港口的合作并缔结协议，以法律的形式固定下来；又比如加强了与菲律宾苏比克湾自由港的合作并缔结协议，等等。此外，鉴于经济发展的迅猛，中越双方基于共同的利益而新增了直达的大型集装箱货轮航线：中国广西防城港至越南海防。由于

① 参见王德宾《深化广西北部湾经济区区域经济合作的探讨》，《消费导刊》2009年第4期。

② 《广西北部湾经济区开放开发实现重大突破》，http：//bk. chinawes。

③ 参见王德宾《深化广西北部湾经济区区域经济合作的探讨》，《消费导刊》2009年第4期。

④ 《广西北部湾经济区开放开发实现重大突破》，http：//bk. chinawes。

这些措施的推行和落实，第三产业也源源不断地发展起来了，比如由于货运服务的兴起，而导致贸易发展，继而开展信息交流、友好往来、员工培训、人力资源培养等。最后由于人员往来的增多，信息互通频繁，必然带来第二产业的扩张即带来产业转移以及投资合作等。这些是经济发展的内在要求所决定的，只要走上经济发展的轨道，都是不以人的意志为转移的。①②

第四是完善产业布局，主抓战略性新兴产业以及特大项目的引进与落户。主要抓以下几个方面的工作。一是战略性新兴产业方面，布局并加快了北部湾经济区的电子信息、能源、钢铁、石化等产业的建设。二是主抓与基础设施的建设相配套的物流体系建设，以及保税区的建设。三是引进了一系列的大型项目，比如年产水泥超千万吨海螺集团项目、年榨大豆千万吨的粮油项目、印度尼西亚金光集团两大林浆纸一体化项目、千万亩速生林支撑的芬兰斯道拉恩索项目、武钢柳钢千万吨钢铁项目、中石油钦州千万吨炼油项目、产值达1000亿元电子产业项目，等等。这些大型项目的启动，还将引发“乘数效应”，必将促进北部湾经济区又好又快向前发展。③④

第五是出台一系列政策，保障落实。比如，广西先后出台了《关于促进广西北部湾经济区开放开发的若干政策规定》，颁布了《关于全面实施广西北部湾经济区发展规划的决定》等政策及规定，以使北部湾经济区建设有章可循，有法可依。⑤⑥

## 二 北部湾经济区区域经济合作的“短板”

上面讨论了广西北部湾经济区区域合作宏观方面的五个表现。但是与此同时，北部湾经济区区域经济合作也存在四个明显的不足，或者说存在四块“短板”。

第一块“短板”，由于历史及其人文的沉淀，北部湾经济区的发展观

① 参见王德宾《深化广西北部湾经济区区域经济合作的探讨》，《消费导刊》2009年第4期。
② 《广西北部湾经济区开放开发实现重大突破》，http：//bk. chinawes。
③ 参见王德宾《深化广西北部湾经济区区域经济合作的探讨》，《消费导刊》2009年第4期。
④ 《广西北部湾经济区开放开发实现重大突破》，http：//bk. chinawes。
⑤ 参见王德宾《深化广西北部湾经济区区域经济合作的探讨》，《消费导刊》2009年第4期。
⑥ 《广西北部湾经济区开放开发实现重大突破》，http：//bk. chinawes。

念比较落后。这与这块土地上的壮民族的历史文化有较大的关联。由于壮民族是传统的农耕民族，再加上这块土地比较富足，因而自古至今，这块土地无论是政治、经济、文化都比较保守，比较趋向于自给自足，缺少向外扩张乃至发展的内在观念。这在经济当中的表现就是南宁、北海、钦州、防城港四市不能协调一致，不能制定出高标准的产业乃至各种规划。就观念上，说得好听一点就是观念多元，说得不好听一点是观念芜杂。就资源投入来说，说得好听一点就是面面俱到，说得不好听一点就是投资的碎片化，起不到集团军的作用。比如南宁、北海、钦州、防城港四市“龙头”的地位之争一直存在；比如北部湾各港口的功能雷同，不能集约而相互优势补充；又比如各政府在产业布局中相互雷同，不能形成产业拳头，形成优势产业，等等，这些已然成为阻碍北部湾经济区区域经济发展之无形的但明显感觉到的“短板”。区域经济合作的积极性还有待提高，合作共赢的意识还不强，小农意识、官僚主义已经成为阻碍区域经济合作的“绊脚石”。

第二块“短板”，行政分割导致利益分割，进而导致人为的行政壁垒。这不仅降低了经济发展的效率，也人为增加了经济发展的成本，更导致部门与部门之间的内耗，损害了经济合作的基础。长此以往，南北钦防四市都会怨声载道。其弊端主要存在于以行政干预的方式，以条块式的划分方式指挥经济发展，而偏离了经济发展的内在规律，偏离了资源的输送、产业的整合、合理地理空间范围的划分乃至对资源起决定作用市场氛围的营造，等等。这些都是北部湾经济区的短板，需要有针对性地纠偏。这其中，尤其要破除地方保护主义，尤其要摧毁人为的地区壁垒，形成北部湾经济区内较为统一的大市场。

第三块“短板”，广西属西部经济欠发达地区。由于其总体经济实力还不强，工业化、城镇化水平较低，缺乏大型骨干企业，港口规模不大，竞争力不强，陆路、海路及航空通道尚待完善；经济关联度低，广西北部湾经济区至今还没有形成一个实力足以影响各方、统领全局的经济中心城市，缺乏区域经济合作的向心力，区域内部分新兴产业雷同，竞争大于合作；现代市场体系不健全，民间资本不活跃，人才开发、引进和储备不足等制约着区域经济合作的拓展与深化。

第四块“短板”，没有形成万众一心搞好经济发展的环境氛围。尽管广西的基础差，原先的总体水平较低，而且主要是以传统的农业为主，缺少过硬的发展很快的产业，缺少龙头企业，缺少知名的品牌，等等，但这都不是最主要的。最主要的是是否有这个心气，是否有这个精气神。取法其上，得乎其中。如果没有一颗上下齐心、万众一心快速发展经济的万丈雄心，那么做什么事情都会拖后腿。

## 第二节 经济极差驱动下的北部湾经济区区域经济合作

### 一 经济极差的存在

辩证唯物主义和历史唯物主义告诉我们，事物总是辩证的。正是北部湾经济区区域合作的“短板”存在，孕育着经济极差，从而导致集聚，孕育着未来经济发展的强劲动力。

衡量地区经济实力的两项重要指标是地区生产总值和人均生产总值，2012 年北部湾四市的地区生产总值和人均生产总值比较如表 6 – 1 所示。

**表 6 – 1　　2012 年北部湾四市 GDP 和人均 GDP 比较**

| | 南宁 | 北海 | 钦州 | 防城港 |
|---|---|---|---|---|
| 地区生产总值（亿元） | 2503.6 | 630.8 | 724.5 | 457.5 |
| 人均生产总值（元） | 35138 | 40890 | 23210 | 51836 |

可以看到，北部湾四市之间的经济实力存在较大的差异，南宁在经济规模上有着巨大的优势，而防城港则是地区生产总值最少的城市。防城港的人均生产总值却遥遥领先于其他三个城市，而钦州的人均生产总值同另外三座城市相比则有着较大的差距。

在此，我们可以引入经济密度的概念。经济密度是指区域国民生产总值与区域面积之比，标示着单位面积上的经济效益水平，它表征了城市单位面积上经济活动的效率和土地利用的密集程度。① 根据统计数据，我们

① 参见刘兆德《山东省城市经济发展水平的差异研究》，《经济地理》1996 年第 4 期。

可以计算出 2012 年北部湾四市的经济密度如表 6－2 所示。

**表 6－2　　　　2012 年北部湾四市经济密度**

| | 南宁 | 北海 | 钦州 | 防城港 |
|---|---|---|---|---|
| 地区生产总值（亿元） | 2503.6 | 630.8 | 724.5 | 457.5 |
| 区域面积（平方千米） | 22112 | 3337 | 2215 | 6300 |
| 经济密度（亿元/平方千米） | 0.1132 | 0.1890 | 0.3271 | 0.0726 |

在经济密度的比较中，钦州的经济密度最高，说明其经济活动效率和土地利用密集程度最好。防城港市由于包括了面积 2809 平方千米的上思县，使其经济密度被拉低，如果实际计算其港口区、防城区、东兴市的经济密度，则在 0.12 左右。

这说明，北部湾经济区内存在着两种经济极差，分别是经济规模极差和经济密度极差。在经济规模的极差方面，南宁位于高极，北海、钦州、防城港位于低极。在经济密度的极差方面，北海、钦州、防城港位于高极，南宁位于低极。

## 二　经济极差驱动：北部湾经济区的区域、次区域合作

这两种经济极差的相互存在，驱动了北部湾经济区的区域、次区域合作。

在经济规模极差上处于高极的南宁，拥有着经济总量也就是资本总量上的优势，同时由于经济规模的成形，使相关配套的科技、教育、管理、保障环节都得到发展。但这种经济规模上的优势，是建立在更多的人口基数之上的，平均到每个个体，南宁的经济反而处于劣势。转变这种劣势的方法就是提升经济发展的质量，建立现代化的生产方式。对于南宁而言，建立现代化生产方式的阻碍不是资金、技术、人才，而是需要利用北部湾沿海口岸的区位优势和资源优势。

在经济密度极差上处于高极的北海、钦州、防城港三市，之所以能有更高的经济密度，在很大程度上得益于便利的港口位置，更多的人均资源，更少的人口分配。这种经济密度的高极，并不是建立在生产水平的优势上的。在未来如果想要保持这种经济密度上的优势，则同样也需要建立现代化的生产体系。对于北部湾沿海三市而言，建立现代化生产体系的阻

碍是资金投入和科技、教育、管理经验等的支持。

因此，可以说，在经济极差的驱动下，南宁和北部湾三市之间存在强烈的合作诉求。经济规模上的极差和经济密度上的极差，将成为未来北部湾经济区若干年内之推动或者拉动区域经济合作与次区域合作的强大动力。

## 第三节　北部湾经济区区域经济合作的基本框架以及与周边区域的合作发展

### 一　经济合作的领域：海上、陆上、空中

海上，港口经济合作。在当前经济全球化与区域经济一体化的发展趋势中，鉴于中国与东盟国家近18亿人口的庞大市场，积极发展广西北部湾经济区与我国环渤海、珠三角、长三角，以及东盟国家的港口之间的合作，有利于促进各地港口的往来与发展，促进海上的经济合作与贸易，符合各方利益。

陆上，陆路经济合作。以铁路干线、高速公路为交通要道的基础设施建设，是促进广西与越南、中国与东盟经济互补发展的重要基础工程。按照“两廊一圈”的战略构想，大力促进集装箱、煤炭和其他货物的运输与铁路、公路、航线之间的合作，实现物流、客流、资源流的畅通性。联结区域内的重要城市昆明、南宁、河内、胡志明市，甚至扩大至广州、香港、长沙、金边、曼谷、吉隆坡等城市，构建中国与东南亚贸易往来、合作共赢的陆上交通线。

空中，航空经济合作。基于海陆相连的优越地理区位优势，广西作为中国与东盟国家交流与合作发展的重要桥梁，处理着两地庞大而复杂的物流、人流和信息流，隐含着空域上的巨大合作潜力。为促进两地的贸易与交流进一步便利，航线的建设与机场的联结无疑十分必要。为此，南宁机场实现了扩建建设和设施配套，T2航站楼已扩建完工，并投入运营。面向东盟各国，加快与国内、日韩、欧美等主要城市的联结，发展北海等地的支线航班，把南宁机场打造为连接东盟的国际性航空枢纽。这必将对广西北部湾经济区的经济发展，乃至中国与东盟国家的深化贸易、广泛交流产生积极推动作用。

## 二　经济合作的层面：区内、国内、国际

区内（广西壮族自治区）的经济合作。作为广西的首府南宁市，应在广西北部湾经济区的经济区域发展与合作中起带头作用。加强南宁与区内桂林、防城港、北海、钦州、贵港等二线城市的经济联系与合作，以及各地级市、县级市、城镇的经济联系与合作。鉴于各地区发展的不同，经济合作应注重交通的连通、产业的互补以及金融的合作。通过科学规划与分工，避免重复性建设与恶性竞争。

国内的经济合作。鉴于北部湾经济区较为落后的经济发展状况，应大力发展贸易型加工产业，承接来自珠三角地区的产业、技术、资金的转移。依托自身资源和发展水平，加强广西与周边省份的交通、旅游、资源、环保等方面的合作。基于广西沿海的出海口作用，加强广西与云南、贵州等省份区域经济的协作与发展，促进西南城市带的发展。

国际的经济合作。北部湾经济区应积极参加大湄公河次区域经济合作，该合作由亚洲开发银行于 1992 年发起，涉及中国、越南、泰国、柬埔寨、老挝与缅甸 6 个国家。积极参加该区域经济合作有利于促进各国各地区生产要素的便利流通与人员往来，带动整个区域经济的快速发展，消除贫困，促进边境的发展与安宁。

## 三　区域经济合作发展的案例分析

### （一）案例分析一：通道经济与周边区域的合作发展

道路的开通有利于激发沿线各地经济要素的活力，促进各种要素流动的便利化，从而推动沿线区域的经济发展。一方面，广西背靠云南、贵州、四川等“大西南”省份，东临东南亚国家；另一方面，广西是全国鲜有的沿江、沿海、沿边的省份。因此，北部湾经济区的交通建设，将促进经济区和整个广西开放，而西南出海大通道的建设，将毫无疑问地促进“大西南”区域的开放和开发。且对更广泛意义上的西南部省份带来新的开放、发展机遇。所以，通道的建设——包括铁路、公路、航道等基础设施的建设——是实现跨区域经济要素流动与经济发展的重要前提。2010 年年末，云南、贵州、四川等省份派遣考察团或者媒体记者聚焦广西，积极探讨西南出海大通道的建设及其带来的发展新空间。该“通道”的建设已显得十分必要，具体可以分为有形通道和无形通道。

有形通道。目前，广西北部湾经济区内，已经实现了“一小时”的

经济圈，经济区的“同城化”倾向越来越明显。经济区外，已经打通了通往广东、湖南、云南、贵州和越南的六条高速公路；通往北海、防城港、钦州的三条高速公路的建设如今已经接近完成和通车；通往粤、湘、黔的高速铁路已经建成运营，而其他跨省的铁路也在积极改造或扩建；在航线方面，已经形成了以南宁和桂林为中心的两个枢纽性机场，有效地连通了其他主支航线；港口的连通方面，如今已和全球两百多个港口完成通航，编织了一个紧密的航道网。这些都极大地改善了广西北部湾经济区与国内外主要城市的交通人员往来。

无形通道。北部湾经济区通过凭祥综合保税区、钦州保税港区、南宁保税物流中心，以及北海出口加工区拓展保税物流功能，构建了一个完善的保税物流体系。广西北部湾经济区通向西南、中南、东盟的立体交通网络如今正在形成，其辐射效果和带动作用不断得到扩展和体现。邻近省份，特别是没有直接出海口的省份，纷纷携手广西，通过北部湾这一出海通道发展海上贸易。

广西北部湾经济区作为中国与东盟合作、贸易的桥头堡，作为我国“大西南”地区出海最近的区域，无疑对内陆省份有着极大的吸引力。一方面，使我国西南省份与外国进行货物贸易运输时，倾向于选择北部湾作为出海口；另一方面，使得我国西南省份的诸多外贸公司，到北部湾经济区投资建厂。

云南昆明的货物，若从北部湾港口出海，相比从湛江、广州出海，分别少走 290 千米和 1235 千米。诚德特钢有限公司从广东佛山搬到了北海铁山港临海工业区，认为北部湾经济区的物流体系更为高效。该企业通过海运从印度尼西亚和菲律宾进口红土矿，到了北海铁山港港口之后就地加工，生产不锈钢卷带。产品加工完之后直接通过经济区便利的铁路、公路与海路交通网实现国内销售或向国外出口，极大地提升了运输效率。

2002 年，云南南磷集团股份有限公司就看中了直接在广西北部湾港口投资建厂的便利性。该公司在防城港生根落户，生产的产品可以直接从这里出口，减少了物流成本。所销往的地方因为物流成本的降低从原来的东南亚国家，扩展至日韩、欧美等国。

在 2008 年，国家批准实施《广西北部湾经济区发展规划》，要把北部湾经济区发展为中国与东盟开放合作的“三基地一中心”。2011 年，云南与广西签署了《云南临海产业园区建设规划》，2012 年，四川与广西签订了《四川临海产业园及出海通道协议》。湖南也同广西签约建设钦州湖南产业园。其共同目的，都是更好地利用广西北部湾经济区作为便利的出海通道这一优势，大力发展加工业、装备制造业、物流业、商贸业。

为支持和顺应产业集聚，北海、钦州和防城港三个港口整合为一个，成为广西北部湾港，港口的吞吐量快速增长，2011 年为 2005 年的 4 倍多，平均每年增长近 30%。

### （二）案例分析二：泛北部湾区域旅游合作可行性分析

#### 1. 泛北部湾区域概念由来及地理范围

北部湾是南海西北部最大的海湾，由广西、广东、海南以及越南陆地围成。2006 年，时任中共广西壮族自治区区委书记刘奇葆，为进一步深化中国—东盟的开放合作，促进中国—东盟自由贸易区的建设，提出了“泛北部湾区域”的概念，即形成以大湄公河次区域经济合作与泛北部湾经济合作为两翼，以南宁—新加坡经济走廊为中轴的中国与东盟地区“一轴两翼”的区域经济合作新格局。该设想的提出得到了区域内国家的热烈支持。时任国家领导人胡锦涛和温家宝曾经分别专门对北部湾区域经济合作作出重要指示，肯定了泛北部湾经济合作的发展前景与可行性。专家们对泛北部湾经济合作进行认真研究后认为，这是深化中国与东盟国家经济开放与合作的重要举措，有利于加快中国—东盟自由贸易区的建设，也有利于实现国际经济合作与发展，使广西北部湾经济区的经济发展成为我国经济增长的新的一极。

泛北部湾地区涵盖中国广西、广东、海南，涉及越南、老挝、泰国、新加坡、马来西亚等东盟国家，是中国西南、华南、东南亚三大经济圈的交会处，是中国与东盟国家进行开放合作的重要成员和参与者。因而泛北部湾地区的区域经济合作具有独特而优良的地理优势和区位优势。另外，北部湾地区具有成为深水大型码头的潜力，农林、海洋、水能、旅游等资源也十分丰富，具有十分广阔的开发利用潜力和前景。此外，北部湾历史上曾是古代海上丝绸之路的出发点之一，在海上贸易中创造过不少辉煌，但由于近现代以来的边防等因素，至今的发展仍落后于我国其他沿海地区。随着 2008 年广西北部湾经济区的发展成为国家战略，以及 2013 年习近平提出的“21 世纪海上丝绸之路”战略，基于以上优势，北部湾经济区应大力发展临海出口型轻加工业，实现产业间的协调发展与结构优化升级，加快港口、铁路、公路、航空物流系统的完善，加快沿海城市的发展建设，联合开发旅游资源，实现区域内外的经济开放与互动发展。

2. 泛北部湾区域旅游合作主要内容

泛北部湾地区，由于涉及的国家、文化、民族、宗教、自然环境、发展程度有诸多不同，因而有着丰富的旅游资源。另外，由于该地区人口数量多，相互了解与体验对方生活的兴致日益高涨，因而有着十分广阔的开发空间和市场价值。为了更加方便本地区人员的往来、交流和旅游，泛北部湾相关国家应联合起来，对这一庞大的旅游资源和市场共同规划、共同分享，携手实现这一国际性的旅游合作。

（1）建立泛北部湾无障碍旅游区。为促进旅游资源、客源、市场与利益的更大范围的共享，泛北部湾区域各国、各地区需要进一步开放旅游市场，优化旅游投资的经营环境，通过互免签证机制以及落地签证的提升幅度，逐步减少甚至消除区域内不同国家和地区之间旅游签证的过境障碍，共同维护好市场秩序，提高旅游服务质量。

（2）努力开拓泛北部湾旅游大通道。要从陆、海、空三种路径建立泛北部湾区域旅游便利通道。一是陆上交通，要建设广西南宁到新加坡的旅游高速公路、铁路。二是海上交通，通过区域内港口与沿海城市的紧密合作，建设海上旅游便利通道。三是空中航线，要加快泛北部湾区域各主要城市间的机场建设与航线开通，促进主要城市间航空通道的旅游。

（3）打造泛北部湾区域特色旅游线路。泛北部湾旅游资源固然丰富，如今仍然过于零碎，而要开发这些丰富的旅游资源，吸引更多的旅游客源，须按照消费者不同的旅游偏好，整合及推出特色鲜明、内容丰富的旅游资源和项目。例如，滨海休闲度假游、中越边境游、世界遗产地观光游等。促进泛北部湾旅游与世界旅游的资源、客源和市场的全方面衔接。

（4）开拓泛北部湾区域旅游大市场。鉴于泛北部湾丰富多元的旅游资源和广阔市场，各国各地区的旅游行政部门、旅游协会组织和旅游企业不应将目光锁定于本区域相关各国各地区的客源，而应积极拓宽旅游来源，加强与国际旅游供应商、企业以及航空公司的合作，将泛北部湾区域旅游推向世界。一方面，积极共同培育特色旅游路线，联合举办国际性旅游推介会和交易会；另一方面，通过多层次、多方式的旅游宣传和促销，建立国际性旅游营销代理和连锁营销系统等营销体系。实现各方的市场对接，客源与资源共享。

（5）构建泛北部湾区域城市旅游联盟。旅游城市本身具有交通、管理、信息、人才的优势，以旅游城市为基础，构建跨国旅游资源的合作开发机制、人才交流机制、突发状况应对机制、市场秩序维护机制等，有利于形成区域的旅游城市联盟。在此基础上形成区域各国各地区的多层次、多方面的旅游合作，有利于深化各方对特色旅游资源的开发，规划特色旅游路线，完善旅游服务。

3. *泛北部湾旅游合作的空间布局*

旅游促进人员、资金、货物、管理等经济要素的流动，进而带动技术、人才、信息等方面要素的配套。因此，旅游合作是泛北部湾各国各地区进行经济合作的先导和重要部分。而优化旅游合作各方的空间规划是进行旅游合作的第一步。旅游空间规划要以该地区的旅游资源和发展水平为重要参考点，可从旅游圈的概念进行划分。泛北部湾区域可以划分为北部湾旅游圈、环北部湾旅游圈以及泛北部湾旅游圈。后一个圈比前一个圈要大，且包含前一个圈（见图 6－1）。鉴于泛北部湾旅游圈涉及中国、越南、泰国、柬埔寨、新加坡、马来西亚、印度尼西亚、菲律宾和文莱 9 个国家。若以单一中心进行旅游空间规划或布局，则会引起多国无休止的争夺，且拖慢了整个泛北部湾旅游圈的旅游资源开发，不利于圈内各国各地区的合作与旅游资源的开发利用。因此，通过多中心为基点，以旅游资源丰富、发展水平较高的旅游城市作为一级旅游集散中心，向周围的旅游线进行网式扩散，从而建立具有特色的旅游区。其中，泛北部湾旅游圈内的一级旅游集散中心有 10 个，分别为南宁、桂林、香港、海口、河内、金边、曼谷、新加坡、雅加达和马尼拉。

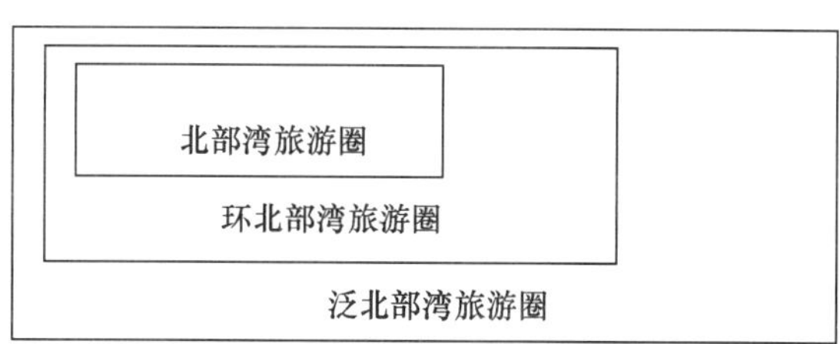


**图 6－1　三个旅游圈示意图**

（1）北部湾旅游圈。北部湾旅游圈由南宁、北海、钦州、防城港、崇左和玉林6个市组成，该旅游圈涵盖的地域是中国与东盟海陆相连之处，也是两者进行全方位开放合作的战略枢纽和桥梁，这是实现中国西部发展的重要结点。该旅游圈以南宁为一级集散地和中心，其他5市为二级集散地和外缘，加上其他旅游路线的网络化对接，形成该旅游圈的完整旅游空间系统。6市打造的旅游城市联盟，一方面可以以商务旅游、滨海旅游与跨国旅游为主导，另一方面各市要不断塑造自身的旅游特色和品牌，在凸显自身特色的同时联合其他市，通过合作共赢丰富北部湾旅游圈的旅游内容，吸引更多的旅游体验者。

（2）环北部湾旅游圈。桂林虽然偏离北部湾沿海，但就桂林对于整个广西旅游业的重要带动作用而言，必须将其纳入泛北部湾旅游合作的参与当中，否则广西参与的意义也会大打折扣。

环北部湾旅游圈涵盖了中国（广西、广东、海南、香港）、越南，涉及两个山、水、海相连的国家——中国和越南，因而在交通往来方面极为便利。加上该区域民族的多样性、自然风光的多样性以及生活方式的多样性，因而有着丰富的旅游资源。其中，桂林山水、北海银滩、海南天涯海角、越南下龙湾等早已誉满天下。中越边境旅游等环北部湾进行的跨国旅游合作，比泛北部湾的其他任何地方都要早，无论是品牌、特色，还是路线、服务都已经相当成熟。

旅游本身具有人员流动速度快、数量多而集中、滞留时间短、选择多样等特点，而目前不同国家和地区之间出入境的手续过于烦琐，是跨国旅游、环北部湾旅游合作的主要障碍。为此，中越双方有关部门应共同协商与合作，简化跨国人员与车船往来的手续，实现互免签证、限时免签、落地签、扩大边境通行证通用范围等多种政策和措施，促进人员往来的便利化。这才能进一步促进环北部湾旅游圈的深化发展。

环北部湾旅游圈，包括南宁、桂林、香港、海口和河内5个旅游区，以这5个城市作为一级集散中心，中心城市的周边城市作为二级集散地。从而根据不同地方、不同层次的城市旅游特色，通过跨区域的合作与协调，将这些旅游景点编织成一张覆盖整个旅游圈的旅游合作网。其具体内容如表6－3所示。

表 6 – 3　　环北部湾旅游圈

| 一级集散地 | 二级集散地 | 旅游特色 |
|---|---|---|
| 南宁 | | |
| 桂林 | 柳州、贺州 | 山水、壮族风情、工业 |
| 香港 | 澳门、广州、深圳 | 都市、休闲、博彩 |
| 海口 | 三亚、湛江 | 亚热带度假 |
| 河内 | 下龙湾、海防、胡志明市 | 山水、京族风情 |

（3）泛北部湾旅游圈。泛北部湾旅游圈由中国、越南、泰国、柬埔寨、新加坡、马来西亚、印度尼西亚、菲律宾和文莱构成。由于各国陆海相连，有着丰富的民俗、山水、文化、城市等旅游资源。但目前圈内的旅游合作分为两块：中越的边境旅游，东盟国家之间的旅游。而要实现这一涉及 9 个国家的跨境旅游合作，难度很大，要做好各方长期努力、共同合作的准备。一方面，要通过相关国家的协商与合作，开发及整合相关旅游资源，塑造旅游品牌，完善旅游相关服务，优先设立人员出入境手续简化试点，逐步消除跨国旅游障碍。另一方面，鉴于泛北部湾旅游圈是三个旅游圈中最大也是最外沿的一个，其中的各种差异和障碍也最多、最复杂。须在推动北部湾旅游圈和环北部湾旅游圈不断深化发展的同时，先通过一些简单易行的旅游合作项目，不断总结成功经验，探讨问题应对方法，助推泛北部湾旅游圈的形成和发展。

泛北部湾旅游圈包括曼谷、金边、新加坡、雅加达和马尼拉 5 个旅游区，其一、二级集散地和旅游特色如表 6 – 4 所示。

表 6 – 4　　泛北部湾旅游圈

| 一级集散地 | 二级集散地 | 旅游特色 |
|---|---|---|
| 曼谷 | 芭堤雅、普吉岛、清迈 | 海岛度假、歌舞风情 |
| 金边 | 吴哥 | 世界遗产、佛教朝圣 |
| 新加坡 | 吉隆坡、斯里巴加湾、哥打基纳巴卢、泗务、滨城、沙捞越、沙巴、马六甲 | 海峡、都市、滨海度假、伊斯兰教朝圣 |
| 雅加达 | 巴厘岛、班达群岛、巴淡岛、苏门答腊岛 | 海岛度假 |
| 马尼拉 | 吕宋岛、棉兰老岛、宿务 | 火山、高原风光 |

## 四 北部湾经济区深化区域经济合作的主要措施

### （一）构建区域经济合作的平台

构建区域经济合作的平台，一是继续发挥好已有的中国—东盟博览会与其他国际合作平台的作用。二是举办区域经济合作论坛，充分发挥经济区内外政府官员、学者、专家们的参与热情和智慧，构建更加成熟的合作交流平台。三是促进经济区物流、旅游等方面经济合作平台的构建，通过合作项目数量的增加与质量的提升，将经济区建设为多层次、多领域的全面区域经济合作平台。

共享区域经济合作的信息，要以经济交流与合作的有序化为目的，实现信息的对称性分享，从而在更大的区域范围内实现资源的高效配置，促进更大区域内的经济合作。为此，广西北部湾经济区须通过政务的网络公开、电子商务等措施，构建一个经济合作信息共享平台，根据各地区市场相关数据的变化而及时更新，确保信息获取的及时性、畅通性。

### （二）定期举办会商，完善合作保障机制

区域经济合作中遇到的新问题、新方向，需要政府、行业组织、企业、研究机构等单位每年召开一次经济发展报告与研究的会议。政府和行政部门必须对经济合作中产生的问题进行研究，讨论其具体内容，出台相关解决策略和方法，协调解决经济合作中的重大问题。企业、行业组织、研究机构，则要对经济合作中遇到的重大问题进行深入分析和研究，对区域经济合作的发展提出可行性建议，推动合作的不断深化与扩大。

区域经济合作的深化发展离不开各种保障机制的支持，完善保障机制可从如下方面着手：一是促进政府合作、企业合作的机制化，对区域经济合作中已经存在的各种机制进行继承和深化。二是政府要带头从书面上到实际上组织落实区域内外的经济合作项目。三是合作各方建立各种合作保障机制，以进行联络、互访、检查、监督、评价等。四是合作各方对合作交流项目设立固定的联络处，保持项目的持续关注与反馈。

### （三）加大开放，拓展合作的领域

推动区域经济合作的进一步开放，一是推动区域内各方利益分配机制的完善化，逐步取消由于行业、地方、部门的保护而形成的区域、行业分

割，最大限度减少经济合作壁垒。使得经济合作区域不断扩大，实现更广阔的资源自由流动空间、市场空间与合作空间。二是通过各种体制、机制的建立与改善，促进经济合作的常态化、有序化。以制度的创新、政策的扶持和市场的原则，促进经济区更大范围、更深层次的开放、交流与合作。

对区域经济合作的拓展，一方面要扩大区域经济合作的地理范围，加强广西北部湾经济区与国内外大型企业重点领域的合作。另一方面要促进经济合作内容、领域的多元化，丰富合作的形式，例如类似产业与互补产业的合作，促进经济合作的多领域、多层次发展。

### （四）以投融资改革支持区域经济合作

为更好符合区域经济合作的资金要求，须对目前的投融资体制进行改革，创建新的平台。一是加强北部湾经济区与国家开发银行和其他金融机构的多领域合作，创建北部湾银行，设立产业投资资金，组建区域金融网络。二是在适当条件下，允许境外金融机构在经济区内设立分支机构。三是促进农村金融的改革与体系建设，提高其金融服务能力。四是鼓励有条件的公司在境内或境外上市。五是引进和培养具有国际眼光、熟悉国际资本与金融运作规则的高素质金融人才，加强人员往来与交流，为区域经济合作的投融资和金融管理出谋划策。

### （五）转变政府职能，营造区域经济合作的良好环境

政府职能的转变，可从以下三点着手。一是通过合理分工，明确权责，调整内部结构的方法，转变政府职能，建设现代服务型政府，提高政府决策的科学性、执行的坚决性。二是以新的管理模式，统筹规划城乡的基础设施建设和管理。三是通过人口综合管理制度的改革，促进户籍管理制度与城乡土地管理制度改革相匹配。

营造良好的经济合作环境，须从软环境和硬环境的塑造着手：一是北部湾沿海地区的基础设施建设是实现经济区区域经济合作的重要硬件基础，须加大财力的支持力度。二是通过干部行为作风的改变，提高工作效率，有利于经济区经济开放合作的顺利进行，有利于吸引外来投资者，塑造经济合作的软环境。三是通过大力宣传，引起群众对经济区开放合作的重视，营造良好的社会气氛，吸引更多投资者共同参与。

总而言之，区域合作是一个系统工程，需要各种人才的共同努力，它

的发展是从松散到紧密、从简单到复杂，是一个合作领域不断扩大、结构不断优化升级的历史过程。广西北部湾经济区的发展不可能独立自主地完成，需要区域内外多领域、多层次的开放合作，通过各方的协调互动，实现各方的目的和利益，才能朝着建成我国区域经济增长的“第四极”之梦前进。

# 第七章　北部湾经济区资本驱动因素研究

资源、劳动力、技术、资本，此四者是经济增长的基本要素。经济发展的阶段不同，此四者起作用的大小也就不同。中世纪以前，也就是早期的农业社会经济发展阶段，主要靠投入资源和劳动力来发展经济。进入到近代工商社会，技术遂成为推动经济社会发展的主要力量，两次技术革命便是明证。今天，已然是信息社会，技术密集和资本密集便成为当下经济发展的主要动力。资本形成达到一个比较高的水平的时候，便成为支撑区域经济增长的必要条件。因为资本在推动产业结构升级、优化资源配置、推动经济转型、促进企业重组等诸多方面都起着重要作用，一句话，资本在促进经济增长方面发挥着独特的作用。基于此，本章将较为详细地研究北部湾经济区未来发展的资本驱动，即较为详细地研究资本的投入给北部湾经济区所带来的经济发展驱动力。

## 第一节　若干理论基础

### 一　若干理论介绍

集聚，又称积聚，是区域经济发展的理论基础。本课题的研究也是将其置于理论基础地位。正是各种各样的集聚，诸如城乡集聚、产业集聚、经济集聚、资本乃至金融集聚、科技集聚，等等，凝聚了经济发展的各要素，从而凝结成动力，构成引擎，推动一个地方的经济向前发展。①

前面的相关章节讨论了城乡集聚、产业集聚、经济集聚，本章则主要讨论金融集聚。

---

①　参见《北部湾经济区金融集聚需要区域金融政策倾斜》，http：//www. gov234. cn。

首先，金融集聚是从资金运动的微观角度来讨论经济发展现象的一种经济理论。在经济发展中，如果把产业比作骨架，把交通比作血管的话，那么，金融就好比经济发展的血液，随时向经济体输送养分。金融沿着交通要道乃至产业布局，运用货币—购买—支付手段这种独特的配置资源的办法来支撑经济的发展。从微观的层面来说，可以是区域内的，也可以是跨区域的。一个地方的经济发展，可以先是产业布局的方式，金融随后而至，也可以是金融先至，产业随后布局，从而形成集聚。而随着信息时代的来临，随着技术手段的完备，金融在经济发展中的地位越来越重要。所谓资本主义发展到垄断阶段，无非是超级资本家借助金融工具，垄断产业甚至是掌控一个国家的经济发展方向。金德尔伯格（Kindleberger，1974）与戴维斯（Davis，1990）等，对此都有过深入的研究。我国学者葛文静和冯德连（2004）、潘英丽（2002）等，韩国学者帕克（Pak，1989），都有过较为深入的研究。一个地方一旦形成金融集聚，则说明一个经济发展的事实：金融集聚的背后支撑着庞大的产业集聚。其所反映的恰恰是一个地方的经济繁荣，而区域经济大的发展，要的就是这个结果。①

其次，金融集聚还有一种冻结的效果，用句通俗的话说，金融一旦形成初始集聚，马上就会引来各种各样的金融机构前来扎堆。这一方面说明金融集聚地的经济与社会发展的程度已然跃迁，另一方面也说明该集聚地的经济发展的潜力，因为资本的嗅觉是非常灵敏的。尤其是在经济全球化和区域一体化的今天，随着信息的无处不在，随着金融的点石成金，金融实际上扮演着区域经济发展中的类似于化学反应中的触媒的作用——通过金融的投入带动实体经济的运动进而产生“乘数效应”，深刻影响着一个地方的经济与社会的发展。②

最后，如果要举例的话，国内有长三角、珠三角、环渤海湾等著名的经济发展的例证。当然最为著名的则是改革开放后的深圳——从一个小渔村发展成为世界上著名的城市，尤其是从金融集聚的角度考察。

## 二　区域金融政策倾斜的理论基础③

人类文明社会一旦形成，政府一旦建立，那么政策倾斜这个工具就一

① 参见《北部湾经济区金融集聚需要区域金融政策倾斜》，http：//www. gov234. cn。

② 同上。

③ 同上。

定会被使用。古今中外，概莫能外。人类发展到今天，区域金融政策倾斜这个工具，是用来干预宏观经济的。当然，其干预的成效则取决于两点：一是政府的性质，二是方法得当与否。如果政府是以私有制为基础建立起来的，那么其干预的出发点必然是为私有制服务，对此，马克思早就下了断语：生产资料的私人占有与生产的无限社会化之间的矛盾，构成了资本主义解不开的死结，因而尽管可能起一点点的作用，但最终是将其推向灭亡。如果其出发点是为了全社会大众，那么区域金融政策倾斜这个工具，就必须找到比较好的方法来使用。比如对欠发达地区实施倾斜，对有明显不足的产业链条实施金融倾斜促使其优化并升级换代，对有明显潜力的但今天还处于萌芽状态的产业实施金融倾斜，促使其加快研发速度，抢占朝阳产业的制高点，等等。这些都是区域金融政策倾斜这个工具所使用的目的。① 当然相关的理论有增长极理论、金融约束理论、金融辐射理论、金融协调理论，等等。②

普遍的研究成果表明，经济增长极理论确确实实能够推动一个地方的经济与社会发展。金融集聚所形成的增长极也不例外。我国的曹廷求（2006）、黄湘雄（2004）、陈莹（2002）等学者对改革开放以来的山东、广东、江苏、浙江等省，从金融角度对之做过实证研究，最后得出结论：金融的集聚不仅能够催生产业集聚，而且能够催生经济集聚，其原理在于——资本通过货币还原重新凝聚产业，从而吸附或者凝聚与之相关的上下游产业前来扎堆，演变为经济集聚，刚开始是纵向，紧随其后的是横向，最终推动一个地方的经济发展。③

相比于增长极理论，与之有所区别的是金融约束理论。如果说增长极理论是凝聚所有要素将一个地方的经济做大的路径依赖，那么，金融约束理论则是提高或者降低金融内部的各种必要门槛的路径。通过诸如资本运作机制、资本准入机制、存款利率限制、贷款利率限制，提高或者降低融资的门槛，以使得所调控的区域沿着既定的经济或者产业政策的轨道前行。它的原理在于，横向摊平租金，以使得整体利益朝着有利于整个社会

① 参见《北部湾经济区金融集聚需要区域金融政策倾斜》，http：//www. gov234. cn。
② 同上。
③ 同上。

的方向行进，以弥补所调整的区域内过往经济发展的不平衡，或者弥补区域内过往所产生的市场本身的缺陷，从而不仅实现区域内的金融发展，更通过金融这个工具来调节或促进经济增长。①

### 三　金融政策倾斜应注意的问题②

既然金融政策是用来干预的，那就说明，金融政策倾斜这个工具得有一个退出机制。干预不是长期的，更不是永远的，只能是一时的权宜之计。一个地方发展经济的根本方略是制定与之相符的长期经济战略。当然，在一定的阶段、一定的时间、一定的空间定点和定向的倾斜，对所倾斜的地方的经济的发展有一定的刺激作用。所以最根本的措施，乃是塑造产业集聚的良好的金融环境，塑造经济发展的良好的生态环境与文化氛围。即无论是从产业内部着手，还是从社会文化的外部着手，其根本的目的是为了强化其内功。因为归根结底，资本的流动取决于市场的内外部条件。金融政策倾斜工具，虽然可用，但不可对其产生依赖性，所有的倾斜都是以国家方面或者地方其他方面的牺牲为代价的。

因此对于北部湾经济区而言，金融倾斜政策应着眼于完善市场经济基础设施、为微观企业创造良好的外部环境，创造有利于金融产业集聚的金融生态环境，使北部湾经济区成为金融机构云集、资金流动活跃的热土。③

## 第二节　北部湾经济区投资环境及其投资概况

### 一　南宁市投资环境及投资概况④

#### （一）南宁市招商引资的主要措施

南宁市近年来的招商引资主要围绕三个方面进行：一是生产制造基地，二是物流，三是商业中心。而南宁市所采取的主要措施则有以下

① 参见《北部湾经济区金融集聚需要区域金融政策倾斜》，http：//www. gov234. cn。
② 同上。
③ 同上。
④ 参见 http：//www. seac. gov。

几项[①]：

一是从战略的高度给予重视，为此专门制定了清晰的战略——“以请进来为重点，请进来与走出去相结合”[②]。在操作层面，则需要细致入微，务必做到[③]：开展好“两百活动”，即开展好“百企入邕”、“百企入桂”的活动。要有针对性地加强“两百活动”的组织工作，以提高招商引资战略的实际成效。[④]

从空间范围来讲，南宁市的招商引资战略要突出重点空间区域的招商。然而哪些地方是重点区域呢？当然是相对于南宁来讲是金融高地的地方。符合这些标准乃至条件的，从境内来讲，有珠三角、粤港澳、长三角、环渤海湾、大陆与台湾，等等；从境外来讲，有欧美、日韩、东盟的新加坡和其他国家，等等。[⑤]

从时间范畴乃至产业的范畴来讲，南宁市的招商引资战略要突出重点产业招商，比如，围绕上面所讲的三个方面，即围绕着生产制造基地、物流、商业中心来实施对外招商。此举，将全面推动南宁市的三次产业向前发展。[⑥]

从其实质的内涵来讲，则要围绕着做大做强南宁市的产业链条来进行。比如，做好全国知名大企业到南宁落户的招商，做好各行业的全国“执牛耳”企业到南宁落户的招商，做好高新技术产业到南宁落户的招商，做好南宁市优势产业的招商，做好南宁市支柱产业的招商，做好与之相关的上下游产业链条的招商，等等。这些所做的工作都是“增量”招商，还可以推进“存量”招商。何为“存量”招商？即现有在南宁的企业，由于当下的经济向好，乃至对于前景的美好预期，加大对其设在南宁的投资力度，以此类推，即为“存量”招商。[⑦]

二是配合招商引资战略，做好承接产业转移的实际具体工作。南宁市要完成自治区所定下的目标，完成中央给予广西的期望——打造南宁市经

---

① 参见 http：//www. seac. gov。
② 同上。
③ 同上。
④ 同上。
⑤ 同上。
⑥ 同上。
⑦ 同上。

济发展的新高地，则必然要做好这个承接产业转移的工作。具体来说，要做好与粤港澳的合作，承接粤港澳的产业转移，承接桂浙、承接桂闽、承接两广、承接桂湘等地产业转移工作。[①]

当然具体承接方式可以多种多样。可以是新建企业，可以是合股，可以是合资，可以是并购企业，可以是重组企业，甚至还可以是股权转让。至于组织境内上市，或者境外上市，抑或是设立投资基金，等等，只要是国家法律内许可的手段均可在南宁实施，目的是在承接产业的同时，引进先进的技术乃至管理经验。[②] 更为具体地说，瞄准企业集团，瞄准上市公司，瞄准港澳台企业，瞄准外商投资企业，瞄准跨国公司，瞄准实力雄厚的民营企业等来实施。[③]

至于具体的产业，可以参照广西的战略性新兴产业来执行。比如吸引电气机械产业、仪器仪表产业、通信设备、电子、生物制药等产业来南宁安家落户。当然，一些关系到国计民生必不可少的文教体育用品、家具制造、服装鞋帽等产业也可适量引进。[④] 毕竟我们所有人都要生活，都离不开吃穿住行，因而有关人们生活的各种产业永远都是要发展的，永远都是离不开的。[⑤]

做好承接产业转移的实际具体工作还离不开对相关政策的研究和执行。比如，对相关的产业在全国的发展态势乃至销售态势要有充分的了解，对市场份额不仅要有切身的感受，更要有精确的计算和充分的预案。因此，在此大前提下，就必须注重对东部产业的信息收集与调研，精确预测市场，并做到胸中有数和主动有效果地引导。要鼓励大企业集团将他们的研发机构搬迁到南宁，或者将他们的区域性总部设在南宁。对于国家层面而言，南宁要想方设法使东盟所有国家都在南宁设立领事馆。对于跨国公司而言，要设法使他们的研发中心、区域中心搬迁到南宁，或者在南宁新设立区域指挥中心。对于相对有比较优势的企业，则要鼓励他们把企业

---

① 参见 http：//www. seac. gov。

② 同上。

③ 同上。

④ 同上。

⑤ 同上。

设在南宁。通过以上具体工作，将承接产业转移落到实处。[①]

三是要加强对中国香港、中国澳门、中国台湾、东盟、日韩、欧美等地区和国家的招商引资。所谓招商引资，无非就是引进项目、引进资本、引进技术这三样东西，且都是属于生产要素范畴的东西。对于南宁而言，2000 年以前的经济增速偏慢，其原因无非就是缺少要素的投入。今天，南宁将经济发展提高到一个全社会共识的高度，那么其社会基础是没有任何问题了，所缺少的就是如何增加生产要素的投入，使得南宁的经济与社会发展不断地走上新台阶，以追赶以往所留下的落差。因此，招商引资就被提到了前所未有的高度。[②] 在这里，南宁更要充分运作好中国—东盟博览会这个平台。

对于东盟而言，如前所述，做足所有该做的工作，譬如让所有的东盟国家都来南宁设立领事馆区，以便利双边的经贸交流。对于周边省份和大西南而言，既要让他们尝到在南宁通道过境的便利，又要让他们尝到在南宁投入生产要素的好处。对于港澳台而言，要抢抓 CEPA[③] 机遇，要有针对性地使用政策的杠杆，使得一大批有技术优势或是有资本优势或是有管理优势抑或是有信息优势的企业在南宁驻足发展。落实建设好原规划中的诸如“台湾街”、“澳门街”、“香港街”等的建设。[④]

四是推动区域次区域的经济合作。[⑤] 从国际层面而言，比如不仅要推动泛北部湾经济区的建设，还要推动中越“两廊一圈”的建设，更要在广西力所能及的前提下全力推动与中国—东盟自由贸易区有关的所有经贸合作。从国内层面而言，要推动与珠三角的经济贸易合作，推动与长三角的经济与贸易合作，推动与海峡两岸的经济贸易合作，甚至还可以推动与渤海湾的经济与贸易合作。比如渤海湾、山东半岛的许多海产品就是由北

---

① 参见 http：//www. seac. gov。

② 同上。

③ CEPA（Closer Economic Partnership Arrangement），即《关于建立更紧密经贸关系的安排》的英文简称。包括中央政府与香港特区政府签署的《内地与香港关于建立更紧密经贸关系的安排》、中央政府与澳门特区政府签署的《内地与澳门关于建立更紧密经贸关系的安排》。在货物贸易方面，从 2006 年 1 月 1 日起，内地对进口的所有原产于香港和澳门的产品实施零关税。在贸易投资便利化方面，两地同意在贸易投资促进、通关便利化、商品检验检疫、电子商务、法律透明度、中小企业、中医产业和知识产权保护 8 个领域加强合作。

④ 参见 http：//www. seac. gov。

⑤ 同上。

部湾经济区提供的。当然这些合作，不是仅仅停留在口号层面，而是有着扎扎实实的内容的，有的甚至有文件和协议作为保障。譬如，2008 年所签署的《泛珠三角经济区省会城市合作协议》，2014 年签署的《泛珠三角经济区域省会城市合作共同宣言》，当然还有所签署的一系列的《泛珠三角区域知识产权合作协议》、《泛珠三角区域工商行政管理合作协议》、《粤港澳合作框架协议》，等等。有了这些文件和协议的保障，南宁更可以如虎添翼，充分发挥各种优势，来实施承接产业转移工作。譬如，发挥省会城市的经济引擎作用，发挥省会城市经济辐射作用，发挥省会城市的经济结构重组的作用，等等。总而言之，是“以项目合作和产业对接为重点，全面推进优势资源开发、高新技术产业、国企改造、商贸物流等各领域开展全面合作，积极承接广东发达城市和港澳地区产业转移”。[①]

（二）2012 年南宁市固定资产投资状况

从 2012 年全年的表现来看，南宁市所实现的全社会固定资产投资总额度为 2585. 18 亿元，同比增长 28. 13%。其中，固定资产投资（不含私人建房）2517. 61 亿元，同比增长 28. 14%。固定资产投资中，基本建设投资 1028. 46 亿元，同比增长 21. 35%；更新改造投资 689. 03 亿元，同比增长 38. 73%；房地产开发投资 362. 73 亿元，同比下降 7. 25%。从投资主体看，国有经济投资 759. 64 亿元，同比增长 10. 86%，占全社会固定资产投资比重的 29. 38%；集体经济投资 80. 06 亿元，同比增长 80. 54%，占比 3. 1%；私营个体投资 312. 63 亿元，同比下降 36. 86%，占比 12. 09%；其他经济投资 1432. 84 亿元，同比增长 80. 7%，占比 55. 43%。

在全社会固定资产投资中，第一产业投资 54. 78 亿元，同比增长 49. 36%；第二产业投资 736. 63 亿元，同比增长 33. 83%，其中工业投资 712. 29 亿元，同比增长 36. 33%；第三产业投资 1793. 77 亿元，同比增长 25. 39%。全市固定资产投资主要集中在制造业、交通运输仓储和邮政业、批发零售业、房地产、水利环境和公共设施管理等行业。

2012 年房地产开发投资 362. 73 亿元，同比下降 7. 25%。其中，商品住宅投资 253. 98 亿元，同比下降 5. 18%；办公楼投资 11. 06 亿元，同比下降 14. 1%；商业营业用房投资 30. 37 亿元，同比下降 8. 04%。商品房

---

① 具体请参见 http：//www. seac. gov。

施工面积3747.04万平方米，同比增长5.16%。2012年，南宁市全部竣工的商品房面积达到664.53万平方米，同比增长17.68%。同样是2012年，南宁市所销售的商品房629.01万平方米，同比下降11.62%；其所达到的销售额度为377.59亿元，同比增长2.10%。在所销售的商品房数量显著下降的情况下，其销售金额却有小额的提升，一是说明房价提升，二是说明刚性需求很明显。

**表7-1　2007—2012年南宁市固定资产投资及增长幅度表**

单位：亿元

| 指标 | 2007年 | 2008年 | 2009年 | 2010年 | 2011年 | 2012年 |
|---|---|---|---|---|---|---|
| 全社会固定资产投资 | 560.22 | 693.44 | 1043.91 | 1483.02 | 2003.68 | 2585.18 |
| 增长幅度（%） | 25.27 | 23.78 | 50.54 | 42.06 | 37.05 | 28.13 |

资料来源：南宁市统计局。

**表7-2　2012年南宁市分行业全社会固定资产投资及增长速度表**

| 行业名称 | 投资额（亿元） | 比上年增长（%） |
|---|---|---|
| 全社会固定资产投资 | 2585.18 | 28.13 |
| 农、林、牧、渔业 | 54.78 | 49.36 |
| 采矿业 | 36.92 | 31.00 |
| 制造业 | 605.27 | 42.93 |
| 电力、燃气及水的生产和供应业 | 70.10 | -1.01 |
| 建筑业 | 24.34 | -12.85 |
| 交通运输、仓储和邮政业 | 301.22 | 28.03 |
| 信息传输、计算机服务和软件业 | 52.96 | 17.4 |
| 批发和零售业 | 187.89 | 115.35 |
| 住宿和餐饮业 | 83.34 | 118.93 |
| 金融业 | 12.35 | 18.17 |
| 房地产业 | 590.56 | 7.85 |
| 租赁和商务服务业 | 79.80 | 49.39 |
| 科学研究、技术服务和地质勘查业 | 31.91 | 117.22 |
| 水利、环境和公共设施管理业 | 247.28 | 8.88 |
| 居民服务和其他服务业 | 17.37 | 124.11 |
| 教育 | 66.27 | 16.39 |

续表

| 行业名称 | 投资额（亿元） | 比上年增长（%） |
| --- | --- | --- |
| 卫生、社会保障和社会福利业 | 31.52 | 40.61 |
| 文化、体育和娱乐业 | 49.69 | 15.37 |
| 公共管理和社会组织 | 40.61 | -0.87 |

资料来源：南宁市统计局。

## 二　北海市投资环境及投资概况

### （一）2012年北海市招商引资概况①

发展经济，没有资本不行。资本与金融就如同经济发展的血液，经济如要健康发展，就必须得有源源不断的营养滋润，那么这种能够给予经济健康运行的营养就是资本金了。这就需要北海市想方设法从全国各地乃至全世界各地招商引资。北海市委市政府为此专门采取了以下对策。第一，北海市委市政府特别编制了《北海招商百问》、《北海市投资政策摘要》、《选择北海》、《北海市重点招商项目》等资料，广泛宣传北海市的投资政策乃至北海市的投资优势。第二，建立北海招商网站，并在网站上列出各种领域各种产业各种项目等大有可为的北海市值得投资的清单以及项目数据库，让广大的海内外客商对北海的投资胸中有数。第三，加强与客户的联系与联络，在巩固已有招商成果的基础上，扩大“客商源”，比如主动拜访、定期座谈、定期反馈投资客户的信息、定期调研、频繁互访，等等。第四，办好包括自治区级在内的各级各类招商推介活动，一如既往、持之以恒地推介北海市的对外形象。较好地运用各种平台，一是主动出击，二是结交朋友，三是制造机会并抓住机会。比如北海市先后参加了从第1届到第11届中国—东盟博览会，参加了第1届到第8届泛珠三角区域经贸洽谈会，参加了第1届到第13届西部国际博览会，参加了第1届到第7届河南国际投资贸易洽谈会，并随自治区政府所组织的招商引资队伍赴日韩、中国香港、中国台湾参加招商引资推介会，等等。正是这一系列的活动结出了北海市招商引资的累累硕果。②

① 参见来莅《北海招商引资进入“黄金期”》，《北海日报》2013年2月24日。

② 同上。

2012年，北海市的招商引资步入快车道，进入到当地政府所称的“黄金期”。① 北海市委市政府用宾至如归、客至如归的态度对待每一个前来北海市寻找投资项目投资机会的海内外客人。正是在这种有利的环境里，北海市2012年共引进122个项目，扎扎实实划到北海市的资金总额度达到354.03亿元，同比增长11.79%。与此同时，另外一项经济指标“全口径实际利用外资”金额则达到2.57亿美元，同比增长18.25%。如此，整个2012年，上述两项被列入自治区重点考核的经济指标都达到了两位数以上的增幅。此外还有三项有关招商引资的指标，它们是资金到位率50.4%，开竣工率92.8%，经济合同履约率97.3%。②

这些通过招商引资政策措施而从祖国各地乃至世界各地奔赴而来的资本金，到北海市来干什么呢？北海市有什么引导性、前瞻性的产业政策呢？北海市主要是以三大产业为主要发力点。哪三大产业？那就是临港新材料产业、电子信息产业、石油化工产业。为什么是这三大产业，而不是别的产业？这是紧密结合北海市资源禀赋、地缘特征、人文沉淀深思熟虑的结果。临港新材料产业、电子信息产业、石油化工产业这三大产业如同“三驾马车”，从不同的方面源源不断地向北海市输入经济发展的动力，形成了今天蓬勃发展的产业新格局。③

正是在这一系列类似于拳击的组合拳的招数之下，北海市针对国内的重点央企，针对国内各种行业的名企，针对各种经济领域里的龙头企业，展开招商引资。正是应了那句古话：“栽下梧桐树，引得凤凰来”。④

比如北京首创集团、中国文化创意中心、中国食品工业集团、中国中材集团、中国中化集团、国电电力等这些北国的龙头企业“金凤凰”们，纷纷展翅飞翔来到了南国北海市筑巢安家。紧随其后的是一批批大型项目落户北海：签约、开工、建设、投产等。比如在北海市取得实质性进展的项目有：中国科技开发院北海高技术服务业基地项目，清华科技园北海软件园项目。比如正式向发改委等部门提出备案申请的项目有：在北海市合浦县正式注册而专门成立项目公司的北海市铁山港东岸五十万吨润滑油项

① 参见来莅《北海招商引资进入“黄金期”》，《北海日报》2013年2月24日。
② 同上。
③ 同上。
④ 同上。

目，该项目已经与合浦县正式签署投资意向书。比如北海市与惠科电子科技产业园签署正式合同。比如北海市与诚德新材料签署的投资合同，日前第一期、第二期、第三期已经投产。比如北海市与朗科集团、三诺集团签订的合同，正在加快建设。比如北海市与中石化签订异地改造项目已经在北海市正式投产。①

（二）2013 年的北海市吸引众多浙商

2013 年 4 月，由北海市人民政府主办、中国聚商促进会承办的“北海项目推介交流座谈会”在杭州举行，北海良好的发展环境和巨大的发展潜力吸引了众多浙商的关注。

在座谈会上，北海市招商局、发改委、商务局、园博办等单位与浙江伯乐集团、浙商世纪控股集团、杭州聚通投资管理有限公司、荣盛集团、杭州文创集团、杭州四季青服装集团等近百家企业进行了面对面的交流，双方就北海的区域优势和环境优势以及重点招商项目进行了座谈。

座谈中，参会的企业代表各抒己见，对北海表示出了浓厚的兴趣。浙商们认为，北海是一个美丽宜居的城市，拥有独特的区位优势，发展势头猛，发展潜力巨大，具备良好的投资发展环境，非常适合企业投资创业。

通过座谈和交流，浙商们增进了对北海这个城市的了解，同时也对双方今后的合作充满信心。与会的企业纷纷表示，下一步将会到北海实地考察并商谈有关项目的投资事宜。

## 三　钦州市投资环境持续优化②

根据 2010 年 7 月 13 日发表在《广西日报》的题为《企业对未来投资者推荐度　钦州居全区首位》的报道，2008 年以来，钦州市投资环境持续优化。该文之所以作出这个判断，并用报道的形式在《广西日报》登载出来，是基于国家统计局专门针对钦州所展开的投资环境调查所得出的结论。③

“国家统计局钦州调查队”针对钦州的投资及收益的软环境，于 2008 年起持续对北部湾经济区的投资环境及企业投资成本收益状况进行监测。

① 参见来莅《北海招商引资进入“黄金期”》，《北海日报》2013 年 2 月 24 日。

② 参见冯耀华《企业对未来投资者推荐度　钦州居全区首位》，《广西日报》2010 年 7 月 13 日。

③ 同上。

连续几年来的此项工作得出一个调研结果：区内外的众多企业非常看好钦州市的经济潜力。具体说来就是：看好钦州市的区位优势，看好钦州市的自然资源，看好钦州市的人文环境，看好钦州市的公共设施，看好钦州市的政务环境，看好钦州市的港口码头设施，看好钦州市的人才引进力度，等等。为此，调查队专门设计了 9 大项 100 多个小项的指标，这些指标的设计涵盖了第一、第二、第三产业在钦州所有的八大行业。并对已在钦州安营扎寨的 150 多家的企业进行一一摸排统计，比如钦州市第一产业的农业矿业企业，第二产业的工业加工业企业，第三产业的服务业、物流业、金融业、商贸业等。该项有针对性的、全方位的“投资及收益的软环境”调查得出结论：2009 年、2010 年两年钦州市连续居于全自治区的首位[①]。钦州市的发展潜力，以量化的科学的数据指标的形式得以全面展示。故而，钦州市引起社会各方面的关注，海内外众多企业纷纷奔赴钦州寻找投资机会。

据报道：钦州市位居第一是有扎实的数据支撑的，即在 2010 年，所调查的企业对钦州的推荐度有一个特别满意的数据：84.87。此项称之为投资推荐度的指标系统，涵盖了 10 项亚指标。在这 10 项指标中，5 项指标位居全自治区第一，一是内销市场指标，二是政府行政效率指标，三是投资收益指标，四是投资风险指标，五是投资环境指标。在这 10 项指标中，有 3 项指标位居全自治区第二，即投资者权益保护指标、发展潜力指标、竞争力指标。钦州市的软环境满意度指标为 79.77，这个指标同样位居整个自治区第二。[②] 凡是被调查的企业均高度认可钦州市未来发展潜力。[③]

### 四　防城港市投资环境良好

2012 年 8 月，国家统计局防城港调查队在全市范围内开展投资环境监测调查，共抽查了八大行业 110 个企业。统计数据表明，2012 年防城港市投资环境得到了进一步改善，处于高度满意度区间。

何为生产力？这是经济学老生常谈的问题。一般来说，按照经济学的

① 参见冯耀华《企业对未来投资者推荐度　钦州居全区首位》，《广西日报》2010 年 7 月 13 日。

② 同上。

③ 同上。

观点，生产力分解为三要素，即劳动者、劳动对象、劳动工具。狭义地讲，只要是能够促使这三者向前发展，即为促进生产力发展。但还有一种更为广义的生产力定义，只要能够促使生产的效率提高，能够使得投入产出尽量最大化，即可视为生产力。比如，加强与经济高地的交流，引来更多项目安家落户，在这里，交流即生产力。又比如，抓好环境建设和环境保护，使得每一个在此工作的人身心舒畅，从而使得工作效率大为提高，更多的厂家企业愿意来到这个环境，从这个角度讲，舒适的环境也演变为生产力。

基于此，防城港市围绕环境建设，完善制度，改进作风，提高效率，推进落实，做了大量的、卓有成效的工作，得到了广大投资者和老百姓的充分认可，全市经济社会发展取得了令人瞩目的成就。

## 第三节　资本驱动：投融资驱动或拉动

### 一　自治区政府的投资

在第三章中，我们已经得出了北部湾处于工业化中期的判断。然而，工业化中期的一项重要特征，就是资本成为推动经济增长的主要动力。

资本通过投资融资的方式，来促进实体经济的发展。一方面，资本通过固定资产投资的方式，提升了实体经济的产生能力，提升本地区就业率，从而带动经济发展。另一方面，投资拉动了下游或上游各个产业的发展，从而盘活整个区域经济发展。

过去五年（2007—2012 年），北部湾经济区全社会固定资产投资从965. 03 亿元增加到 4513 亿元，增长了 3. 67 倍，资本驱动在现阶段已经是北部湾经济发展的主要动力之一。[①]

而在未来北部湾经济发展中，资本仍将起到重要的推动作用。在整个“十二五”期间，在北部湾经济区发展的种种动力因素中，资本仍然是一个十分重要的因素。比如“十二五”期间，将对北部湾经济区实施 2375 个项目，这些项目的总投资额度达到 2. 6 万亿元之多。其中在北部湾经济

① 参见 http：//www. gxnews. co。

区开工的重大项目为1130项，投资额度为1.6万亿元人民币。据广西新闻网所发布的数据，自治区对这些投资项目将集中在产业发展、港口建设、交通设施、物流发展、城市建设这五大领域，其投资额度分别如下①：

一是产业发展的投资及其额度。自治区政府在“十二五”期间，将会陆续投资1.37万亿元，用这笔巨额资金打造各种产业项目共272个。并用这笔投资，一共建造6个产值达千亿元的产业园区。综合计算下来，这笔投入要达到在产业方面的年总产值突破1万亿元大关的发展目的。北部湾经济区将着力发展农产品加工、机械装备制造、电子信息、冶金、石化等产业，并同时布局与发展海洋产业、生物医药、新能源、新材料等产业。②

二是港口建设方面的投资及其额度。自治区政府在“十二五”期间，将会陆续投资1339亿元，用这笔巨额资金打造出全新的北部湾港口群。比如建设深水航道、建设集装箱码头、建设大吨位码头等。又比如在北部湾港口群中计划建设新的吨位在万吨级以上的泊位达65个，这些新的万吨级泊位将会使新的码头吞吐能力达到2.15亿吨，从而使得北部湾港口群的总的吞吐能力达到3.36亿吨以上。③

三是交通设施方面的投资及其额度。自治区政府在“十二五”期间，将会陆续投资3555亿元，用这笔巨额资金打造交通项目共247项，并配套建设北部湾的高等级公路共1559千米，建造铁路共2679千米，建设好南宁机场及其新的航站楼，并完善北海机场的各种设施及其配套建设，如今新的航站楼已竣工投入运营。与此同时，还将拨出一部分资金疏浚广西西江的“黄金水道”航道，着实发挥其“黄金水道”的作用。④

四是对北部湾经济区物流设施的投资及其额度。自治区政府在“十二五”期间，将会陆续投资2967亿元，用这笔巨额资金打造物流项目共248项。将全面建成防城港保税物流中心，全面建成南宁空港物流园，全面建成钦州整车进口口岸，全面建成两个保税区：凭祥综合保税区，钦州

① 参见《北部湾经济区“十二五”5领域投资2.6万亿》，http：//www.gxnews.co。
② 同上。
③ 同上。
④ 同上。

保税港区。与此同时，在桂林、百色、柳州、玉林这四个地方建设“无水港”。①

五是城市建设的投资及其额度。自治区政府在“十二五”期间，将会陆续投资1881亿元，用这笔巨额资金打造城市建设项目共618项，并以此为推手来构建环北部湾经济区的城市群。②

通过上述材料我们可以看到，在未来几年，2.6万亿元的投资额度将给北部湾经济区带来巨大的变化。特色高新产业的成形、港口的建设与扩能、交通网络的建立、城市集群的构建等都需要资本来驱动。资本，必将仍是未来北部湾发展的重要驱动因素。③

## 二　东盟博览会的投资④

2011年，东盟博览会投资当中，有关北部湾经济区的相关数据，如表7-3所示。

表7-3　　2011年北部湾经济区与东盟贸易数据

| | 总额（亿美元） | 同比增长 | 占总额比 |
|---|---|---|---|
| 北部湾经济区与东盟贸易额 | 95.6 | 46.6% | 41%（自治区贸易总额） |
| 北部湾经济区对东盟出口 | 68.25 | 49% | 54.8%（自治区贸易总额） |
| 北部湾经济区实际利用东盟资金 | 2.29 | 84.7% | 22.6%（全部利用外资总额） |
| 北部湾经济区对东盟的中方协议投资额 | 1.75 | 25% | — |

由表7-3可见，无论是与东盟的贸易额、出口额，还是利用资金和投资额，广西北部湾经济区在全区中的分量都很重，且仍在快速的上升当中。这将为北部湾经济区参与泛北部湾经济合作、“两廊一圈”次区域合作等区域经济合作，发挥重要影响力。

2012年第9届中国—东盟博览会在南宁举行，在国际、国内、北部湾经济区经济合作上签订了不少项目，项目个数与投资额如表7-4所示。

① 参见《北部湾经济区“十二五”5领域投资2.6万亿》，http：//www.gxnews.co。

② 同上。

③ 同上。

④ 参见《2013—2017年广西北部湾经济区产业投资环境分析及前景预测报告》，www.ocn.com.cn。

表7－4　　北部湾经济区经济合作项目个数与投资额

| | 项目个数 | 总额（亿美元） | 投资项目 |
|---|---|---|---|
| 国际合作项目 | 80 | 66.1 | — |
| 国内合作项目 | 94 | 720.24 | — |
| 投资北部湾经济区的建设项目 | 22 | 191.26 | 基础设施、临港产业园、信息科技研发、清洁能源、新兴制造业、商贸物流等 |

由表7－4可见，随着中国—东盟博览会知名度的提升，以及广西北部湾经济区的巨大发展潜力和空间，经济区的发展潜力、区位优势和物流优势得到国内外企业的高度关注。

### 三　周边省市的投资

#### （一）区位优势节约企业成本

由于广西背靠西南省份，东临东南亚国家，北部湾经济区的交通建设，以及西南出海大通道的建设，将极大地促进整个广西和“大西南”区域的开放和开发。因而引来了云贵川等省份的企业竞相在广西投资建厂。

例如：2002年，云南南磷集团股份有限公司就看中了广西出海的便利性。该公司在防城港大西南临港园区投资设厂，生产的产品可以直接从这里出口，过去通过云南运送的物流成本是如今通过广西运送的物流成本的3.6倍，因而大幅度减少了物流成本，增加了公司的收入。

总部设于云南昆明的广西新合力冶金有限责任公司，看中了钦州港的区位优势，在钦州投资建厂。公司主要是从印度尼西亚和菲律宾进口矿物原料，运回钦州港后直接加工成为锰铁、镍铬合金材料，然后销往各地。在钦州设厂使得原先的运输成本大幅降低，每60万吨原材料可节省100元，每年为公司节约近6000万元。

2011年，云南与广西签署了《云南临海产业园区建设规划》，湖南也同广西签约建设钦州湖南产业园。2012年，四川与广西签订了《四川临海产业园及出海通道协议》。其共同目的，都是更好地利用广西北部湾经济区作为便利的出海通道，大力发展加工业、装备制造业、物流业、商贸业。

由于广西北部湾经济区位于中国华南、西南经济圈，以及东盟经济圈的结合处。一方面作为连接中国与东盟国家的重要桥梁，另一方面能通过西南出海大通道连通周边省份。因而，广西北部湾经济区具有背靠西南诸省，面向东南亚国家的国际市场发展空间。因此，积极建设通向自治区各地、各省和东南亚国家的海陆空立体交通物流体系，有利于吸引更多国内外企业落户北部湾经济区，并通过经济区的区位交通优势发展壮大。广西壮族自治区党委、政府注意到了该项目的重要性，提出了“北部湾优先、产业优先、交通优先”原则，并在资金和政策方面为促进西南出海大通道的桥头堡建设，给予了极大支持。当然，仅仅是交通条件的改善，还不足以打消各方投资者的顾虑，须大力发展保税物流、电子交易平台等方面的服务，降低产品交易的成本。

### （二）政策优惠促进企业发展

为减少企业在北部湾经济区投资进驻时的建设成本，扶持企业更快地发展，各级政府在多个政策、税收方面上给予了支持和优惠。其中的政策支持包括：政府财政支持、企业担保金、贷款贴息；税收优惠方面包括：土地使用税、进出口关税、企业所得税等。

2008 年《广西北部湾经济区发展规划》的颁布，为经济区投资环境的改善，提供了多方面支持。一是在重大项目的规划、布局、审批、核准、备案等方面给予了支持；二是支持设立北部湾地区的地方性银行，探索创投基金和企业债券的发行或扩大发行；三是支持经济区发挥开放合作示范作用，推动中国与东盟在海洋产业、能源开发、交通运输、跨国旅游等重点领域和重点项目进行共同规划，共同实施。鉴于以上良好的条件，西南省份的不少企业纷纷进驻广西北部湾经济区投资设厂。

广西北部湾经济区基于两方面的优势，为企业的进驻和发展提供了良好条件：一方面，多方面的政策支持和优惠，为企业的投资创造了良好的政策环境；另一方面，广西本身的地理区位优势和不断走向便利化的交通运输能力，为企业产品更快地走向市场节约了物流成本和时间成本。

## 四 港澳台的投资

### （一）香港投资

广西北部湾经济区（香港）招商推介会于 2012 年 5 月 22 日在香港的香格里拉酒店隆重举行，共有 26 个项目在该次推介会上签约成功，投资额共计 287.18 亿元，这是中国—东盟自贸区建成后，桂港合作展现出的一种新气象。

近年来，广西北部湾经济区成为中国与东盟各国合作的桥头堡。作为西部大开发的一极，经济区逐渐成为港资在国内投资的新热土。自治区政府借此发展大势，主动奔赴香港举办推介会，招商引资。推介会所展示的 14 个产业园区，179 个项目成为关注焦点。项目总投资额达 1831.85 亿元，涉及制造业、服务业、贸易物流、房地产开发、基础设施建设等领域。推介会总共有 26 个项目成功签约，合同投资总额达 20.1 亿元。项目涉及化工、食品、纺织、家具、贸易、物流、新能源、仪器仪表、皮革制造、电子信息 10 大行业。中信大锰和中华燃气等港股公司分别计划在崇左和钦州投资开发锰冶炼和新能源。

截至 2012 年年底，在广西投资的香港企业近 6500 家，合同涉及的港资金额约为 150 亿美元，实际使用港资金额 65.9 亿美元，领先于西部各省份。广西成为港商在内地投资的新热土。鉴于广西的区位、交通、资源、政策环境等优势，港资越来越多地涌入广西，紧随广东和福建。北部湾经济区也因此成为其中的先导和试验田。

北部湾经济区的快速发展和进一步开放，逐渐成为许多港资企业进入广西实行产业转移的首选地。惠科电子将于 2015 年之前将集团总部从深圳迁至北部湾，且在北海建设惠科电子（北海）科技产业园，产业园年产值达 60 亿元人民币。

钦州和北海相接，与北海等北部湾地区有着同样的区位优势和巨大的发展潜力，因此也受到港资企业的青睐。香港清华同方股份有限公司针对数字电视项目投资了 25 亿元人民币，2012 年年末正式投产。

（二）澳门投资

2012 年 5 月 25 日，广西北部湾经济区（澳门）招商推介会在澳门举行，完成签约项目 7 个，投资额达 33.7 亿元人民币，涉及化工、物流、旅游、医疗器械等领域。

近年来，基于迅猛的发展势头和可预见的发展空间，广西北部湾经济区被认为是全国最具发展潜力与活力的新增长区域之一，其中，工业、进出口业等发展迅速，旅游、物流也逐渐展现出巨大的发展空间。

在经贸合作方面，澳门与广西的发展不断加大。截至 2012 年年末，在广西进行投资落户的澳门企业已超过 300 家，已投入项目资金近 4 亿美元，项目相关领域有房地产、餐饮、旅游等。

作为自由港的澳门，经济繁荣，活力四射。具有以下多种优势：广泛的对外经贸联系、先进的经营理念、发达的现代服务业、深厚的教育科技基础、中西交融的文化特质、发达的中小企业等。基于北部湾经济区各类保税区的政策优惠，澳门与广西的合作可以从以下三个方面进行：一是在出口加工、国际贸易、国际中转等业务方面，共同合作，开发东盟巨大市场；二是以“飞地模式”的合作形式，大力发展在北部湾落户建厂的电子、林浆纸、冶金、石化等重化工业，带动下游产业企业的发展，延长和完善产业链；三是共同推进现代服务业，引进酒店、旅游、金融等企业，培育北部湾城镇群。

（三）台湾投资

2012 年，南宁市政府在新一轮的土地利用总体规划中，将台湾（南宁）光电产业园、台湾（南宁）轻纺产业园计划用地纳入，并向北部湾经济区提供了重大产业发展专项资金 1.4 亿元。随后，统一集团等 15 家台资企业进驻台湾（南宁）轻纺产业园。冠德科技、光宝集团等台企在台湾（北海）电子产业园进行落户投产，其中，台玻项目投资额达数亿美元。九霖国际、宇欣电子等多家知名台企进驻钦州河东工业园，并成功投产。

随着统一、旺旺、光宝、富士康、台泥等一批台湾名企落户广西，桂台的产业合作初步形成了以农业、电子、物流、生物科技为主导的产业群。由于冶金、石化、能源、造纸、轻工食品、电子信息等产业项目需要大量的投资，且能发挥重要的产业带动作用，北部湾经济区将对这些产业和项目进行优先扶持和重点发展。

广西旅游资源丰富，而台湾在旅游开发中经验丰富。因此，桂台在旅游资源开发上也能找到合作点。目前，台商投资创办的旅游企业，仅桂林一处，就已经达到 300 多家。不难设想，未来广西北部湾经济区，乃至整个广西的旅游资源的开发，将有越来越多的台企参加投资与合作。

鉴于北部湾的区位优势，自国家批准北部湾经济区发展规划以来，其次区域合作的龙头地位日益凸显。不少台商、台企看到了其中蕴含的巨大发展空间，争相投资落户。截至 2011 年年底，台商在广西的投资项目有

1392 项，资金总额达 9.87 亿美元，实际到位资金 36.09 亿美元，位列中国西部地区第一。

## 第四节　投资驱动型的重化工业：未来工业发展的主导力量

由于国内外对北部湾地区重化工业的大量投资，北部湾经济区四市的重化工业部门正在成为经济发展新的主导部门。从 2007 年北部湾经济区完成的固定资产投资来看，对重化工业的投资增长迅速，北海市第二产业投资增长超过 100%，钦州市和南宁市第二产业投资增长分别达到 61.50% 和 40.92%（见表 7－5）。另外，国家还在北部湾经济区布局了大量的重化工投资项目，如中石油炼油项目、乙烯工程、石化产品延伸项目等。对重化工业的大量投资带动了北部湾经济区经济的快速发展。

**表 7－5　　2007 年北部湾经济区固定资产投资**

| 地区 | 第一产业 | | 第二产业 | | 第三产业 | |
|---|---|---|---|---|---|---|
| | 金额（亿元） | 同比增长（%） | 金额（亿元） | 同比增长（%） | 金额（亿元） | 同比增长（%） |
| 北海市 | 10.63 | 130.30 | 47.92 | 105.10 | 67.78 | 49.20 |
| 防城港市 | 1.80 | 46.30 | 38.65 | 16.30 | 31.83 | 43.90 |
| 钦州市 | 1.70 | －35.90 | 68.60 | 61.50 | 54.80 | 35.00 |
| 南宁市 | 9.11 | 22.33 | 119.78 | 40.92 | 431.34 | 21.57 |

资料来源：根据北海市、防城港市、钦州市、南宁市 2007 年国民经济和社会发展公报中的数据整理。

目前，北部湾经济区重化工业正在逐步成为工业发展的主导部门。2007 年南宁市化学原料及化学制品制造业、医药制造业、有色金属冶炼及压延加工业、农副食品加工业、造纸及纸制品业等十大行业增加值为 483.23 亿元，增长为 23.07%。钦州市石油加工、有色金属冶炼及压延加工业、电力生产供应业三大行业增加值为 23.50 亿元，增长 74.67%。防城港市钢铁、磷酸、食用植物油、糖和饲料五大行业工业增加值为

136.65 亿元，增长 53.50%。北海市电器机械及器材制造业增加值为 10.40 亿元，增长 84.24%。

表 7-6　　北部湾经济区重大投资项目一览表

| 项目名称 | 建设规模 | 总投资(亿元) | 建设地址 |
| --- | --- | --- | --- |
| 中石油炼油项目 | 年加工原油 1000 万吨 | 119.00 | 钦州港区 |
| 乙烯工程项目 | 聚合乙烯 90 万吨/年，聚合丙烯 45 万吨/年 | 120.00 | 钦州港区 |
| 天然气化工厂项目 | 合成氨 30 万吨，尿素 52 万吨 | 30.00 | 钦州港区 |
| 金桂浆纸液体包装纸项目 | 年产 25 万吨液体包装纸 | 8.24 | 钦州港区 |
| 中钢联特钢项目 | 钢水 200 万吨，连坯产量 194 万吨 | 31.06 | 钦州港区 |
| 银荔有色金属加工项目 | 年产 25 万吨电解锌 | 8.50 | 钦州鼓江工业区 |
| 电解铜项目 | 年产 20 万吨电解铜 | 8.00 | 钦州港区 |
| 钦州市修造船厂项目 | 10 万吨级船坞 2 个 | 15.00 | 钦州大榄坪工业区 |
| 宏磷化工项目 | 60 万吨磷酸及 12.79 万吨氟硅酸 | 11.94 | 钦州港区 |
| 抑菌环保涂料厂项目 | 6 万吨 | 8.90 | 钦州港区 |
| 铁矿石泊位项目 | 30 万吨 | 15725 | 防城港 |
| 油码头项目 | 30 万吨 | 11286 | 防城港 |
| 润滑油项目 | 10 万吨 | 22000 | 防城港 |
| 20 万吨级泊位及配套航道项目 | 20 万吨 | 12.98 | 防城港 |
| 防城南至企沙铁路项目 | I 级 32.2km | 4.34 | 防城港 |
| 防城港电厂项目 | 240 万千瓦 | 55.20 | 防城港 |
| 重交通道路沥青项目 | 年加工重油 300 万吨 | 25.44 | 防城港 |
| 万鑫钢铁厂项目 | 300 万吨 | 15.00 | 防城港 |
| 石化产品延伸项目 |  | 100 | 北海市 |
| 钢结构生产项目 |  | 1.5 | 北海市 |

# 第八章　北部湾经济区科技创新驱动因素研究

工业化中期的另一项重要特征，就是科技进步成为经济发展的重要推动力量，并将逐渐取代资本的地位成为第一驱动因素。

## 第一节　概述

对于北部湾经济区的建设目标乃至发展定位，《广西北部湾经济区发展规划》有着明确的文件文本依据。那就是经自治区规划并报请中央认可同意后所确定的将北部湾经济区建设成“三基地一中心”以及“新的一极”。中央所给予的时间期限是10—15年。那么北部湾经济区所定位的“一个中心”是什么呢？答曰——信息交流中心。其所定位的“三基地”是什么呢？一是加工制造基地，二是商贸基地，三是物流基地。北部湾经济区所定位的“新的一极”又是什么呢？答曰——中国经济发展新的一极。由此可见，中央对于北部湾经济区所寄予的殷切期望。中央殷切期望北部湾经济区崛起为中国经济发展之新的一极，不仅可以持续地为沿海地区的经济发展注入新的源源不断动力，而且可以通过北部湾经济区，通过广西带动整个大西南的经济发展，并在我国的西部地区树立一个典范：率先在西部全面建成小康社会。①②

如果从科学技术发展的角度出发，那么未来高速发展的北部湾经济区建设，则需要以科技为主要支撑力量。从《广西北部湾经济区发展规划》

① 《广西北部湾经济区发展规划（2006—2020）》，http：//blog. sina. com。

② 另参见《广西北部湾经济区发展规划》，http：//wenku. baidu. com。

中可以看出，科技创新在未来10—15年内，对于北部湾经济区有着强劲的驱动力量。①②

科学技术与生产力的发展一直有着密不可分的关系。也就是说，生产力与科学和技术之间存在着一个正相关的促进关系。在此，可以做一个简短的历史考察。第一次科学技术革命，是以技术为先导的。由于生产的需要，促进了技术的发展，当一个关键的技术获得突破，迅速引起连锁反应，引起相关的技术竞相突破，从而引起产业革命。第一次科技革命所突破的关键技术是蒸汽动力革命，由珍妮纺纱机所装备的瓦特蒸汽机所带来的蒸汽动力革命迅速席卷全球，让所有能够装备蒸汽动力设备的都装上了该类设备，从而突破传统的手工动力，人类真正尝到了技术的甜头。它的路径就是技术——社会——科学。由于关键的蒸汽动力技术获得突破，蒸汽动力技术大规模扩散走向社会，装备所有需要动力的机械，比如车、船、机床等，并从而引发科学研究的集中。第一次工业革命之后的大规模的遍布全球的大学和研究机构的设立，在今天看来是习以为常的，但在当时是前所未有的。这是一个典型的“生产——技术——社会——科学”回路过程。

但是第二次科学技术革命则是以科学为先导的。它是沿着“科学——技术——生产——社会”的路径来进行的。第二次科学技术革命主要的成果是电气化，主要由三个标志性的人物完成。先是法拉第，他在科学史上提出了一个崭新的物理概念——场，这属于科学的范畴。正是法拉第的科学预言——法拉第的场以及场所蕴含的电磁感应乃至电磁转换是近代电气化得以实施的理论基础。在此基础上，第二个人物是麦克斯韦，他预言了电磁波的存在，建立了电磁场理论，这还是科学的范畴。第三个人物是赫兹，他做了验证试验——验证电磁波的存在，这属于技术的范畴。在这之后，发电机和电动机相继被发明，并被大规模应用于生产，这属于生产，随后电气自动化技术向全球扩散，技术已经完全深入社会。回顾上述历程，是典型的“科学——技术——生产——社会”的路径。

到了现代，随着科技一体化的趋势越来越明显，我们可以将科学技术联立为一个整体。也就是说，今天的科学技术发展，已经不单单是上述两

① 《广西北部湾经济区发展规划（2006—2020）》，http：//blog. sina. com。

② 另参见《广西北部湾经济区发展规划》，http：//wenku. baidu. com。

条典型的路径了。而是相互缠绕，你中有我，我中有你，即技术科学化，科学技术化。以此为路径来推动经济与社会向前发展。因而，科技成为生产力提升的主要驱动性力量。

在可以预见的未来，科技将从以下两个方面来驱动北部湾经济向前发展：

其一，在生产的质量方面，北部湾经济区可以通过科技创新提升生产效率。可以预见，随着未来北部湾地区资源消耗的增加、人力成本的上升，生产成本也将会上涨。伴随着生产成本的上涨，现阶段北部湾经济区的部分资源消耗型、人力消耗型企业会向生产成本更低的越南、中国西部等地区迁移，影响北部湾经济区的发展。届时想要继续提高生产力，就得在提升生产效率上做文章。科技是提高生产效率的最佳方式之一，北部湾经济区想要长久可持续地发展，就必须发展高科技产业，运用科技优化生产环节，减少生产消耗，缩短生产时间，提高生产效率。

其二，在生产的数量方面，北部湾经济区可以通过科技创新开发出新种类产品和高质量产品，从而丰富和提升消费品市场。创新是一个民族进步的灵魂，因循守旧会逐渐被时代所淘汰。北部湾经济区要长久可持续地发展，就不能固守现阶段的几项优势产品，必须开发出更多品种和更高质量的产品，从而满足消费品市场不断提升的需求。科技创新则可以通过新的工艺、方法、材料的应用，丰富产品的种类，提升产品的质量，从而满足北部湾经济区发展的需求。

也正是由于认识到科技对北部湾未来发展的重要作用，北部湾经济区在发展传统产业的同时，积极地打造北部湾经济区高新产业技术带，为未来科技发展打下扎实的基础。基于此，北部湾经济区，将以高新技术为龙头，既带动产业发展，又推动科学技术向前发展的方式，从而推动区域经济向前发展。其具体的做法是以高新技术产业园区为主，其他类型的经济合作区、经济园区、经济技术开发区为辅，推动北部湾经济区的科学技术与经济开发共同向前发展。区域格局是以南宁市和北海市两地的产业园区尤其是高新园区为主。产业格局是形成以新材料、海洋产业、生物制药、电子信息等为引擎的高新技术产业。基于此发展理路，截至 2010 年，在北部湾经济区内，已经建成了国家级的高新技术产业园一个，同时建成了自治区级的高新技术产业园一个。此外建成了各级各类的经济合作区、经济园区、经济技术开发区等二十多个。①②

截至2010年，北部湾经济区高新技术产业带内拥有高新技术企业114家，占自治区高新技术企业总数的39.6%。2010年1—11月，南宁和北海高新技术园区实现总产值529.19亿元，同比增长38.62%，出口创汇4.38亿美元，同比增长93.8%。这一增速远远超过经济区内其他产业的平均水平。

可以说，北部湾经济区内已经打造了科技创新的基础，随着投资扶持力度的增加、人才引进培养机制的完善、高新技术孵化平台的成形，科技创新将会在未来成为北部湾经济区发展的重要驱动力。

## 第二节　科学技术活动要素

科学技术活动包括科技资源、科技发展基础设施（硬环境）以及科技发展软环境需求三方面的要素。具体而言，包括下述几方面的内容。

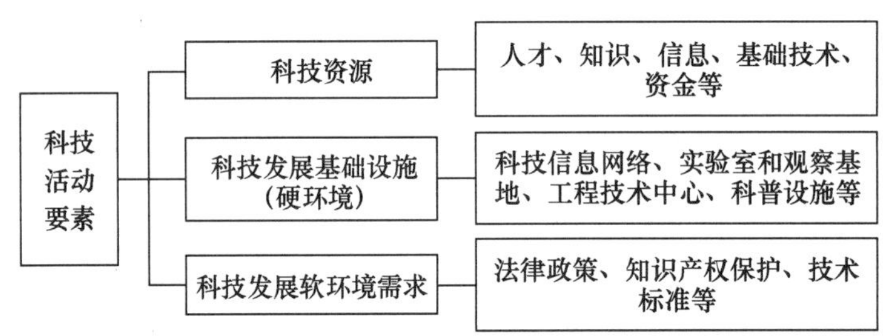


**图8－1　科技活动要素**

### 一　科技资源要素

科技资源需求具体指对科技人才、知识、信息和发展资金方面的需求，这些构成科技活动的主体投入要素。未来一段时间内，北部湾经济区发展对科技资源的需求，突出表现在对科技人才、科技资金的需求上。

① 《广西北部湾经济区发展规划（2006—2020）》，http：//blog.sina.com。

② 另参见《广西北部湾经济区发展规划》，http：//wenku.baidu.com。

（一）科技人才要素

北部湾地区科技人才匮乏，不足以支撑北部湾经济区科技发展的需要。应努力采取各种措施，培育各种层次的科技人才队伍，形成与北部湾经济区科技发展相协调的人才结构体系。今后一段时期内，北部湾经济区应拥有一批有影响力的科学家和科技管理专家，一批学术带头人，足够数量的创新型 R&D 人才，充足的高层次专业技术人才、高技能人才。同时，还应注意加大对农村高技能人才和实用人才的培养。到 2020 年，北部湾地区科技人才资源拥有水平应超越全国平均水平，每万人口科技人员数、每万人口科学家工程师数、每万人口 R&D 人员数以及高学历、高职称、高技能人才比例均应赶上全国平均水平。

（二）科技资金要素

科技资金是科技发展的物质基础。科技投入不足，是北部湾经济区现在及未来科技发展的重要制约因素。应拓宽资金来源渠道，逐步提高科技发展资金的投入，到 2020 年实现 R&D 投入占 GDP 比重为 4%。推动企业成为科技活动主体、科技投入主体，使企业 R&D 经费内部支出、科技活动经费内部支出占产品销售收入的比重超过全国平均水平。同时，实现资金使用高效化。

科技投入促进经济增长是一个过程，这个过程具有阶段性、继承性、延续性。通过对世界范围内国内生产总值与研究发展的经费比较，我们可以发现：科技投入与经济增长之间呈现出明显的正相关关系。无论是世界各国的研究数据，还是近年来我国的数据，均证明和支撑了这个结论。见表 8－1 和表 8－2。[①]

## 二　科技发展基础设施（硬环境）要素

任何具体的区域，要想对其经济和社会发展的速度和质量进行提升，都离不开科学技术的支撑。在这里，科技首先面对的是其基础设施是否完善，换句话说，首先面对的是其物理硬环境是否完善。这种物理硬环境，是一个地方的科技能否发展以及能否可持续发展的特殊物质基础。它还不是一般的物质基础，而是特殊的物质基础。即承载科学技术的物质载体，

---

① 黄昊：《上海浦东新区科技投入对广西北部湾经济区科技投入的启示》，《未来与发展》2011 年第 7 期。

**表 8－1　　世界国内生产总值与研究与发展经费比较**　单位：亿美元；%

| 年份 | 世界国内生产总值 | 世界国内生产总值增长率 | 世界研究与发展经费投入 | 世界研究与发展经费投入增长率 | 世界研究与发展经费占国内生产总值的比重 |
|---|---|---|---|---|---|
| 2000 | 315080 | 2.65 | 6805.73 | 12.00 | 2.16 |
| 2001 | 311924 | －1.00 | 7798.10 | 14.58 | 2.50 |
| 2002 | 323122 | 3.59 | 7754.93 | －0.55 | 2.40 |
| 2003 | 364606 | 12.84 | 8568.24 | 10.49 | 2.35 |
| 2004 | 413658 | 13.45 | 9472.77 | 10.56 | 2.29 |
| 2005 | 443849 | 7.30 | 10119.76 | 6.83 | 2.28 |

资料来源：《国际统计年鉴》2004—2008。

**表 8－2　　中国国内科技经费投入与国内生产总值**

单位：亿元；%

| 年份 | 科技经费筹集额 | 科技经费支出额 | 国家财政科技拨款 | 科技拨款年增长率 | 科技拨款占国家财政总支出比重 | R&D 经费 | 国内生产总值 |
|---|---|---|---|---|---|---|---|
| 1994 | 790.0 | 738.9 | 268.3 | 10.60 | 4.6 | 309.8 | 48197.9 |
| 1995 | 962.5 | 845.2 | 302.4 | 12.71 | 4.4 | 349.1 | 60793.7 |
| 1996 | 1043.2 | 930.7 | 352.6 | 16.60 | 4.4 | 404.8 | 71176.6 |
| 1997 | 1181.9 | 1063.1 | 408.1 | 15.74 | 4.4 | 481.9 | 78973.0 |
| 1998 | 1289.6 | 1128.5 | 466.5 | 14.31 | 4.3 | 551.1 | 84402.3 |
| 1999 | 1460.6 | 1284.9 | 544.9 | 16.81 | 4.1 | 678.9 | 89677.1 |
| 2000 | 2370.0 | 2050.2 | 575.6 | 5.63 | 3.6 | 896.0 | 99214.6 |
| 2001 | 2589.4 | 2312.5 | 703.3 | 22.19 | 3.7 | 1042.5 | 109655.2 |
| 2002 | 2938.0 | 2671.5 | 816.2 | 16.05 | 3.7 | 1287.6 | 120332.7 |
| 2003 | 3459.1 | 3121.6 | 975.5 | 19.52 | 4.0 | 1539.6 | 135822.8 |
| 2004 | 4328.3 | 4004.4 | 1095.3 | 12.28 | 3.8 | 1966.3 | 159878.3 |
| 2005 | 5250.8 | 4836.2 | 1334.9 | 21.88 | 3.9 | 2450.0 | 183217.4 |
| 2006 | 6196.7 | 5757.3 | 1668.5 | 26.49 | 4.2 | 3003.1 | 211923.5 |
| 2007 | 7695.2 | 7040.0 | 2050.0 | 21.41 | 4.0 | 3664.0 | 249529.9 |

资料来源：《中国科技统计年鉴》1998—2008，《中国统计年鉴》1998—2008。

比如实验室、观察室、科学中心、技术中心、科普设施、科技信息氛围、信息网络、各种数据处理分析中心等，根据《广西北部湾经济区发展规划》，北部湾经济区应该在2020年以前，基本建成下述适应科技创新和促进科技发展的物理硬环境支撑体系。①②③

第一，建成北部湾科技信息网络。今天已然是信息时代了，只有建设好并按照较高标准建成北部湾科技信息网络，才有可能持续支撑北部湾的科学技术向前发展，继而转化为科技生产力而推动北部湾经济区向前发展。北部湾科技信息网络包括公共物流信息处理平台、网络环境平台、科学数据资源数据库、文献信息数据库，等等。④⑤

第二，基于推动北部湾经济区向前发展的理念，有针对性地组建有关产业的各种科研工作站、企业博士后流动站、质量检验中心、工程研究中心、技术研究中心、特殊学科研究中心、产品研发中心、关键技术研究中心等。并以此来主导、把控、推动自治区的战略性新兴产业、支柱产业、主导产业的发展，乃至前瞻性地关注某些崭新领域的发展动态，发挥北部湾经济区的各种优势，从科技的角度引领北部湾经济区的发展。⑥⑦⑧

第三，构建具有突出技术优势、体现区域特色和面向地方经济服务的实验室结构体系。这里有八个要求：一是专业性，二是精密性，三是前沿性，四是综合性，五是跨行业性，六是跨领域性，七是高水平性，八是系统体系性。⑨⑩

第四，构建高效的科技成果转化平台、规范的网上技术市场及一批骨干、高水平科技中介机构。⑪⑫

第五，不仅要按照国际惯例，而且要按照我国特色，实施知识产权战

① 《广西北部湾经济区发展规划（2006—2020）》，http：//blog. sina. com。

② 另参见《广西北部湾经济区发展规划》，http：//wenku. baidu. com。

③ 张卫红：《广西北部湾经济区科技需求分析》，《广西社会科学》2010年第9期。

④ 《广西北部湾经济区发展规划（2006—2020）》，http：//blog. sina. com。

⑤ 另参见《广西北部湾经济区发展规划》，http：//wenku. baidu. com。

⑥ 《广西北部湾经济区发展规划（2006—2020）》，http：//blog. sina. com。

⑦ 另参见《广西北部湾经济区发展规划》，http：//wenku. baidu. com。

⑧ 龚三乐：《区域科技需求内涵及相关理论范畴辨析》，《科学管理研究》2012年第6期。

⑨ 《广西北部湾经济区发展规划（2006—2020）》，http：//blog. sina. com。

⑩ 另参见《广西北部湾经济区发展规划》，http：//wenku. baidu. com。

⑪ 《广西北部湾经济区发展规划（2006—2020）》，http：//blog. sina. com。

⑫ 另参见《广西北部湾经济区发展规划》，http：//wenku. baidu. com。

略。在大力孕育并催化新技术诞生的同时，要做好知识产权相关的各项工作。要将其转化为生产力，要建设并注重抓好拥有自主知识产权的工作。①②

第六，构建多层次、完善的科普设施体系，如建设好一定数量的科技馆等。让广大的青少年在一个有着浓厚科技氛围的环境里生活学习。③

### 三 科技发展软环境需求

具体包括对法律政策、知识产权保护、技术标准等的需求。应制定符合国家规定、具有地方特色的有利于科技发展的各类科技法规、政策、条例，制定完善的知识产权保护法律、政策、措施，制定适合北部湾科技发展的、符合国家标准、计量和检测技术体系。④

为增强可操作性，从下述两个方面来改进：

一是将现代产业发展技术需求分为两期来规划：2010—2015 年为一期；2015—2020 年为二期。二是将科技发展基础设施需求具体化，在各市、各个产业间规划具体配置。

## 第三节 北部湾经济区科技需求的具体内涵

### 一 科技需求：理论基础与概念界定

人们对技术的需求是与生俱来的。从原始人最初制造石刀、石镰、石斧的那一刻起，就昭示着人类将走向一条依靠技术而在大自然生存并立足的道路。因此技术是与人相伴而产生的。在漫长的历史时期，经过漫长的技术积累，人类走过了旧石器时代，走过了新时期时代，走过了青铜器时代，走过了铁器时代。无独有偶，无论是东方还是西方，都在青铜器时代创造出文字。从此，人类的智慧的开启，知识的传播，文明的传承，就不再仅仅是口口相传，而是可以依靠文字的记载。通过文字、图画将人类的智力成果代代相传。有了文字，人类的思维便可以经过系统、专门训练，

① 《广西北部湾经济区发展规划（2006—2020）》，http：//blog. sina. com。

② 另参见《广西北部湾经济区发展规划》，http：//wenku. baidu. com。

③ 《广西北部湾经济区发展规划（2006—2020）》，http：//blog. sina. com。

④ 龚三乐：《区域科技需求内涵及相关理论范畴辨析》，《科学管理研究》2012 年第 6 期。

故而人类的科学诞生了。有了科学及其传承，人类文明的步伐迅速加快，人类在铁器时代之后，迎来了机器时代，再之后迎来了计算机信息时代。今天，科学和技术已然合二为一，技术中有科学，科学中有技术。

但是科学技术的初衷一是为了提高效率，二是为了满足人类的好奇心。前者是为了物质，后者则是人类所特有的精神升华。前者也许可以基于人的本能层面给予理解，后者却必须基于人的本质层面才可能理解。人类之所以怀着虔诚的心态孜孜以求地去发现大自然的奥秘、探寻科学发现、寻找大自然背后的规律，乃是为了能对大自然有一个系统的了解，从而改善与大自然打交道的方式，以便更好地让大自然为人类服务。人们之所以愿意孜孜以求地去发明技术，乃是为了提高与大自然打交道的效率，以创造出更多的更好的符合人类需要的技术，从而去发掘更多的物质产品，满足人类的各种需求。

根据马克思的论断，人类从产品制造到商品交换，是需要两个交换环节的。第一个交换环节是人类跟大自然的交换，以利用各种大自然的原材料制造成各种产品。这是第一个交换的环节。但只有这个环节是不够的，还不能完全达到人类的目的。还需要第二个交换环节，那就是人的产品与人的产品的交换。正是这个环节的交换，各种产品的身份发生改变，大自然的物质通过与人类的劳动交换变成了人的产品。而产品之间的相互交换变成了商品。只有商品交换的成功，才能说明从人最初的对自然界的劳动实践到人对社会环节的劳动实践得到了完美的实现，人的目的达到了，满足了其对于各种物质的需求。在这里值得注意的是，产品交换背后是人与人的交换，是人的社会性及其所带来的人的分工的交换。当然在这里，人类分工无论是前提，还是结果，都是科学技术的分门别类，诸如学科的分化，诸如技术链条的加长，这些都是人类对科学技术需求的结果。

当然，这中间还有大量的科学家、经济学家等的著名言论，比如亚当·斯密的分工导致效率而带来财富的论断，还有大卫·李嘉图的经济比较优势导致外贸得以持续进行的理论等。总而言之，不论是科学技术，还是经济理论，其目的都是为了提高效率。

这就带来两个问题：一是科学技术是通过哪些环节去提高效率的呢？二是科学技术本身的内涵究竟有哪些？总不能把人类文化、人类文明的所有内容都归结于科技内涵吧。

对于第一个问题的回答，主流的理论一般是通过生产力三要素渗透说来解释科学技术的效率性。即科学技术通过武装劳动者，通过改变与大自然打交道的方式，通过提高改善劳动工具的性能去提高劳动生产的效率。通过这种方式来回答，是目前被广泛接受，也内在地具备学理性的一种回答。当然也还有其他的回答方式，但因为本课题属于应用研究，并不侧重于理论探讨，这个问题可以留待以后再找机会深入探究。

而对于第二个问题的回答，即对科学技术本身内涵问题的回答，一般是通过三个角度来进行的。第一个角度是从科技资源的角度，即主要通过人力、财力、物力资源的投入这三个方面来回答。诸如科技研发资金的额度及其到位与否，科技力量的组织与招募，试验设备的水准及其所瞄准的领域等。第二个角度是从科技发展的氛围和环境的角度，即主要通过研发人员的责任、权利、利益这三个方面来回答。诸如技术标准、知识产权保护、自主知识产权的申报、法律政策等。第三个角度是从科学研究技术发明的硬件的基础设施角度来回答。即主要通过科学发现技术发明本身所固有流程的诸如实验和数据的产生过程，以及这些数据的发现将来的去向等所依赖的诸如工程技术中心、实验室基地、观察基地、科学研究信息网络、科普设施等的完备程度与否等。

综上所述，科技需求是指整个社会在一定时期内对科技成果的总需求，即愿意购买或研制的科技成果或项目的总量，在技术市场上表现为在一定时期内，工商企业愿意购买且具有支付能力的技术商品的总量。①

## 二　北部湾经济区整体科技需求的内涵

我们知道，社会是包罗万象的整体，它涵盖了人类生活的方方面面。但是人类要建设社会，要研究社会，总要选择若干切入点或者说选择若干突破口，于是各种各样的领域，各种各样的学科，乃至行业门类，等等，便出现了。这本身是社会分化的结果，基于政治层面的治理，可以划分为中央、省市、地县、乡镇等政权模式，及其各自的范围等。基于意识形态的塑造，可以聚合宗教、哲学、伦理乃至其他社会科学等一整套价值观来整合社会。基于社会学层面的理解，便将社会划分为不同的层面，比如高收入阶层、中等收入阶层、低收入阶层，国家的治理应尽量缩小高收入和

① 龚三乐：《区域科技需求内涵及相关理论范畴辨析》，《科学管理研究》2012 年第 6 期。

低收入阶层这两个层面的差距，而相应地扩大中等收入的群体也就是扩大中产阶级的数量，如此则可将社会带入稳定的轨道。

无论是科技投入，还是科技需要，抑或是科技供给，其目的也都是稳定扩大社会的中间阶层，因为只有大规模的人群栖身于科技之中，不管是产业还是研发，政府对科技的推动、引导、投入等才能达到既有的目的——依赖科学技术推动社会向前发展。

基于此，北部湾经济区整体科技需求便来自两大主体：一是产业（企业）、政府等构成的科技消费主体，二是为这些领域建设提供科技成果服务而从事科技生产活动的产业（企业）、政府（主要指科技部门）等供给主体。前者主要产生对既有科技成果的需求，后者主要产生对科技生产要素的需求。[①] 北部湾经济区整体科技需求如图 8 - 2 所示。

### 三　北部湾经济区科技需求内涵的地区结构分析

南宁、北海、钦州、防城港四市组成北部湾经济区，外加玉林和崇左一并纳入，通盘考虑。因此对于北部湾经济区科技内涵的地区机构的分析，主要涵盖以下两个方面：首先是整个经济区的基础设施所产生的科技需求，其次是因产业的异质性而导致的科技需求。基于前者而言，主要包括四市的物流设施，即道路、通关等基础设施，以及生态环境、社会事业、图书馆、车站、码头等公共需求的科技需求。就后者而言，在谋求产业规划的时候，尽量做到因地制宜，因资源禀赋而制定适合该市发展的产业政策。围绕着产业的布局分工乃至分化必然会产生各自特点的科技需求。[②][③]

因此，对于南宁市来讲，南宁将侧重发展高新技术产业，发展制药产业，发展生物工程产业，发展电子信息产业，发展冶金所配套的产业，发展石油化工配套产业，发展农产品加工产业，发展机械产业，发展装备制造产业，发展铝冶炼乃至铝加工产业，等等。如此，这就决定了南宁市产业结构，而通过产业结构则决定了南宁市的科技需求结构。[④][⑤]

---

① 参见张卫红《广西北部湾经济区科技需求分析》，《广西社会科学》2010 年第 9 期。

② 同上。

③ 《广西北部湾经济区发展规划（2006—2020）》，http：//blog. sina. com。

④ 参见张卫红《广西北部湾经济区科技需求分析》，《广西社会科学》2010 年第 9 期。

⑤ 《广西北部湾经济区发展规划（2006—2020）》，http：//blog. sina. com。

对于北海市来讲，将要在未来的10—15年打造十大优势产业。具体就是：现代农业、房地产、港口物流、旅游、海洋、冶金建材、装备制造、林化、石化能源、电子信息，争取在10—15年之后，将这十大产业培育成为北部湾经济区的优势产业。①②

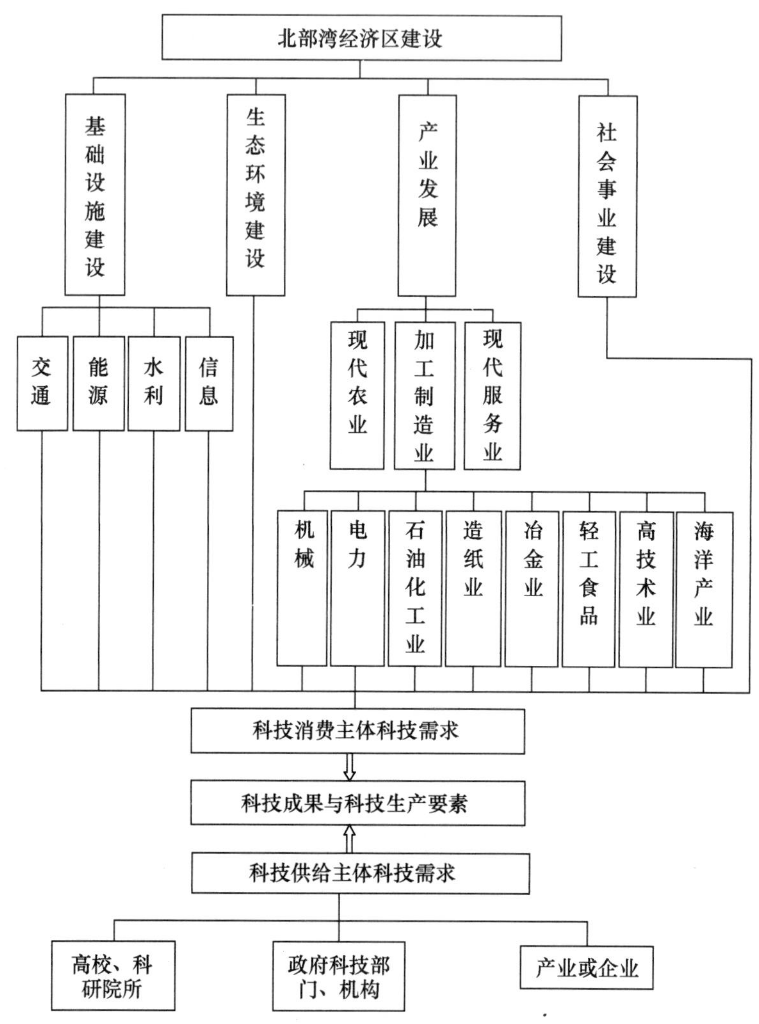


**图8－2　北部湾经济区区域整体科技需求内涵**

① 参见张卫红《广西北部湾经济区科技需求分析》，《广西社会科学》2010年第9期。

② 《广西北部湾经济区发展规划（2006—2020）》，http：//blog. sina. com。

对于钦州市来讲，在未来的10—15年内将要培育的是九大优势产业。具体就是：生物技术、电子信息、食品加工、制糖、临海重化工、冶金、能源、林浆纸、石油化工。①②

对于防城港来讲，未来10—15年要发展的是：机械加工、制糖、造纸、化工、电力、商贸物流、钢铁冶炼及加工、粮油加工八大产业。③④

据此，我们可以绘出北部湾经济区科技需求内涵地区结构示意图，如图8－3所示。

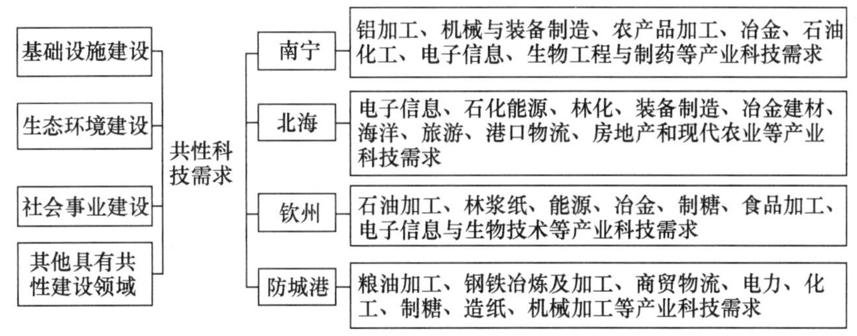


**图8－3　北部湾经济区科技需求内涵地区结构示意图**

## 第四节　科技创新驱动：未来10—15年北部湾经济区的科技需求

前文已述，北部湾经济区各经济社会建设领域，包括社会建设、生态考量、产业发展、基础设施建设等领域，无论是其整体的科技需求内涵，还是其科技需求内涵的地区结构的塑造，都离不开科学技术成果的直接支持。换句话说，这些都依赖于科技创新的驱动力（如图8－4所示）。

---

① 参见张卫红《广西北部湾经济区科技需求分析》，《广西社会科学》2010年第9期。

② 《广西北部湾经济区发展规划（2006—2020）》，http：//blog. sina. com。

③ 参见张卫红《广西北部湾经济区科技需求分析》，《广西社会科学》2010年第9期。

④ 《广西北部湾经济区发展规划（2006—2020）》，http：//blog. sina. com。

## 一　现代产业发展的内在科技需求

建立北部湾经济区的目的当然是为了推动经济与社会向前发展，并在西部率先建成小康社会。但是如果从科技发展的层面考察，则会得出有别于其他角度考察得出的结论。

图 8－4 即是从科技角度考察所绘出的。

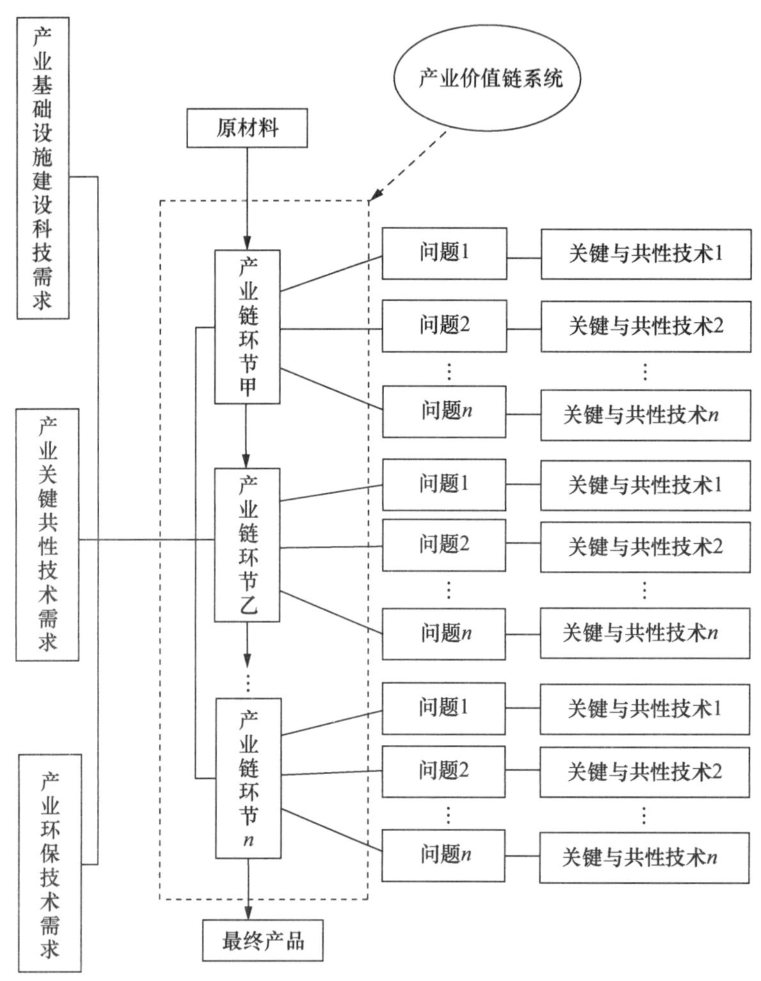


**图 8－4　产业发展所需科技的系统化选择模式**

据此图以及根据北部湾经济区的规划，我们对未来 10—15 年北部湾经济区的科技需求做一个粗线条的预测，那么具体的预测前景，及其详细分说如下①②③：

对于北部湾经济区未来10—15年所要发展的产业来讲，第一是制造业技术。自治区给其规划的六大战略性新兴产业分别是海洋产业、高技术产业、石油化工产业、轻工食品加工产业、冶金产业、林浆纸一体化产业。自治区定位的这六大战略性产业的发展，是一刻也离不开先进的制造技术及其制造产业的。当然，这些产业的顺利推进、实施乃至最后实现投产，也是离不开现代服务业的。④⑤⑥

第二是现代服务业技术。这一产业就好比现代人体的血管和营养，没有血管的供血及其血液的营养，人是没有办法存活的。对于现代化的今天产业发展来讲，现代服务业的地位也是如此。没有现代服务业，现代产业迅速扩张及其发展是不可能实现的。它包括物流系统交通设施，诸如高速公路、高速铁路、机场、港口、码头等，以及与之配套的快速通关系统所涵盖的技术。诸如电子商务技术、现代金融技术、检验检疫技术、网络监管技术、保税物流迅速分流技术、智能识别技术、信息收集储存调用技术。⑦⑧⑨

第三是海洋产业技术。海洋产业已经被区政府及北部湾经济区列为未来10—15年重点发展的产业，因此涉及它的各种专业技术的开发也好，引进也好，发展也罢，便提上了议事日程——诸如海洋生物技术，海洋生物之制药技术，海洋生物之经济开发技术，海洋生物之活性物质提取技术，水产品的精加工技术，海洋水产品的深加工技术，深海养殖技术，海

① 龚三乐：《区域科技需求内涵分析与应用——以北部湾（广西）经济区为例》，《科技进步与对策》2011年第3期。

② 参见张卫红《广西北部湾经济区科技需求分析》，《广西社会科学》2010年第9期。

③ 《广西北部湾经济区发展规划（2006—2020）》，http：//blog.sina.com。

④ 龚三乐：《区域科技需求内涵分析与应用——以北部湾（广西）经济区为例》，《科技进步与对策》2011年第3期。

⑤ 参见张卫红《广西北部湾经济区科技需求分析》，《广西社会科学》2010年第9期。

⑥ 《广西北部湾经济区发展规划（2006—2020）》，http：//blog.sina.com。

⑦ 龚三乐：《区域科技需求内涵分析与应用——以北部湾（广西）经济区为例》，《科技进步与对策》2011年第3期。

⑧ 参见张卫红《广西北部湾经济区科技需求分析》，《广西社会科学》2010年第9期。

⑨ 《广西北部湾经济区发展规划（2006—2020）》，http：//blog.sina.com。

洋水产品的育种技术，海洋食品之安全监测乃至检测技术等。①②③

第四是与之相关的轻工产品及其食品加工的技术。在北部湾经济区，除了上述所提海洋水产品相关的食品精加工与深加工以外，在自治区的规划里，还将发展与粮油、蔗糖、农产品等相关的精加工乃至深加工产业，及包括诸如蔗糖、茶叶、木薯、八角、桂皮等北部湾特有的农作物的加工，椰子油、橄榄油、山茶油等植物油的提取加工，这就涉及必须发展与之相关的技术以及循环利用的技术。此外，还将开发、发展与人们生活息息相关的纺织服装业的各种技术，以改善人们的生活，提高人们生活的品位。④

第五是现代农业技术。根据自治区所作的关于北部湾经济区未来10—15年的发展规划，农业所面临的任务，是建立现代农业体系，这就需要农业朝着两方面发展：一是农产品的精加工与深加工，二是发展生态高效优质安全的现代农业体系。前者在上一点已经明确论证。对于后者，主要在以下几个方面培育现代农业技术。一是优势农产品相关的各种技术，诸如动植物育种、加工、综合利用等；二是特色农产品相关的各种技术，诸如育种、加工、综合利用等；三是附加值高的经济作物综合利用加工等技术。正是这三组技术，构成了北部湾现代农业体系。在这个体系里，北部湾区域里所特有的动植物农业资源的诸如育种、培育、加工、精加工、深加工、综合利用等全部技术涵盖其中。诸如上思县特有的水牛奶牛，北部湾特有的良种良禽，北部湾特有的冬种马铃薯，北部湾特有的金花茶、八角、桂皮等，北部湾所特有的热带、亚热带果蔬等，北部湾所特有的名贵花卉、速生桉树林、优良中药材等。与此相关的技术，就是北部湾经济区必须发展的现代农业技术。⑤⑥⑦

---

① 龚三乐：《区域科技需求内涵分析与应用——以北部湾（广西）经济区为例》，《科技进步与对策》2011年第3期。

② 参见张卫红《广西北部湾经济区科技需求分析》，《广西社会科学》2010年第9期。

③ 《广西北部湾经济区发展规划（2006—2020）》，http：//blog. sina. com。

④ 龚三乐：《区域科技需求内涵分析与应用——以北部湾（广西）经济区为例》，《科技进步与对策》2011年第3期。

⑤ 龚三乐：《区域科技需求内涵分析与应用——以北部湾（广西）经济区为例》，《科技进步与对策》2011年第3期。

⑥ 参见张卫红《广西北部湾经济区科技需求分析》，《广西社会科学》2010年第9期。

⑦ 《广西北部湾经济区发展规划（2006—2020）》，http：//blog. sina. com。

第六是冶金技术。广西有几种独特的有色金属和稀有金属资源，铝、锰、钛便是其中的三种。广西的平果铝业公司在国内铝冶炼及其加工行业里有着举足轻重的地位。广西的锰、钛储量也极其丰富。而根据自治区的规划，未来10—15年将利用防城港（深水港）的天然条件，从国外购买优质铁矿石并冶炼加工，因此，钢铁、铝锰、钛的冶炼加工将成为广西冶金行业的重点。因此有关这三者的各种技术，在未来10—15年内不仅有着特别的需求，而且将有重大的发展。诸如钛冶炼技术，钛合金提炼生产技术，锰冶炼技术，锰钛合金新材料生产技术，锰深加工及产业化技术，铝冶炼技术，精深铝之板、带、箔材产品所相关的铝深加工技术，钢铁冶炼技术，有关钢铁的新型高性能冶金材料生产技术，连铸连轧等冶金短流程新技术，新一代钢铁生产工艺流程技术如熔融还原技术，高性能冷轧硅钢技术，高技术含量的钢材产品开发技术，高技术含量的钢材产品生产技术，宽厚船板的轧制切割技术，以及汽车家电之钢材面板的冲压成型技术等。①②③

第七是造纸技术。广西有着大片的速生桉树林，这些桉树是造纸的上好原材料。广西还有着大片的松树林，这些松树林是提取松香、特种芳香精等的上好原材料。广西的森林覆盖率达到了52%以上。因此覆盖其上的森林，便成了造纸的原材料。自治区将造纸业也列入了未来10—15年的产业发展规划。因此有关的技术，在未来的10—15年里便有着特别的需求，诸如松香的深加工技术，与松香有关的特色芳香精的提取技术，与松香有关的新型香料的提取技术，与松香有关的新型药物的开发技术，与速生桉有关的制浆造纸的技术，与速生桉有关的制浆造纸的特殊工艺，速生桉的科学种植技术，林浆纸一体化的各种技术，各种规格的纸张生产技术等。④⑤⑥

第八是石油化工产业的技术。由于长时期处于战争或者备战状态，中

---

① 龚三乐：《区域科技需求内涵分析与应用——以北部湾（广西）经济区为例》，《科技进步与对策》2011年第3期。

② 参见张卫红《广西北部湾经济区科技需求分析》，《广西社会科学》2010年第9期。

③ 《广西北部湾经济区发展规划（2006—2020）》，http：//blog. sina. com。

④ 龚三乐：《区域科技需求内涵分析与应用——以北部湾（广西）经济区为例》，《科技进步与对策》2011年第3期。

⑤ 参见张卫红《广西北部湾经济区科技需求分析》，《广西社会科学》2010年第9期。

⑥ 《广西北部湾经济区发展规划（2006—2020）》，http：//blog. sina. com。

央对广西的支持无从着手，尤其是无法从大型项目上支持广西的经济与社会向前发展。因此，当广西北部湾经济区成立以后，中央也开始考虑从大型项目上来支持广西。大型石油化工产业项目便是其中之一。中央将在钦州港区建设大型的石化炼油项目，以及与之相关的乙烯工程、天然气化工厂建设，与此同时在北海市建设与之相关的石化产品延伸项目。因此石油化工产业的技术便是未来 10—15 年北部湾经济区必须发展并被广泛依赖需求的技术。诸如乙烯生产技术，原油炼油技术，原油加工技术，关乎石油提炼的精细化工技术，石油提炼过程中的新型分离技术，石油提炼的过程控制技术，石油提炼的过程集成技术，精细化工技术，以及与之相关的节能环保技术等。①②③

第九是高技术。根据北部湾经济区未来 10—15 年的规划，下述高技术将要得到重点发展，比如现代中药技术、新材料技术、生物工程技术、电子信息技术等。在未来的 10—15 年内，与电子信息技术有关产业的技术将有着广泛且持续的需求，诸如新型电子元器件生产技术，数字化电子产品生产技术，数字化电子配件生产技术。同样，在未来的 10—15 年内，与新能源产业有关的技术也将有着广泛且持续的需求。诸如新能源植物品种的遴选技术，新能源植物品种的栽种技术，木薯和甘蔗等的广泛栽种技术，从农林废弃物中提取乙醇、沼气等燃料的技术，生物柴油的提取技术等。在未来的 10—15 年内，与新材料有关的技术也将有着广泛且持续的需求。诸如对稀土等新材料的研究、开发和生产技术，有色合金新金属材料的冶炼、加工技术等。当然，对于未来 10—15 年内，与现代中药有关的技术也将有着广泛且持续的需求。诸如中药质量标准的制定，中药质量的检测技术，中药质量的在线检测技术，现代中药新制剂的研究、开发、生产技术，现代中药新药的研究、开发、生产技术等。④⑤⑥

---

① 龚三乐：《区域科技需求内涵分析与应用——以北部湾（广西）经济区为例》，《科技进步与对策》2011 年第 3 期。

② 参见张卫红《广西北部湾经济区科技需求分析》，《广西社会科学》2010 年第 9 期。

③ 《广西北部湾经济区发展规划（2006—2020）》，http：//blog. sina. com。

④ 龚三乐：《区域科技需求内涵分析与应用——以北部湾（广西）经济区为例》，《科技进步与对策》2011 年第 3 期。

⑤ 参见张卫红《广西北部湾经济区科技需求分析》，《广西社会科学》2010 年第 9 期。

⑥ 《广西北部湾经济区发展规划（2006—2020）》，http：//blog. sina. com。

## 二　北部湾经济区未来基础设施建设方面的科技需求

北部湾经济区正大力推进交通、能源、水利和信息等基础设施部门的建设，从而产生相关科技需求。

首先是交通方面。包括跨海大桥、海底隧道、轨道交通、大型港口、公路建设的新材料、新技术，智能交通管理系统技术，城市综合交通发展关键技术。

其次是能源方面。先进的煤电技术、核电技术，风能、太阳能、沼气、非粮燃料乙醇、潮汐能等新型能源和可再生能源技术，以木薯、甘蔗、纤维素为主导的生物质能源生产技术。

再次是水利方面。大力开发节水技术、再生水利用技术、海水淡化技术。

最后是信息方面。北部湾经济区将大力开发有关信息方面的技术，诸如电子商务技术、电子政务技术、教育信息化技术，研发与农业科技信息相关的软件产品乃至开发技术，诸如远程医疗服务技术等。

## 三　社会建设科技需求

这主要包括下述七个方面的科技需求：

一是重大疾病有效防治科技研发。比如研发慢性非传染性疾病综合防治技术，针对恶性肿瘤等疾病为重点的综合防治技术，针对糖尿病的综合防治技术，针对心脑血管疾病的综合防治技术，针对重大传染性疾病预防技术，以及与之相关的控制技术等。

二是面对重大突发性公共卫生事件的监测预警、防控和救治技术与集成应用。

三是针对生殖医学的新型避孕节育技术、生殖健康服务技术。

四是针对科技宣传、普及和推广的技术。

五是针对食品安全方面的科技需求。人类得以生存并不断发展，首先就必须解决吃的问题，因而食品安全乃是头等大事。但鉴于食品安全的技术，首要的是绿色的理念，其次是围绕绿色理念在产业上做文章。诸如推行生态农业技术，绿色加工技术，果蔬保鲜技术，食品检测技术，食品流通质量安全跟踪监控技术，一旦发生食品安全事故时的应急处理系统技术，等等。

六是针对突发事件的公共安全技术。诸如剔除安全隐患的科技保障技术，应对紧急情况的救援系统技术开发与技术储备，应对事故的研究分析技术，应对事故的防治技术、预警技术、监测技术，应对恐怖事件的预警技术、预防技术、预测技术、侦破技术，应对突发性大规模灾难（比如地震、海啸等）的指挥技术、决策技术等。

七是针对自然灾害的防治技术。比如关于地震的预测技术，关于海啸的预测技术，关于自然界大规模虫害的预测及预案技术，关于灾害性天气的预测技术，诸如对包括冰雹、大雪和暴雨等的预报和防范技术等。

### 四　生态环境科技需求

为将北部湾经济区建设成为资源节约型与环境友好型社会，需主要发展重污染行业清洁生产集成技术以及废弃物资源化利用两类技术。具体而言，这包括以下几个方面的技术：

一是大型高效环保煤电机组生产技术；

二是冶金、化工等主要高耗能领域的节能技术与新工艺和能源的综合利用技术；

三是乙醇低能耗分离技术和“三废”综合利用技术；

四是林浆纸一体化产业的减污减排新技术；

五是制糖节能减排新技术；

六是关于绿色海洋洁净海洋的技术，诸如海洋环境动态监测技术，海洋生态环境保护技术，海域生态修复技术，海上突发事件应急机制建立等；

七是通用性节能技术。

## 第五节　余论：科技创新的驱动路径

工业化中期的另一项重要特征，就是科技进步成为经济发展的重要动力，并逐渐取代资本的地位成为第一推动力。正是在这个层面上，邓小平说科学技术是第一生产力。

科技与生产力一直有着密不可分的关系，在这里我们可以做一个简短的历史考察。人们所有的活动都是离不开大自然的，在这个前提下，人类所有的活动都是为了生活的美好和幸福。基于此，效率问题自始至终围绕着人类。而所有的效率的提高都必须面对大自然，否则便无从谈起。这便是技术发明与生产力的关系。但自从有了文字，人类便多了一条与大自然打交道的路径，那就是科学。不仅仅如此，由于科学是形而上的东西，是抽象的东西，因而还可以带来精神享受。故而科学除了可以提高生产力之外，还可带来满足人类幸福生活的精神前提。由于人类社会的持续发展和进步，不管沿着哪条路径，最后都会走向“大自然——发现自然奥秘——提高生产力——回馈社会”，因而是一个“生产——技术——科学——社会”的关系。

但在第二次工业革命之后，这个顺序倒过来了，按照“科学——技术——生产——回馈社会”的顺序，先是科学推动技术进步，再推动生产的发展。到了现代，随着科技一体化的趋势越来越明显，我们可以将科学技术联立为一个整体，从而推动社会的全面进步。通过以上简短的考察和回顾，我们知道，近代以来，科技成为生产力提升的主要驱动性力量。

在未来，科技将从以下两个方面驱动北部湾经济区的发展。

其一是在生产的质量方面，北部湾经济区可以通过科技创新提升生产效率。可以预见，随着未来北部湾地区资源消耗的增加、人力成本的上升，生产成本也将会上涨。伴随着生产成本的上涨，现阶段北部湾经济区的部分资源消耗型、人力消耗型企业会向生产成本更低的越南、中国西部等地区迁移，影响北部湾经济区的发展。届时想要继续提高生产力，就得在提升生产效率上做文章。科技是提高生产效率的最佳方式之一，北部湾经济区想要长久可持续地发展，就必须发展高科技产业，运用科技优化生产环节、减少生产消耗、缩短生产时间，从而提高生产效率。

其二是在生产的数量方面，北部湾经济区可以通过科技创新开发出新种类产品和高质量产品，从而丰富和提升消费品市场。创新是一个民族进步的灵魂，因循守旧会逐渐被时代所淘汰。北部湾经济区要长久可持续地发展，就不能固守现阶段的几项优势产品，必须开发出更多品种和更高质量的产品，从而满足消费品市场不断提升的需求。科技创新则可以通过新的工艺、方法、材料的应用，丰富产品的种类，提升产品的质量，从而满足北部湾经济区发展的需求。

也正是由于认识到科技对北部湾未来发展的重要作用，北部湾经济区在发展传统产业的同时，积极地打造北部湾经济区高新产业技术带，为未来科技发展打下基础。到 2010 年，北部湾经济区已建有国家级和自治区级高新技术产业园（区）各一个，建成经济技术开发区、经济园区、经济合作区等各类园区 20 多个，形成了以南宁、北海两市高新园区为主，各类工业园区为辅，电子信息、生物制药、海洋产业、新材料等产业为龙头的高新技术产业发展格局。①

截至 2010 年，北部湾经济区高新技术产业带内拥有高新技术企业 114 家，占自治区高新技术企业总数的 39.6%。2010 年 1 月到 11 月，南宁和北海高新技术园区实现总产值 529.19 亿元，同比增长 38.62%，出口创汇 4.38 亿美元，同比增长 93.8%。这一增速远远超过经济区内其他产业的平均水平。

可以说，北部湾经济区内已经打造了科技创新的基础，随着投资扶持力度的增加、人才引进培养机制的完善、高新技术孵化平台的成形，科技创新将会在未来成为北部湾经济区发展的重要驱动力。

① 万锦辉、梁广琦、姚丽梅：《广西北部湾经济区高新技术产业带科技服务平台建设研究》，《大众科技》2010 年第 10 期。

# 第九章 构建北部湾经济区快速发展的政策体系

北部湾经济区的发展是一个极为复杂的系统问题，是一个涉及政治、经济、文化、社会等多方面的复杂系统的演进、协同与竞争的问题。从其内部来看，可以视为一个相对健全的封闭的系统；从其外部来看，则可以视为一个开放的系统。因此，作为文化和社会环境的塑造，肯定离不开北部湾经济区快速发展的政策体系的建构。而对于此问题，其最适用的理论基础便是当下流行并席卷各个研究领域的系统科学。

系统科学是一门新兴科学，以研究开放系统为目的。协同学是在吸收以往系统科学的理论精华之后产生的新成果，协同学的建立有力地推进了系统科学的发展。协同学是研究系统从无序转变为有序的规律和特征的一门科学。对于局部与整体、宏观与微观、合作与竞争、组织与被组织、稳定与不稳定等关系都给予了大量的富有启发性和建设性的论述。协同学的理论宗旨是：有序是一种整体协同。而协同是在竞争中产生的，竞争则是协同中的竞争，是以达到整体协同为最终目的的竞争。

所谓整体协同系统，是由大量子系统构成的系统，这些系统可以是各种各样的：如微观层面的电子、原子、分子、细胞、神经元、力学微元、光子等；中观层面的器官、动物、人等；宏观层面的区域经济、人类社会等；宇观层面的太阳系、宇宙、天体等。协同学首先研究的是系统与系统之间如何协同，其次研究在一个大系统之内的子系统之间是如何协同，协同路径怎样？系统与系统之间是如何达成中观尺度或者宏观尺度的时空有序结构，其功能有何变化，是强化了还是减弱了，原因在哪里等。同理，一个系统之内的子系统与子系统之间又是如何在微观的尺度上达成时空有序结构，其功能有何变化，是强化了还是减弱了，原因在哪里等。其理论精髓在于“协同”，即维持系统的“动态平衡”。

运用协同学理论在处理经济乃至管理等各种社会矛盾和问题时，应着眼于社会自身乃至各社会成员在价值观自我认同基础上的自觉趋同过程，从系统自身的发展中去寻找解决矛盾和问题的方法和对策。基于协同学的理论视角，区域经济就是一个巨系统：有着多组子系统并整体协同变化的自组织过程。换句话说，区域一体化过程，就是巨系统内各子系统各自演化但却生成一个整体平衡秩序的过程。因此，北部湾经济区的建设至少有六个子系统需要考量，它们是生态环境、制度环境、交通条件、信息扩散、产业结构、市场机制。

除制度环境没有讨论外，其他六个子系统均在前边论述的各章中详细讨论过，从某种意义上讲，北部湾经济区的建设过程，就是一个制度环境的变迁过程，没有一个良好的政策制度环境，将难以达成北部湾经济区快速发展的目的，本章将从建构北部湾经济区快速发展的政策体系的角度，予以较为详细的讨论。

## 第一节　相关理论基础

马克思、恩格斯、列宁等经典作家都十分重视区域经济发展问题，无论是分析资本主义及其以前各社会经济形态，还是论述“未来社会”即社会主义社会的经济形态，都对区域经济及其发展，作了认真的研究，尤其是对区域经济发展的内在动力——资本扩张，作了深刻的研究。

### 一　马克思：资本扩张理论

自古至今，一切历史的社会形态都存在着利益的驱动，只不过是表现形式不同而已。而当人类社会进入到市场经济之后，社会发展便沿着利益最大化的路径前进。这一方面是科学和技术的大幅度进步所导致的结果，另一方面也是人类价值观的变迁所致。而这两方面都与资本的扩张冲动有关。

因为进入到市场经济社会后，无论是资本主义市场经济还是社会主义市场经济，归根结底都是为了追求利益。人类追求自身利益则可分为两种形态——消费形态与资本扩张形态。它们决定着人们处置剩余劳动的方式。人们把消费欲望施加于剩余劳动，把几乎全部的剩余劳动都投入到消费之中，或者储藏起来；总之，游离于物质生产系统之外，那么社会生产系统将会处于持续的简单再生产状态。而当人们把剩余价值转化为资本，投入到现实的物质生产过程中，就会处于扩大再生产状态，必然造成生产规模的不断扩张。于是，社会经济系统便会如同着了魔一般，以不可遏止的力量将所有资源不断吸收到资本的旋涡中运转，推动着社会经济无休止地扩张。①②

“资本”是马克思主义经济学中最重要的概念之一，而在马克思主义经济学语境下的“资本”有着三层内涵。资本的这三层内涵，决定了资本天然的内在的与生俱来的扩张性。

首先，资本第一层次的内涵是为了追求剩余价值。基于此，资本别无选择只能以预付的方式先行垫付，以此来推动社会再生产，且更多的是以扩大再生产的方式，去追求整个经济过程中的资本增值。剩余价值实现的过程，就是资本增值实现的过程，同时也是原先预付资本的回笼过程。也就是说，资本在再生产的过程中实现价值的保值（由机器设备实现）和增值（由劳动力实现），其中的增值部分又成为剩余价值投入到再生产中。在这一体系下，想要获得更多的剩余价值，就必须获得更多的增值，也就是将更多劳动力卷入到再生产的过程中；同时，想要应用更多的劳动力，也要求扩大生产规模。所以，吸收劳动力和扩大规模是资本增长的必然途径。如此，我们可以清晰地观察到，资本内在地具备扩张的本质。③④

其次，资本第二层次的内涵是其表现为三种形态：产品资本、生产资本、货币资本，其中生产资本则以生产资料和劳动力的形式表现。在这第二层次的内涵里，资本的具体形态分为三种：流通形态的货币、生产形态的生产资料和中间形态的产品资本。资本通过交易实现了由货币向生产资料的转变，制造出产品后又通过交易实现了产品向货币的转变。也就是

---

① 高剑平：《生产力互利合作与泛北部湾次区域经济发展——马克思资本扩张理论视角》，《学术论坛》2009 年第 9 期。

② 鲁品越：《资本逻辑与当代现实——经济发展观的哲学沉思》，上海财经大学出版社 2006 年版，第 53—55 页。

③ 高剑平：《生产力互利合作与泛北部湾次区域经济发展——马克思资本扩张理论视角》，《学术论坛》2009 年第 9 期。

④ 鲁品越：《资本逻辑与当代现实——经济发展观的哲学沉思》，上海财经大学出版社 2006 年版，第 53—55 页。

说，这种循环过程的关键在于交易，这就需要资本主动地扩张交易的空间，打开更大的市场。所以可以说，资本的本质决定了其扩张市场的动力。[①][②]

最后，资本是一定历史形态的、能够使人的劳动实现价值增值的生产关系。这也是马克思主义经济学中关于“资本”的概念的一大特色。西方流行经济学往往将资本的含义限定为生产要素和商品价值，而马克思则反复强调：资本不是物，而是一定的、社会的、属于一定历史社会形态的生产关系，它体现在一个物上，并赋予这个物以特有的社会性质。流行经济学中生产要素或是商品价值类型的资本，只是资本借以存在的具体形态，而资本的本质则是由特定的社会关系赋予的。比如，同样一瓶水，对于普通人就值一两元钱，对于沙漠中干渴的旅行者则价值千金。同样的物品在不同的社会关系中价值不同，社会关系的改变造成了资本价值的改变。正因为如此，资本具有能建构更丰富其价值的社会关系的内在需求，资本的增值产生了不断扩张的社会结构。[③][④]

资本的本质使得其内部有资本的扩张冲动，外部则有持续不断扩张动力的社会土壤，于是资本扩张便表现为两种不同的形式。一种是在数量上的空间扩张，资本采取不断地扩大其空间影响力范围方式，将更多尚未资本化的资源卷入到资本化的旋涡中，由此产生了经济全球化运动。另一种则是在质量上的扩张，提升单位资本的影响力，也就是提升资本的效率，由此产生了科学技术创新。[⑤][⑥]

正因为资本具有这两种扩张形式，我们可以制定施行相应的政策措

---

① 高剑平：《生产力互利合作与泛北部湾次区域经济发展——马克思资本扩张理论视角》，《学术论坛》2009 年第 9 期。

② 鲁品越：《资本逻辑与当代现实——经济发展观的哲学沉思》，上海财经大学出版社 2006 年版，第 53—55 页。

③ 高剑平：《生产力互利合作与泛北部湾次区域经济发展——马克思资本扩张理论视角》，《学术论坛》2009 年第 9 期。

④ 鲁品越：《资本逻辑与当代现实——经济发展观的哲学沉思》，上海财经大学出版社 2006 年版，第 53—55 页。

⑤ 高剑平：《生产力互利合作与泛北部湾次区域经济发展——马克思资本扩张理论视角》，《学术论坛》2009 年第 9 期。

⑥ 鲁品越：《资本逻辑与当代现实——经济发展观的哲学沉思》，上海财经大学出版社 2006 年版，第 53—55 页。

施，借力于资本的扩张，实现生产力的发展。在资本的数量形式的扩张方面，我们可以建立多元化投融资体系来打通资本流通的渠道，从而增加资本的范围和规模。在资本质量形式的扩张方面，我们可以通过完善人才体系和实施知识产权战略、技术标准战略，来提高科技创新的能力。①②

## 二　邓小平："三个有利于"理论

1992年年初，邓小平在视察南方时提出了"三个有利于"思想理论。小平同志指出：要将"是否有利于发展社会主义社会的生产力，是否有利于增强社会主义国家的综合国力，是否有利于提高人民的生活水平"这三条来作为评判各级政府在推进中国特色社会主义的伟大历史进程中是否得力的标准。邓小平的"三个有利于"思想，将生产力放在了首要的位置上，肯定了生产力的基础意义。在"三个有利于"中，"综合国力"是生产力的综合集中体现，而"人民生活水平提高"则是生产力发展的目的与结果。三者结合在一起，体现了对生产力全面、深刻的理解。

这种对生产力标准的强调，并不是对社会主义道路的背离，反而是建立在对社会主义根本任务的正确认识之上的。我们知道，马克思主义的本质是关怀全人类的解放和全人类的自由。因而马克思主义具有永恒的道德制高点。然而如何让人类获得解放？又如何让人类获得自由？这中间有两个环节，一是在自然面前的解放和自由，这也就是毛泽东所讲的必然和自由的关系，二是在人类社会面前的解放和自由，这也就是毛泽东所倡导的凡是压迫广大人民的所有制度和枷锁都应该被推翻。对于第一个环节而言，那就是最大限度地用科学技术去发展生产力；对于第二个环节而言，那就是最大限度地推翻压迫在人民身上的枷锁以释放生产力。"三个有利于"的意义就在于重申了生产力的基础地位，为我们解放思想，大力发展生产力提供了理论后盾。

## 三　马克思恩格斯：优化生产力布局三原则

优化生产力的布局是发展生产力的有效方式，那么我们在对生产力布局时应遵循怎样的原则呢？针对这一问题，马克思恩格斯等经典作家在考

---

① 高剑平：《生产力互利合作与泛北部湾次区域经济发展——马克思资本扩张理论视角》，《学术论坛》2009年第9期。

② 鲁品越：《资本逻辑与当代现实——经济发展观的哲学沉思》，上海财经大学出版社2006年版，第53—55页。

察资本主义生产的基础上，提出了未来社会生产力布局的三条比较重要的原则。第一条原则，可以概括为空间接近原则，即工业生产中的供应、生产、销售等环节尽可能地接近交通枢纽，以节省运输成本与提高效率。第二条原则，概括起来就是合理分工原则，即尽可能地充分发挥当地自然资源禀赋的特质，促进经济空间的合理布局。第三条原则，概括起来就是缩小差别原则，即缩小工农之间、城乡之间、地区之间的经济发展差别，以实现共同发展的目的。这三条原则对北部湾经济区未来发展具有宏观指导作用。①

综上所述，无论是马克思的资本扩张理论，还是邓小平的“三个有利于”，抑或是优化生产力的布局三原则，其目的都是为了提高生产力，发展生产力。这些理论是我们建设好北部湾经济区的理论基础。

## 第二节 北部湾经济区政策回顾及现有政策存在的问题

### 一 政策回顾

1989 年，广西壮族自治区社会科学院经济所研究员周中坚提出建立环北部湾经济圈。20 世纪 90 年代末，时任广西壮族自治区常务副主席的袁正中主持制定自治区的“三大战略，六大突破”的经济方略。这其中引人注目的一条便是：“沿海开放带动战略”。“三大战略，六大突破”中首次提到的所谓“南北钦防”的概念，就是“广西北部湾经济区”概念的前身。

2000 年 11 月，环北部湾三个城市北海、湛江、海口，联合发起建立“北部湾经济合作组织”，并在广东湛江隆重宣告成立。只可惜雷声大，雨点小，更由于时机不成熟，加之各方的基础都很薄弱，三市之间又基本上找不到合作的领域，机会甚为稀缺，故而很快便偃旗息鼓。

2002 年，时任国务院总理的朱镕基与东盟 10 国的领导人在柬埔寨的

① 高剑平：《生产力互利合作与泛北部湾次区域经济发展——马克思资本扩张理论视角》，《学术论坛》2009 年第 9 期。

金边签订了《中国与东盟全面经济合作框架协议》，从而为北部湾的开放开发带来了前所未有的新机遇。

2003 年，时任国务院总理的温家宝在东盟“10 + 1”的会议上倡议：举办中国—东盟博览会，并永久落户南宁。这是迄今为止，唯一一个在我国境内由多国政府共同且长期举办的博览会，此举无疑彰显了南宁乃至北部湾经济区的地缘政治、经济、文化等多方面的价值。

2004 年 10 月，时任国务院总理的温家宝访问越南，并签订《中华人民共和国政府和越南社会主义共和国政府联合公报》，公报称：双方同意在两国政府经贸合作委员会框架下成立专家组，积极探讨“两廊一圈”的可行性，其中的“两廊”为两条经济走廊，“一圈”则为北部湾经济圈。这标志着北部湾的经济建设走向中越合作层面。

2005 年 3 月，全国人大十届三次会议在北京隆重召开，广西壮族自治区代表团在会上向全国人大提出了“一号议案”，即《关于请求国家支持加快推进构建环北部湾经济合作圈的议案》，表达4600 多万广西人民的迫切愿望——将环北部湾经济合作圈早日纳入国家总体战略的范畴。

2006 年 3 月 22 日，北部湾（广西）经济区规划建设管理委员会正式挂牌成立。经自治区党委以及自治区政府的双重授权，从这一天起，北部湾（广西）经济区规划建设管理委员会正式开始对“广西北部湾经济区”的发展内容、发展目标等，诸如经济发展、重大项目，交通诸如铁路、公路、港口、水利、环保等进行统筹规划，并协调管理，北部湾经济区借此拉开了快速发展的大幕。

2006 年 8 月，时任中国共产党总书记的胡锦涛同志在广西考察时指出：广西沿海应该发展成为国内经济的新一极。

2008 年 3 月，广西上报的《广西北部湾经济区发展规划》获发改委批准，广西北部湾经济区发展战略借此上升为我国的国家战略，此举为未来北部湾经济区的大发展注入了源源不断的动力。

2008 年 5 月，广西上报国务院的关于设立“广西钦州保税港区”的请示，国务院批复同意，这是国家在宏观政策上倾斜并支持北部湾经济区的一个重大举措，同时也标志着经过多年奋斗努力的广西北部湾经济区，终于在宏观政策方面得到了国家层面的肯定，在开发开放方面取得了前所未有的突破。

## 二 现有政策漏洞

根据《广西北部湾经济区发展规划》，北部湾经济区由南宁、北海、钦州、防城港四市组成，同时基于“五个统筹”的考虑，将沿边的崇左和近海的玉林这两个城市的交通乃至物流纳入北部湾经济区通盘考量，于是便形成今天人所共知的“4+2”格局。由于在此前很长一段时间，这六个地方是各自独立的地级行政单位，因而其经济发展思路各有不同，难免会有雷同、重叠、恶性竞争、资源配置效率不高的现象，体现在政策上便是各自为政、地方保护主义现象等比较严重。具体表现在以下三个方面。

首先是各自为政，明显雷同的漏洞。北海、钦州、防城港本是广西三个著名的港口，如果特色鲜明、定位明确、分工合理、联动协调的话，那么三个港口不仅有着各自独特的优势，更有着整体的优势。但是外界所看到的却是以邻为壑、画地为牢。这样说也许有些过头，但各自为政、恶性竞争、定位不清、产业同构、功能重叠的现象却是存在的。这是一个谁都不愿看到的局面，导致三个港口都陷入一个萎靡不振的怪圈。资源消耗掉了，却没有产生预期的效益，更遑论推动北部湾经济区快速发展乃至推动整个广西的发展这样一个宏伟目标。

其次是恶性竞争，朝令夕改的漏洞。为了出政绩，促进地方经济的发展，一些地方政府在吸引人才、吸引资金、吸引技术等方面出台了很多过头的优惠政策，而往往难以兑现。于是为了补救，又挖空心思，拆东墙补西墙，甚至出台一些与前面相反的政策，弄得自己手忙脚乱，焦头烂额。如此一来，不但没有达到当初的目的，还落下个地方政府不诚信的恶名，损害了政府的权威和信誉。

最后是缺乏深入调研，没有科学论证的缺陷，更没有通过班子反复讨论，因而颁布的政策显得凌乱而不够严谨。这些都是没有整体观念，本位主义在作怪。如果是与自己部门有利的政策，很快推出；如果是对自己部门既没有利也没有冲突的政策，就长期拖着；如果是与自己部门的利益有冲突的政策，就千方百计顶着不办。至于决策的民主观念淡薄、急于求成等不一而足。

## 第三节　政策体系的层级设计

按照协同学的观点：综合系统自始至终强调自组织过程中各子系统之间的相互协作和相互竞争的关系，协同是最终目的。① 因而协同也是解决系统内部矛盾的根本方法，化解矛盾和冲突，使系统归于协同与有序。推动系统发展的最重要的途径是自组织的协同作用，他组织的外部控制毕竟是很难持久的。因此，在实践活动中，在处理各种系统的矛盾和问题时，应着眼于系统自身的自组织过程，从系统自身的发展中寻找解决矛盾和问题的方法和对策。这对于我们今天的北部湾经济区的建设来说，尤其具有指导意义。

政策体系的层级设计的目的是为了塑造一个良好的环境，推动北部湾经济与社会的发展。其具体路径则是：必须形成立体的、多层次的、纵横交错的、网络状且相互呼应的政策体系。基于此，只有把广西北部湾经济区视同一个巨系统，并将其作为一个不可分割的整体，才能制定出比较全面的相互协同的政策体系。这种体系应该包括三个层面：国家战略政策、自治区级的发展政策、市级政策。

### 一　国家战略政策

在本书第四章的第一节中，曾经较为详细地论证了区域经济的发展动力，它包括外部动力和内部动力，其外部动力中，很重要的一个动力便是国家推动力。北部湾经济区的设立、启动和建设，不仅是广西的重要举措，更是国家战略层面的决策。因此必须要有相应的国家战略政策与之相呼应。因为任何宏观区域的开发，都是离不开政府的，尤其是离不开中央政府的支持。中央政府在税收、人才、技术、资金、海关、检验检疫等方面给予倾斜政策和优惠支持，不仅可以作为北部湾经济区的强大动力，更重要的是，既可以克服市场的缺陷，又可以克服来自不确定的市场经济的失灵。

我们可以作一个简短的考察，考察的对象便是近代以来经济与社会快

① 沈骊天：《社会系统学初探》，《南京大学学报》1987 年哲学专辑，第 95—100 页。

速发展的德国、日本、美国等。德国、日本都是在第二次世界大战以后通过短短的几十年时间便重新崛起的国家。它们的法宝之一，便是通过立法来建立产业发展的永久机制，最终是这些制度性的刚性条款推动了它们各自国家持续向前发展。比如日本的《北海道开发法》、《国土综合开发法》，德国的《改善区域经济结构共同任务法》，美国的《沙漠土地法》和《鼓励西部植树法》，等等，当然还有很多，这里仅仅举一些与区域开发有关的法律法规。这些法规条款的内容，不外乎产业发展机制、技术创新机制、人才培养机制、资本运作机制乃至资金积累机制等，正是这些法规条款的推出，保证了它们各自国家乃至区域经济发展的成功。

德国、日本、美国的成功经验，给了北部湾经济区以重大启示。那就是从国家层面立法，颁布地区开发法、综合开发法等。只有以立法的形式将国家战略政策巩固下来，才能永久性地避免了长官意志和朝令夕改，才会彻底避免在上一节中所讨论的关于南北钦防四市各自为政、政策雷同等政策乱象。

广西不仅仅是民族地区，还是西部地区，更是沿海沿边地区。在空间上有着多重的优惠政策机遇。广西应充分珍惜这样一个千载难逢的机遇，充分利用自己作为自治区的特点，多方呼吁与推动，将这一政策机遇转变为国家法规，以立法的形式推动北部湾经济区的发展，从而为北部湾经济区的开放、开发创造一个永久的、良好的、持续发展的环境。

### 二　自治区级的发展政策

如果说国家战略政策是纲，那么区级发展政策和市级发展政策就是目了，纲举目张。当国家战略政策确定下来之后，接下来便是制定自治区一级的发展政策和市级的发展政策。

首先，作为区级发展政策最为重要的一点，就是必须加快制定并颁布《广西北部湾经济区条例》。我们知道这个工作一直在做，《广西北部湾经济区条例》（征求意见稿）已经基本成形，共有 32 条，目前正在广泛征求各方意见。条例的主要内容包括北部湾经济区的法律地位、管理体制、开发建设的重点领域、管理权限下放、北部湾经济区各市的政策协调、北部湾经济区城乡协调发展和北部湾经济区加快发展的保障促进措施等方面。①②

其次，作为区级发展政策重要的一环，就是定期召开“北部湾经济区‘4+2’市长办公会议”。“4+2”市长办公会议，每月一次，定期讨论并协调。会议的内容不外乎发展思路、发展政策、项目投资、规划布局、具体实施、城市协调，等等。有了这个会议，有关机构重叠、功能重叠、政策重叠、各自为政、画地为牢、以邻为壑、政出多门、资源浪费、产业趋同、投资低效、相互推诿等现象至少会在较大程度上得到解决。

最后，作为区级发展的重要政策步骤，是必须建立统一的北部湾经济区产业发展政策。要加强北部湾经济区内的产业协调与四市的合作，形成优势互补结构。鼓励绿色产业和紧缺产业在经济区内的营运和建设，提升北部湾经济区的整体影响力和竞争力。产业布局方面，既要通盘考虑，又要重点扶持；既要照顾当下，又要谋划长远；既要因地制宜，又要出奇制胜；既要考虑比较优势，又要考虑后发优势与高科技优势。充分挖掘北部湾经济区的各种潜力，实现合理分工，营造城市集聚、产业集聚等各种有利于经济发展的集聚，从而形成经济发展的整体的乘数效应，促进北部湾经济区的腾飞。

### 三　市级政策

如果说国家战略政策和区级发展政策是确定方向，一定程度上是务虚的话，那么市级政策就必须务实了。当国家战略政策和区级发展政策确定下来之后，市级政策能否落实就显得尤为重要了。那么市级政策有哪些需要特别注意的地方呢？或者说市一级的政府有哪些政策上创新的空间或者举措呢？具体说来主要有六个方面，即生态环境政策、土地与财政政策、金融政策、产业政策、工商行政管理政策、投资政策。只有通过这六个方面的政策的颁布和实施，才能将国家战略政策乃至自治区一级的区级发展政策落实下来。

按照系统科学自组织理论的观点：系统自组织特别重视整体和部分之间的动态关系，重视系统和环境的关系。首先，自组织系统不断同环境交

① 参见《广西北部湾经济区条例》（征求意见稿）。

② 参见《建设和谐北部湾经济区开发政策体系》，http：//www. xchen. com。

换着物质、能量和信息——系统的开放性；其次，自组织系统都是由大量子系统所组成的宏观系统——系统的整体性；再次，自组织系统都有自己的演变路径，且大都以自发的形式出现，这就是所谓的层次性的生成。其演变路径为：子系统或者元素有自组织的倾向，一旦某种自组织形成，说明其已经生成其内部层次性，并突破其系统原来的禁锢而拥有新质——创造性、适应性、目的性等——这就是系统的层次性。如果说这些是继承以往的话，那么自组织理论还有着自身所特有的创新，有着对未来的开拓，这主要表现在它的动态性和突变性上。自组织过程就是子系统之间关系升级的过程，这必然伴随着动态和系统新质的凸显。

因此，从系统科学的角度去观察，政策的制定是一个系统的、立体的、网络的、各方磨合的、有序推进的过程。与之相对应的是，北部湾经济区的建设恰恰就是一个制度磨合、各方适应、形成合力、整合资源的过程——系统新质的凸显。这个过程完成了，广西北部湾经济区一体化进程的目的就达成了，一个崭新面貌的北部湾经济区就会展现并屹立在世界面前。

## 第四节　政策体系的建构原则

### 一　生态文明理念与绿色产业原则

人类文明的演进，经过漫长的采集文明、游牧文明、农耕文明阶段，终于在近代以来进入到了工业文明阶段。由于两次工业革命的突飞猛进，生产效率大为提高，人类终于摆脱了长期压在头顶上的大自然的石块，在自然界面前显示出人类强壮的一面。不可否认，近代以来，大自然不再像中世纪以前那样，是横亘在人类面前的无法逾越的喜马拉雅山。相反，大自然被工业文明任意踩在脚下。近代三四百年来，人类何等惬意！人类的足迹不仅遍布五大洲、四大洋，而且深入大洋海底，甚至遨游于太空。正是工业文明的高效率，加上资本主义的生产方式，使得人类的贪欲随着人类的能力不断膨胀，使得在这之前的人类沉淀下来的可持续发展理念被工业文明的方式任意践踏。但是其后果也是显而易见的。根据罗马俱乐部所发布的《增长的极限》，目前人类的这种生产方式与文明样式，显然是不可持续的。我们所看见的是工业文明发展的这几百年来，我们所生活的地球已然千疮百孔：南极上空的臭氧空洞，土壤沙化，地球变暖，生态脆弱，物种灭绝，极端气候，六月飘雪，冬季炎热，酸雨肆虐，资源枯竭，等等。这些都是工业文明的后果。不可否认，工业文明在带来高效的同时，已经并正在把人类一步步推向深渊。

因此在北部湾经济区的建设中，不能仅仅追求工业发展的相关指标，更应该考虑的是在绿色的前提下发展产业和经济。各级政府不能只追求 GDP 数字的增长，应该更多地考虑给子孙后代留下一片青山绿水。令人欣慰的是，今天各级政府正在流行着一句新的话语：金山银山，比不上绿水青山。恩格斯早就说过，人类每一次沉浸在科学技术的成功之后，自然界都给予了足够的报复。为此，人类必须考虑技术的生态影响，实现技术的生态化。对于北部湾经济区政策体系的建构原则而言，首要的就是将“生态文明理念与绿色产业原则”上升为北部湾经济区未来发展的一个战略原则。[①] 在这个原则之下，才能保证产业朝着生态化的正确方向发展。在这个原则之下，人们才不会挖空心思去制造新颖物件，即便是发明创造，也应该秉持生态文明理念与绿色产业原则。“生物学意义上的必需，并不能说明为何会将如此多的心思和精力用在制造新颖物件上。人们因为想限定和追求某种生活方式，才能创造出与之相适应的物件。”[②]

告别工业文明的生产方式，呼唤生态文明的到来，并用绿色产业原则取而代之，才可逆转这种趋势。生态文明的哲学依据在于：人类所赖以生存的世界，是一个各种事物之间具有内在联系、相互渗透而又相互作用的世界。这个世界的任何事物都是通过相互规定而存在的：即一事物规定他物的同时自身也被对方所规定，双方互为前提，从而双方都对象化地得以存在。更为深刻的是，这种相互规定有时表现为双方的，更多时候则表现为多方的。这是一个由内在相互作用与事物的自由随机运动相互冲击的确

---

① 刘战雄：《基于生态技术的广东战略性新兴产业发展研究》，硕士学位论文，华南理工大学，2013 年。

② ［美］乔治·巴萨拉：《技术发展简史》，周光发译，复旦大学出版社 2000 年版，第 225 页。

定性与不确定性统一的世界。①②

## 二 遵循技术与产业发展内在规律原则

何为技术？亚里士多德说，技术要么模仿自然，要么完成自然所不能完成的。技术既有顺应自然的一面，也有违反自然的一面。这就是迄今为止，技术所取得的辉煌成就的根源所在，同时这也是技术所造成的生态危机的根源所在。这就是格于布勒所说的技术与环境的悖论。③ 如何解决这个悖论？技术发展的生态化就成为解决这个问题的逻辑必然。

那么这就引出另外两个问题：何为技术的生态化？怎样才可落实技术的生态化？

对于第一个问题的回答，涉及两个层面，一是面对自然的生态化；二是面对人类社会的生态化。前者是后者的基础，也就是说，面对自然的生态化是面对社会生态化的基础。技术必须是在经过挑选之后，经过发明家等专门的评估之后，再进入社会，经过经济专家、社会专家、社会民众的充分评价之后，才可以在社会立足并广泛推行。当然，在现实的生活中，这一系列眼花缭乱的步骤，都是在市场经济的前提下完成的。熊彼特说，所谓创新，必须是经过市场的充分淘汰，并能存活下来的技术抑或是产品，方可称为创新。从这个角度，日本人森谷正规说，离开了市场，技术不能成长。④

对于第二个问题的回答，同样涉及两个层面，一方面是技术内在的手段，另一方面是技术的功用目的。前者是后者的基础，也就是说技术手段是实现技术社会目的的基础。技术必须拥有特殊的手段，方可解决社会上一些棘手问题。在这里，技术内部的所谓技术的结构与技术的功能之间存在着永恒的矛盾，这一方面是技术内在进步的永恒动力，另一方面也是技术引发社会关注，并能从社会外部源源不断吸纳资源的原因所在。

---

① 高剑平：《科学哲学：多元化、碎片化与内在一致化——基于历史唯物主义的视野》，《科学学研究》2012 年第 2 期。

② 刘战雄：《基于生态技术的广东战略性新兴产业发展研究》，硕士学位论文，华南理工大学，2013 年。

③ ［奥］格于布勒：《技术与全球性变化》，吴晓东等译，清华大学出版社 2003 年版，第 374—376 页。

④ 转引自刘战雄《基于生态技术的广东战略性新兴产业发展研究》，硕士学位论文，华南理工大学，2013 年。

然而，不管是面对第一个问题，还是面对第二个问题，事实上往往是“仅有一小部分新技术备选项目得以充分开发而成为一个民族物质生活的组成部分，新产品之间就要通过竞争看谁获选。最终获选的是与社会价值观和预期需求相一致并顺应了该社会当时对‘好生活’所持看法的那些项目”①。引文中这一小部分的新技术，就是经过了严酷的技术生态化的选择，并顺应了产业的内在规律而在市场和社会中扎根并发展起来的技术。爱迪生的许多技术发明能够成功推向市场，并在全世界广为流传，说明技术不仅仅要遵循其内在的技术规则，还应遵循技术的社会规则，即技术的功用与技术手段之间的协调。

社会需要往往是最为重要的外部推进力量，正是经过了社会层面众多参与者的博弈，技术的内部逻辑譬如技术手段、技术效率，被外化到社会层面，而转化为产业生存的逻辑。产业逻辑则又不外乎成本逻辑、效用逻辑和审美逻辑。任何产业要想在市场立足，都必须满足这两个方面：技术内在逻辑，以及技术的三个社会外部逻辑。

在此，我们可以模仿马克思的话说，如果不能完成从实验室到市场的“惊险的跳跃”，这个跳跃如果不成功，摔坏的不一定是技术，但一定是技术发明家和技术投资者。② 由于自然承载能力乃至承载容量的有限性，人类的技术以及技术所塑造的产业所蕴含的反自然性，以及人类经济活动的扩张性等，所有这些都决定了生态危机的产生有着其潜在的可能性。③

我们绝不能让生态危机在我们的身边发生。因此我们必须建立一个产业发展原则，这个原则能够指导产业的可持续发展。这个原则就是：遵循技术与产业发展内在规律的原则。北部湾经济区将以此来指导今天的产业发展。

无论是从产业发展的内在动力角度，还是从历史考察历史变迁的角度，都可以得出确切的结论：技术进步是产业发展永恒的动力。换句话

---

① ［美］乔治·巴萨拉：《技术发展简史》，周光发译，复旦大学出版社 2000 年版，第 2 页。

② 转引自刘战雄《基于生态技术的广东战略性新兴产业发展研究》，硕士学位论文，华南理工大学，2013 年。

③ 刘战雄：《基于生态技术的广东战略性新兴产业发展研究》，硕士学位论文，华南理工大学，2013 年。

说，技术进步是企业发展、企业提升乃至产业发展之内在的不竭的动力。技术结构，正是从这个角度与产业结构存在着千丝万缕的必然联系。[①] 也正是从这个角度，王天伟经过深入考察，得出结论："科技进步是中国产业发展进程中的第一推动力量。产业发展最快的时期，一般也是科技发明最集中的时期，科技进步对提高生产力起到了至关重要的作用。"[②] 这个结论的另一种表述就是武咸云、成伟、张克让三位所说的：产业结构和产品结构变革总是以技术结构变革为先导，而技术结构变革又都是以相应的产业结构和产品结构而告终。[③]

技术进步对产业的促进意义如图 9－1 所示。

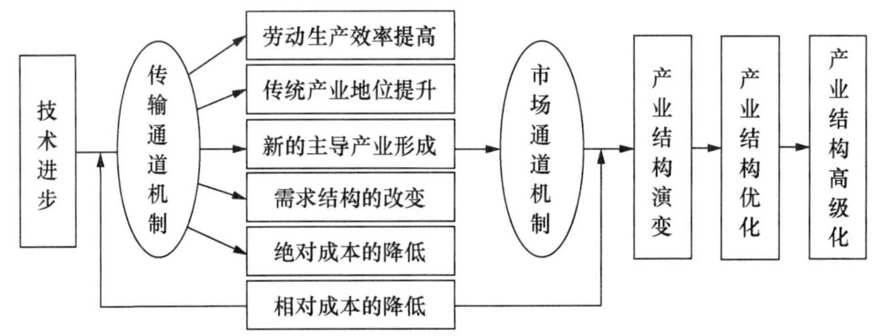


**图 9－1　技术进步促进产业结构演进的机理图**[④]

因此，在北部湾经济区的建设中除了在理念上认识并高度贯彻上述两个原则外，在实践中，还应该高度注意下述三个环节。[⑤]

第一个环节是规避风险。即在建构北部湾经济区产业的过程中，要自始至终树立规避风险的意识。任何产业的发展，都有着其内在的规律性，那就是必须经过孕育、初创、发展、壮大、调整、再适应等多个环节。任

---

① 刘战雄：《基于生态技术的广东战略性新兴产业发展研究》，硕士学位论文，华南理工大学，2013 年。

② 王天伟：《中国产业发展史纲》，社会科学文献出版社 2012 年版，第 25 页。

③ 刘战雄：《基于生态技术的广东战略性新兴产业发展研究》，硕士学位论文，华南理工大学，2013 年。

④ 武咸云、成伟、张克让：《产业结构优化与升级中的技术支持问题研究》，《兰州交通大学学报》（社会科学版）2005 年第 5 期。

⑤ 参见刘战雄《基于生态技术的广东战略性新兴产业发展研究》，硕士学位论文，华南理工大学，2013 年。

何一个环节的闪失，都会使一个产业遭受挫折，甚至是夭折。因此，在产业的所有阶段都潜伏着风险，隐匿着不确定性。正是从这个层面，在1998年，有一个叫弗农·埃勒斯的人，这个曾任职前美国科学委员会的副委员长，在总结了多年美国产业政策、后果及其经验教训之后，语重心长地告诫世人：在联邦政府重点资助的基础研究与产业界重点推广的产品之间存在着一道“死亡谷”，即在新兴产业生成过程中，由于技术、市场、政策、资源和环境等因素造成产品发展缓慢，企业数量减少，产业规模无法扩大甚至缩减，最终会导致该产业的夭折。弗农·埃勒斯所观察到的风险及其规避，在培育和发展北部湾经济区时务必注意。[①]

第二个环节是因地制宜，地域互补。由于自然条件、自然禀赋、地理位置等的差异，导致在一个地方的产业布局产业分工时，一是要确保其优势得到发挥，二是要确保其产业政策与周遭互补。北部湾经济区在培育和发展自身产业时也应务必注意这一点。[②]

第三个环节是产业承接的耦合性。北部湾经济区无论是其产业还是其技术，都有明显的特征，那就是相对于东部粤港澳而言，是技术和产业低洼地带，需要承接东部产业的转移；相对于大西南乃至东盟一些国家而言，则是属于技术与产业相对的高地，需要向这些地方转移产业。正是在这种背景之下，北部湾经济区属于枢纽地带。在这里，产业的耦合性就显得特别重要。所谓的产业耦合，实际上就是产业的相容性，不仅仅是产业本身的新技术与老技术是否相容，还包括产业与上下游产业，与左右邻居产业的相容性，正是因为相容，才使得成本得以降低，技术以集群的形式出现，以目下流行的话语来讲，就是以集约的形式出现。这就不仅大大降低了建构产业的成本，更塑造了产业发展的软环境。从这个角度，彭福扬教授认为，“在萌芽阶段，战略性新兴产业的成长和发展有赖于政府的宏观引导，在形成阶段依赖于政策引导和市场竞争规律的联运作用，在成熟阶段通过内生发展形成集群效应，市场起主导作用”[③]。其发展基本遵循

① 此观点参见刘战雄《基于生态技术的广东战略性新兴产业发展研究》，硕士学位论文，华南理工大学，2013年。

② 同上。

③ 吴传胜：《战略性新兴产业的形成机理与成长路径研究》，硕士学位论文，湖南大学，2012年。

"科学发明——技术突破——成果转化——规模生产——产业兴起——社会推广"这样一个模式。①

### 三 实现"14+10"产业协同发展的原则

2011 年 3 月，广西壮族自治区党委和自治区政府制定并向社会各界颁布了《广西壮族自治区人民政府关于加快培育发展战略性新兴产业的意见》，此意见的适时颁布，对广西培育和发展战略性新兴产业的意义、原则、重点和政策措施等作了全面具体的阐述，是新时期广西加快培育和发展战略性新兴产业的指导性文件，对于广西实现跨越式发展、提高产业竞争力、调整产业结构、加快转变经济发展方式等具有极为重要的意义。

在现代产业发展的新形势、新背景之下，任何产业的发展都不是孤立的，都是以产业链条一环的面貌出现的，或者是以崭新的产业闪亮登场，或者是由原有产业的改造完善升级而来。因此，要想在制造业方面立于不败之地，就必须得有恰当的产业战略。自治区先是于 2011 年 3 月，提出了"14+4"产业战略，而后于同年年底，即 2011 年 12 月，又提出了"14+10"的产业战略，除了原先所提出的四项战略性新兴产业（新材料、新能源、海洋经济、节能环保）之外，又新增了六个战略性新兴产业，它们是先进装备制造业、新能源汽车产业、新一代信息技术产业、生物医药产业等。②

为了实现北部湾经济区产业发展的可持续性，需要战略性新兴产业与传统产业在技术、产品、资金、人才等产业要素上以及产业结构、产业布局、产业政策等方面通过一定机制进行协调、耦合、协同，以实现二者的协同发展和演进。③ 其耦合作用机制见表 9－1。

---

① 此观点参见刘战雄《基于生态技术的广东战略性新兴产业发展研究》，硕士学位论文，华南理工大学，2013 年。

② 参见《广西战略性新兴产业发展的动态》，http://www.gxi.gov.cn/gjw_zt/gxzlxxxcy/。

③ 此观点参见刘战雄《基于生态技术的广东战略性新兴产业发展研究》，硕士学位论文，华南理工大学，2013 年。

表 9-1　　　战略性新兴产业与传统产业耦合的作用机制

| 作用机制 | 政府推动机制 | 传导机制 | 叠加放大机制 | 联动机制 | 融合机制 |
|---|---|---|---|---|---|
| 作用对象 | 产业环境 | 产业网络 | 产业链、产业群 | 产业空间组织 | 产业链 |
| 作用阶段 | 成长阶段 | 成长阶段、发展阶段初期 | 成长阶段、发展阶段初期 | 发展阶段初期、中后期 | 发展阶段中后期 |

资料来源：李世才：《战略性新兴产业与传统产业耦合发展的理论及模型研究》，硕士学位论文，中南大学，2010 年。

## 四　建构“14+10”产业的理论模型

仔细研究《广西壮族自治区人民政府关于加快培育发展战略性新兴产业的意见》，我们可以发现，所提出的未来 15—20 年广西战略性新兴产业的目标是：到 2015 年，战略性新兴产业要争取达到 1300 亿元的产业增加值，这个数字意味着广西战略性新兴产业的增加值的比重，将占国内生产总值的 6%。换句话说，到 2015 年，在广西要初步形成战略性新兴产业的基本发展格局。而到 2020 年，这个比重则要上升到 15%。换句话说，到 2020 年，要在广西打造一批能够对人民生活和国民经济带来显著影响的战略性新兴产业，要充分释放战略性新兴产业对民众生活的引领作用，充分释放战略性新兴产业对国民经济的主导作用。在此基础上，再经过 10—15 年的努力，甚至再经过 20 年的努力，将八桂大地上的战略性新兴产业，发展成为连接东部粤港澳与西部大西南以及与中部湖南湖北等地的枢纽地带。这样的远景目标，势必要求这个“14+10”产业，不仅仅是国内领先，还要世界领先，如此才可以成为八桂大地经济发展的强大引擎，成为大西南经济发展的重要引擎。①

这里借鉴杜威关于实验探究方法的思想，将建构思路简述如下：首先，确定相关目标。包括政府的政策目标、发明家的技术目标、企业的生产经营目标、顾客的消费目标、学者的学术目标、金融机构的业绩目标、NGO② 组织的发展目标等，当然，这些目标都是综合性的，按照系统性的

① 参见黄力明、胡德期、李笑琛《促进广西战略性新兴产业发展的财税政策研究》，《经济研究参考》2011 年第 12 期。

② NGO，英文“Non-government Organization”一词的缩写，是指在特定法律系统下，不被视为政府部门的协会、社团、基金会、慈善信托、非营利公司或其他法人，不以营利为目的的非政府组织。

要求，不仅包括工具性目标，还包括价值性目标，而且有长期目标和短期目标之分，战略目标与战术目标之别，目标的确定包含着各建构主体的生态理念，体现了各自的利益诉求，表达了我们对未来的向往，是我们要到达的彼岸，也是我们建构的动力。其次，识别产业问题。战略性新兴产业发展过程的问题是多种多样的，有政策问题和技术问题，也有生产问题与消费问题，还有认识问题及融资问题等，各主体在充分收集信息的基础上，分析判断这些问题的表现和原因。再次，拟订解决方案。根据问题的性质、自身的定位和所具备的资源，拟订解决方案，比如需要制定什么样的产业政策，提供什么样的产业技术、产业发展建议、产业融资渠道以及进行什么样的产业生产等。最后，执行选定方案。在执行过程中，各主体要协调配合，只有这样，才能形成合力。反馈与调整贯穿建构的整个过程，战略性新兴产业建构的理论模型如图 9－2 所示。

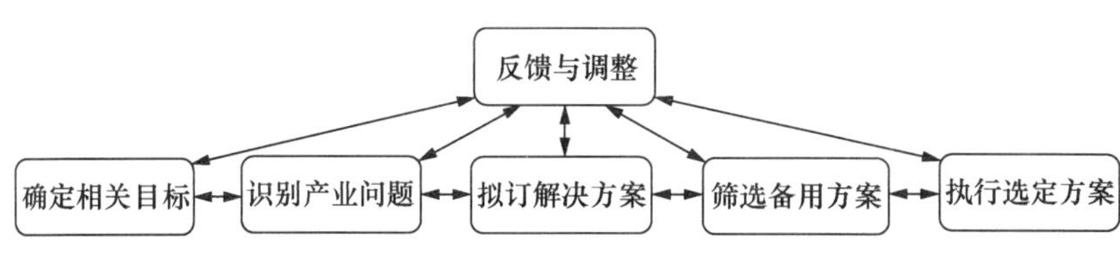


**图 9－2 产业建构的理论模型**

## 第五节 政策体系的建构路径

### 一 政府的建构内容

政府以提供产业社会技术为主，其中最主要的是产业制度。产业作为一种由人主导的活动，在其尚未正式运行前，各建构主体已先天地置身于产业制度当中，受这些制度规范与作用，行动者主观能动性如何发挥、发挥的效果如何，都与这些制度息息相关。产业制度是产业生成的前提和基础，在某种意义上甚至可以说制度高于技术。政府的建构内容主要有：

#### （一）完善产业政策体系

无论是从北部湾经济区的政策，还是从目前广西战略性新兴产业的发展政策来看，泛化性政策多，针对性不够。生态政策、研发政策、技术政策、人才政策、财税政策、金融政策、市场政策、统计政策等尚未形成完整协调的政策体系，各政策与自然之间的协调性，与社会之间的和谐性以及彼此之间的功能匹配性都有待提高。政策的制定、投放、实施、反馈和退出机制也都需要进一步完善，现在的问题是，只见政策投放，不见政策退出。尤其是战略性新兴产业的发展面临极大的不确定性，各级政府应该建立产业风险的预警和规避机制，以防止技术路线的失败。自治区政府以及“湾办”还要建立区域产业协调机制，以协调“4+2”市的产业发展，使其各有分工，优势互补，共同发展。要注意打破地方保护主义，通过竞争来提高产业发展质量。

任何决策都依赖于信息，因此，应“加强对世界产业发展新趋势的跟踪，警惕全球产业发展的偏向和不确定性；加强对新产品市场培育的跟踪，构筑战略性新兴产业市场风险的防御体系；加强对现行战略性新兴产业政策效果的评估和跟踪，适时进行政策的进入与退出；加强对重点企业、重要基地生产经营状况的跟踪，构建适宜战略性新兴产业发展的现代生产经营模式；加强对全球战略性新兴产业价值链、技术链、产业链形成过程的跟踪，研判嵌入全球战略性新兴产业‘三链’的契合点和突破口”①。要根据产业类型、产业发展阶段和产业条件采取不同的扶持方式，绝对不能过度支持，造成溺爱，影响其后续发展。

（二）引导产业生态化

生态化具有明显的外部性特征，没有外力的介入，企业和顾客很难主动寻求实现，所以，必须发展广西“14+10”战略性新兴产业中的生态技术。政府应根据确立的生态目标，设定一定的生态规则，来规范战略性新兴产业企业的产业行为，使之符合建设生态文明的标准，消除劣币驱逐良币的逆淘汰现象。首先要针对战略性新兴产业的特点制定科学合理、详细可行的生态标准，比如能耗标准、排放标准、产品回收标准等，但由于一些标准不好或不宜量化，所以要定量标准与定性标准相结合。这些标准必须基于产业系统的因果规律，能够反映战略性新兴产业的发展趋势，能

① 李金华、白嵩：《对战略性新兴产业发展进程动态跟踪的五项建议》，《中国经贸导刊》2013年第2期。

够把尽可能多的信息融合为一个综合指数。标准必须清晰明了，便于理解，必须与现行的政策目标的相关活动相关联，并根据时空、参与者、目标的改变适时对这些标准进行调整。这些标准的制定还要着眼于整个产品周期，从生产、使用一直到最终处置，比如新一代信息技术产业虽然也属于生态产业，但其产生的电子垃圾却是一大污染。其次要内化生态成本，生态成本主要有三类，一是污染预防，二是清洁生产，三是污染治理。企业破坏了环境却没有因此支付成本，消费者乱丢产品也不需要支付成本，所以，要通过让企业和消费者支付生态成本来使这些负的外部性内部化，政府既可以通过界定产权等办法将生态资源有偿化，也可以通过生态标准提高市场准入门槛和顾客消费门槛，以提高其破坏生态的成本，减少其破坏生态的行为。最后要实施生态补偿，对破坏生态的企业和个人进行处罚，对生态保护者进行奖励，对生态破坏的受害者进行赔偿。

（三）加强与粤港澳台的合作

北部湾经济区东连粤港澳台，要善于利用这种地理优势，加强与四地的技术合作、经贸往来，向其学习先进的产业发展经验、产业服务体系和产业扶持政策，并把粤港澳台作为北部湾经济区以及广西战略性新兴产业走向世界的一个中转地和缓冲带，以港澳台为通道走向东南亚市场，以及为走向欧美等发达国家市场创造条件、积累经验。要探索与四地进行常态化合作的框架与机制，为企业寻找技术、资金支持和开拓市场创造条件。企业也应该积极寻找粤港澳台的合作伙伴。粤港澳台的生态技术发展领先内地，其环境也相对较好，广西居民到四地旅游越来越多，越来越方便，游客过去后，可以切身感受到当地的环保意识，体验当地的环保措施，增强对美好环境的向往，进而增强生态意识，在回到广西后增加绿色消费。因此，在节能环保领域与粤港澳台展开合作的动力和可能性更大。

（四）借鉴其他地区产业经验

虽然矛盾具有特殊性，但矛盾的普遍性也寓于特殊性之中，只有特殊性而没有普遍性的事物是不存在的。国外发达国家和国内其他省市的相同或相似产业的发展经验，我们都可以学习借鉴。发达国家现代化水平比我们高，机制和政策比我们完善，产业发展也比我们靠前，通过对其产业经验的借鉴，我们就可以充分发挥后发优势，避免走弯路，学习其先进经验，适当缩短产业发展时间，进而缩小与发达国家的差距。比如美国的人才政策和科学基金会对会聚技术的预测、军民融合的产业发展路径、硅谷的技术产业化机制、纳斯达克的创业板市场、贝尔实验室的研究范式、北欧的环保理念、NGO 环保组织的作用，再比如美国市场主导型、德国全能银行主导型和日本银行主导型的战略性新兴产业的融资机制，等等，都是可以结合国情、区情加以利用的。另外，生态技术发源于西方发达国家，其相应的生态制度也比我们完善，这方面也有很多可以借鉴的地方，比如技术设计中的产品设计小组、面向产品生命结束的设计和产品生命周期评价，企业管理中的绿色产品开发过程、ISO 14000 系统和环境管理体系，政府部门的地球系统工程与管理和可持续性定量评估等。

此外，我国其他省市的经验也可借鉴，特别是北京、上海、江苏、浙江等地，它们在发展这些产业的过程中有哪些机制建立，哪些政策出台，又有哪些举措实施，还有哪些失误之处，都可以参考。比如浙江成立“转型升级办公室”，对省内战略性新兴产业进行统筹协调；上海在户籍管理、出入境管理、子女教育、医疗保健、住房等方面为相关人才提供便利；江苏的区域性私募股权投资中心建设；京津冀三地通过产业分工、技术交流、基础设施共享等方式进行的互补配合等。

（五）促进“14+10”战略的实施

根据 2011 年 3 月所颁布的《广西壮族自治区人民政府关于加快培育发展战略性新兴产业的意见》，颁布“14+4”的战略任务，接着于当年 12 月底公布了“14+10”的战略性新兴产业。根本任务是：“十二五”乃至更长一段时期内，培育发展战略性新兴产业是产业结构转型升级的重点，也是做大做强做优广西工业的工作重点。通过培育一批重点产业，打造一批特色基地，实施一批重大项目，壮大一批领军企业，建设一批创新平台，突破一批核心技术，全力推进广西战略性新兴产业发展。“十二五”及其今后一段时间，要大力推进“双十千项工程”，重点培育发展生物医药产业、新材料产业、新能源产业、节能环保产业、新一代信息技术产业、新能源汽车产业、生物农业、先进装备制造业、海洋产业、养生长寿健康产业十大战略性新兴产业；重点建设十大特色产业基地，即我国南方民族药物和国家基本药物重大疾病原料药基地、有色金属新材料和生物基材料基地、清洁能源示范基地、节能环保和循环经济示范基地、新一代信息技术产业基地、区域性新能源汽车产业基地、区域性特色生物农业基地、世界级工程机械装备制造基地、区域性海洋产业基地、中国—东盟医疗保健养生基地；围绕重点领域，统筹推进1000个左右重大项目建设。①②

尽管北部湾经济区有着战略性新兴产业发展的政策优势，但若传统产业不能顺利退出，资源将更愿意停留在风险系数较小的传统产业上面。因此区政府要加强统一协调，除了为企业提供转移服务外，还要通过政策激励来消除来自地方政府的阻碍因素，理顺利益关系，完善利益分配。加强产业转移工业园的建设，提高其招商、安商、亲商、扶商和富商的能力和对产业的吸引力。

（六）规划产业布局

对空间生产力进行布局的具体方式，就是进行产业布局。对照之前生产力布局的三条原则，我们可以发现，北部湾经济区有着建立良好合理的产业结构布局的诸多便利条件。首先，北部湾经济区接近东南亚和大西南原料、能源产地，毗邻粤港澳这一经济发达的市场，是连通华南、西南、东南亚的交通枢纽，其地缘优势提高了地区内的社会劳动生产率。其次，北部湾经济区内各市都有自己独特的资源和产业优势，如北海在电子产业有优势、钦州在石化资源上有优势，这种各具特色的格局有利于经济区内的合理分工。最后，北部湾经济区的特色产业是电子信息、海洋制药等绿色朝阳产业，这些产业与农业的发展冲突较小，同时经济区内自然风貌保存良好，城乡之间差距虽大但对立较少，这都有利于工农结合和城乡结合。

基于北部湾经济区的这些优势，我们应当在充分发挥优势的情况下进行产业布局。

南宁可以利用其靠近原料产地的优势选择金属冶炼及制造业，同时发展生物工程制造业和各种加工业，积极发展商贸、物流、金融等具有发展前景的产业。

北海则可以利用其自然环境大力发展旅游业，充分利用外资发展高附

① 参见《广西壮族自治区人民政府关于加快培育发展战略性新兴产业的意见》，http：//blog. sina. com。

② 参见《广西北部湾经济区发展规划》。

加值、低污染的高科技企业，如生物制药业、海洋生物业，利用其本身的产业优势发展电子信息产业。

钦州应围绕港口建设，利用资源优势发展临海型的重化工产业和能源产业。

防城港是广西的第一大港口，同时也是东盟走向中国最便捷的通道，发展港口物流业可以充分发挥其交通枢纽的优势，有利于对外贸易的发展。

北部湾经济区产业布局应当强调生态优先原则，强调在产业规划中更加有效地利用资源，确保产业发展过程中尽量减少对环境的污染，从而实现减少工农业之间、城乡之间的对立冲突，实现工农结合、城乡结合。

总之，北部湾经济区的产业布局，应当发挥自身优势，发展联结华南、西南、东南亚的交通物流港口产业，发展具有自身特色的临港工业、海洋产业，发展符合可持续发展战略的绿色产业、信息产业。通过合理的产业布局提高生产力，提高区域综合实力，提高经济区内人民生活水平。

（七）建立多元化投融资体系

要实现北部湾经济区内的资本数量形式的扩张，就必须要打通投融资的渠道，建立多元化的投融资体系。根据北部湾经济区的自身特点，可以从以下五个方面来建立多元化的投融资体系。

第一是要以项目建设为依托，丰富投资主体。如前文所述，“十二五”期间，北部湾经济区计划实施项目2375个，投资2.6万亿元；新开工重大项目1130项，总投资约1.6万亿元。这些项目涵盖了交通基础设施建设、港口建设、新能源、新材料等产业，由于项目的覆盖面广，其投资主体也更加多元化。外资、政府、民间资本都可以是投资主体。

第二是借助金融机构，以金融机构为投资主体。金融机构一直以来都是投融资的主力军，而北部湾经济区过去受困于区内金融机构融资能力有限，未能吸收到大量投融资。近年来，这一状况得到了改善。在国内金融机构方面，目前已有华夏银行、广发银行、民生银行等入驻北部湾经济区；国际方面，则已有亚洲开发银行承诺向经济区提供贷款。我们应当利用东盟这一窗口，通过东盟各国加强与国际金融机构的合作，吸引更多国际资金的流入。

第三是通过区域合作，以区域成员为投资主体。北部湾经济区作为三大经济区域的中心枢纽，应当依托自身区位优势，加强区域成员之间的引资合作。特别是向粤港台地区进行招商引资。利用能源充足、劳动力成本低、面向东盟窗口等优势，吸引粤港澳台地区的资本注入。

第四是依托国家战略，争取中央资金支持。北部湾经济区是我国面向东盟的重要窗口，随着近年来我国与东盟之间政治经济合作的增多，北部湾经济区将具有越来越重要的战略地位。基于此，我们应当向中央积极争取更多的资金支持。

第五是发展区内企业，增加直接融资。打铁还需自身硬，提高区内企业的实力，扩大直接投融资的渠道和规模是实现经济区内资本增加的有效途径。具体来说，区内企业可以通过积极寻求上市、增发配股、发行企业债券等方式来进行融资，从而获得更多资金投入到企业生产中。

总之，北部湾经济区本身就享受西部大开发、沿海开放、少数民族自治、边境地区开放等优惠政策，加之丰富的自然资源和优美的自然环境，在完善了基础设施，打通了资金流动的软硬件通道之后，将会成为投融资的热点。

（八）完善人才体系

人是北部湾经济区生产建设的直接参与者，而人才则是北部湾经济区科技创新、体制创新的关键。人才缺乏一直以来都是制约广西发展的问题之一，北部湾经济区是广西人才相对密集的地区，但与发达地区比较，人才仍然偏少。

据统计，北部湾经济区每万人口中拥有专业技术人才 148 人，低于全国平均水平。每万人口中普通高校在校大学生只有 99 人，比全国少 62 人。国民平均受教育年限 8 年，比全国差 0.6 年。

由于人才的缺乏，造成了北部湾经济区科技创新能力不足、企业无力扩大生产等窘迫局面。而想要填补人才的缺口，无非是通过区内培养和区外引进两种途径。另外，为了避免人才的流失，还需要相应的措施来留住人才。综合这些，北部湾经济区要解决人才缺乏的问题，就需要建立一套完善的人才培养、引进、服务机制。

在人才培养方面，需要加大对教育事业的投入，提升经济区内民众的整体素质。同时，要注重对专业技能人员的培养，所训练的专业技能要结合北部湾经济区的产业规划，保持技能与产业发展同步，以此为招商引资提供保障。

在人才引进方面，则侧重于引进新兴产业中的领军人才，抓住了创新型人才，就是抓住了产业转移和产业升级的关键。同时，可以效仿发达地区的做法，编制紧缺人才目录，提高对紧缺人才的待遇，从而保障稀缺人才的顺利引进。

人才的培养与引进不是我们的最终目的，留住人才，尽其所用才是我们的目标。因此，需要建立完善的人才服务机制来留住人才。这种人才服务机制可以效仿珠海推行的“一站式”人才服务机制，即将高层次人才可能面临的子女就学、配偶工作、户口迁移等安排专人专员，提供绿色通道，进行优先办理解决。同时，留住人才是一个长期的工作，还需要多组织人才参加经济区内的各项活动，培养他们的归属感；为人才建立长期的职业规划，提高他们长期服务的兴趣；效仿“企业文化”的概念建立“经济区文化”，提高工作者的认同感等。

通过上述措施，建立起一套完善的人才培养、引进、服务体系。从而解决北部湾经济区人才缺乏的困境，为科技创新提供动力，为经济区发展扫清障碍。

### （九）实施知识产权战略和技术标准战略

要想通过科技创新的手段来实现资本的扩张，在通过培养、引进人才的方式提升科技创新能力的同时，我们还应健全科技创新的激励与保障机制。对北部湾经济区而言，我们亟须实施知识产权战略和技术标准战略来激励和保障北部湾经济区的科技创新。

#### 1. 实施知识产权战略

全球化大潮已是势不可当，其表面所呈现的是贸易全球化。究其实质，则是经济和产业的全球化，经济和产业所依赖的深厚的基础是科学和技术。换句话说，经济全球化和区域经济一体化的实现所凭借的是技术的进步和技术的全球化。专利商品化乃至专利制度是其核心部分。它既是以西方为主导制定的关于全球贸易的游戏的核心部分，同时也是西方所设定的隐性的贸易壁垒。因为在科学技术方面，发展中国家至少在目前乃至相当一段时期内是相对落后的。在这种世界一体化的大环境中，发展中国家和地区，如果不奋起直追，只能“被全球化”。因此，实施知识产权战略，是适应全球化运动的内在要求。

知识产权战略的实施主体可以是国家、行业或企业，所以知识产权战略根据主体的不同可以划分为国家知识产权战略、行业知识产权战略和企业知识产权战略三种。

北部湾经济区实施知识产权战略，应该围绕以下四点做文章：

第一，要加大知识产权概念的宣传普及。就北部湾经济区现状而言，知识产权观念淡薄、企业知识产权保护意识不强是不争的事实。加强对知识产权的宣传普及，树立知识产权保护的意识，是实施知识产权战略的先决条件。

第二，要着眼于未来，认识到部分研究的长远价值，提前对其进行知识产权保护。对于一些短期内无法实现利润但关系长期发展的项目，应该鼓励和扶持其发展，在价值尚未体现时预先进行保护。

第三，要认识到负面效应，避免知识产权阻碍创新。虽然说知识产权是激励和保障创新的制度，但目前，也有一些企业利用知识产权来设置技术壁垒，垄断市场继而阻碍了科技创新。比如前段时间沸沸扬扬的“王老吉”“加多宝”品牌之争，就是这种知识产权弊端的显现。要防止滥用知识产权保护的现象，对专利、品牌、产权的保护要建立在能激励科技创新的基础之上。

第四，要降低知识产权维权的成本，增加知识产权维权的途径。北部湾经济区内的企业实力还相对薄弱，没有足够的财力进行维权；同时，我国关于知识产权保护的法规也相对较少，使得维权途径单一。这两大因素，造成了知识产权“雷声大，雨点小”，官司难打、维权困难的窘境。应当降低知识产权的维权成本，出台地方性法规保护知识产权，丰富维权途径。

通过上述措施，充分发挥知识产权战略的价值，多方面促进北部湾经济区的发展。

首先，实施知识产权战略，可以有效地保护创新者和发明者的权益，从而激发了个人和企业的积极性和创新激情，促进科研开发专业队伍与业余队伍的壮大，从科技创新方面促进北部湾经济区发展。

其次，实施知识产权战略，是对法律和公正的尊重，可以营造公平竞争的法律环境，在保护市场的同时，使经济发展在法制的轨道上有序运行，从经济秩序上促进北部湾经济区的发展。

再次，实施知识产权战略，可以标示出北部湾经济区内现阶段科技的发展水平和生产力的水平，从而让科技工作者了解科技现状、让企业管理者更明确地选择将生产的产品。避免科技工作者的重复研发和经济区内企业的重复生产，提高资源的利用效率。

最后，实施知识产权战略，可以保证“后发效应”的顺利发挥。有效的知识产权保护，一方面可以使我们处在技术转移的公平市场之中；另一方面使区外先进技术的持有者能放心将技术引入区内，消除技术引进中的顾虑。

2. 实施技术标准战略

随着市场经济的发展，企业和民间流行着三句俗语：一流的企业做标准，二流的企业做品牌，三流的企业做产品。可见技术标准之重要。所谓的技术标准是对技术活动中需要统一协调的事项制定的相应的标准，它是一个企业进行正常的生产和技术活动的基本准则。随着经济、技术、社会的发展，技术标准的内在理念已然发生变迁。它从当初的仅仅被当作节约原材料、节约人力的准则，包括部分零件的标准化，演变成为一种内在的技术壁垒。其技术理念已悄然发生了转移。比如 2015 年 5 月为人所关注的“农夫山泉”退出北京市场一事，就是由于国家饮用水的技术标准和浙江的技术标准存在差别，使得“农夫山泉”深陷“标准门”之中。正是由于技术标准这种含义和应用上的改变，企业、科研院所、地方政府、国家等纷纷研究技术标准战略。所谓的技术标准战略，指的是任何一个市场主体从自身的发展状况和发展目的出发，通过一系列技术标准的建立、被市场认可乃至大范围的市场推广，从而在残酷竞争的技术和市场双重中谋求自我利益最大化的手段和策略。①

随着经济全球化进程的延续，国家之间的传统的关税壁垒被打破，为了保护本国市场，越来越多的国家开始采用技术标准化的措施，设置技术壁垒来取代关税壁垒。应对这一新形势，北部湾经济区应该加快实施技术标准战略，打破技术壁垒。

北部湾经济区实施技术标准战略的具体举措，应包括如下几个方面。

---

① 黎萤、陈劲、杨幽红：《技术标准战略、知识产权战略与技术创新协同发展关系研究》，《中国软科学》2004 年第 12 期。

第一，实施技术标准战略的第一步是要建立技术标准。相比于发达地区，北部湾经济区的技术标准制定工作起步较晚，还有部分行业没有统一的技术标准。北部湾经济区内尚未制定技术标准的产业，应当加快制定技术标准的进度，避免未来因为标准缺失而造成经济损失。

第二，对于已经制定了技术标准的产业，应当在实践中重新检验其技术标准。对不合时宜的标准进行修改，做到技术标准的与时俱进。力争让地区标准达到甚至超过国际标准，从而打破其他国家地区的技术壁垒。

第三，要有参与国际技术标准制定的决心和魄力。掌握了技术标准就是掌握了话语权，如果不主动参与国际技术标准的制定，只能授柄于人，处处受制。经济区内的企业应当加快提升自身的实力，努力争取国际技术标准制定的权力，为自身发展谋取更大利益。

第四，要培养一批技术标准人才的队伍。建立技术标准人才培养机制，在大学开设标准化课程，设立标准化研究方向的研究生专业。建立标准化人才培训中心，加大培养技术标准的国际型人才，并注重在大型国际化企业中选拔国际型人才。

通过上述措施，我们能迅速建立起一套技术标准化体系。在未来可能面对的技术标准问题中占得先机，打破技术壁垒；在一些优势产业上把握主动，成为经济规则的订立者，利用技术标准为地区经济发展争取更大利益。

### （十）建立政府部门间协调机制，扎实推进相关政策的制定与实施

北部湾经济区的政策制定与实施，是涉及能源、农业、工业、科技、教育等多个部门，南宁、北海、钦州、防城港等多个地区之间布局合作的大课题。想要顺利保障相关政策的制定与实施，就必须区分各部门、各地区之间的主次关系与发展的先后顺序，因此，建立政府部门间协调机制势在必行。

#### 1. 什么是政府部门间协调机制

政府部门间协调机制是指部门之间的各要素相互协调、相互合作以提高政府整体效率的运作过程，它是行政管理体制的一个重要组成部分。随着社会经济的快速发展，政府所面临的任务也变得越来越复杂多样。许多工作不再是由一个部门可以独立胜任完成的，政府部门间的共同合作成为必然。有合作就需要进行分工，政府部门间的协调机制，就是为了明晰各

部门间的政府分工，保障各部门工作的有效衔接，从而实现政府整体的协调运转。

2. 北部湾经济区建立政府部门间协调机制的途径

第一，建立政府部门间协调机制前提是精简机构。改革开放以来，我国先后经历了六次大规模的政府机构改革（包括正在进行的大部制改革），机构臃肿问题是每一次改革都着力解决的问题之一。从哲学上来说，系统中的要素越多，对各要素进行分工就越复杂。想要有简单明确的分工，就需要减少系统中要素的数量，将相似的要素合并。同理，想要建立职权明晰的部门协调机制，就要减少部门的数量，将功能相近、职权相似的部门合并兼容。所以，清理掉部分设置不科学、存在意义不大的政府机构是建立部门协调机制的第一步。

第二，分工、决策、执行是建立部门间协调机制的三大要素。建立部门间协调机制，首先要对工作进行分工，对各部门间的任务有清晰的划分；继而要对工作的实施步骤、实施途径、调用资源、财政预算等进行科学决策；最后需要各部门按照决策规划进行执行。建立部门间协调机制，就是保障这三大步骤的顺利进行，做到分工合理、决策科学、执行顺畅，从而提升整体效能。

第三，监督与问责制度是部门协调机制运行的保证。过去存在的问题是部门间的协调合作强制性、约束性较低，缺乏有效的监督机制。出现问题之后，各部门相互推诿扯皮，难以问责。因此，在工作进行过程中要发挥上级政府的监督作用，对整个工作的运行状况进行监控；在工作进行之前，更要明晰责任，对可能出现的问题进行预判，方便日后追责。

总之，精简机构是建立政府部门间协调机制的前提，而政府部门间协调机制又可以细分为分工、决策、执行三大机制，建立监督与问责机制是对政府部门间协调机制的保障。

3. 建立政府部门间协调机制的作用

建立政府部门间协调机制，有以下三点重要作用。

首先，建立政府部门间协调机制可以集中力量办大事。政府部门间协调机制集中了各个部门的能量，形成合力，可以解决社会经济发展中遇到的复杂问题和繁重任务。通过高效的协调运作，甚至可以达到“1 +1 >2”的效果，带动北部湾经济区的发展。

其次，建立政府部门间协调机制可以提升政府工作的效率。通过对政府机构的精简协调，各部门之间的职权更加明晰，避免了重复工作，提升了工作效率。过去建厂投资需要跑十几个部门盖几十个公章的现象不再存在，减少了北部湾经济区发展的阻碍。

最后，建立政府部门间协调机制可以改善工作作风。之所以存在工作作风懒散、工作态度恶劣的问题，很大程度上是由于监督与问责制度的缺失。权力缺少监督，自然会滋生腐化和慵懒。建立政府部门协调机制，明晰责任，对工作中的问题进行问责，从而改善工作作风。

总之，通过政府部门间协调机制的建立，可以集中政府力量、提高工作效率、改善工作作风，从而扎实地推动相关政策的制定与实施。

## 二　科学家与发明家建构的内容

技术工具论认为技术是纯粹的中性的工具，效率原则是其唯一的真正的原则，技术任何的负效应都与技术本身无关，而是技术误用的结果。技术实体论则认为技术是自主的，是一种人类无法改变和超越的力量，人类对其无能为力。这两种技术观都有偏颇之处，前者使技术的发明者对技术的负效应免于负责，因为他们只是制造了技术，而没有使用它；后者则忽略了任何技术都是由人建构的，所以，人类总可以对技术施加影响，而不会只是技术运行的旁观者。发明家以提供产业自然技术为主，其建构内容主要有：

### （一）大力发展产业核心技术

核心技术是战略性新兴产业的生长点、增长极，没有核心技术的战略性新兴产业徒有其名。任何技术都是一个系统，发明家作为主体性要素，根据自己的技术目标，包括该技术的边界和应用环境，选择组成这一技术系统的原料、工具、机器和设备等客体性要素，然后利用技术知识、技术经验、技术技能等智能性要素设计出客体性要素相互作用的程序和方式，即技术系统的结构，并考察中试检验这一结构是否实现了预期的系统功能及实现的效果如何，达到预期目标即表示发明成功。技术发明相当于芬伯格所谓初级工具化，通过去背景化、还原化、自主化和定位化四个环节使理念的技术变成现实的技术，但是，初级工具化使技术过分追求效率，忽视社会价值和生态价值等其他价值要求，所以要通过技术争论、创新对话、参与设计和创新性再利用等技术的民主化，使企业家、消费者、环境专家、投资人等相关群体的意见也加入到技术发明中来，通过系统性、中介化、职业化和主动性实现技术的次级工具化。要考虑技术的市场竞争力、消费者的偏好和支付水平、产业化的要求等，只有这样，发明出来的核心技术才能实现产业化和社会化。除了原始创新，还要注意集成创新和引进消化吸收再创新。

要联合科研院所、企业技术中心等加强核心技术的原始创新，同时改进科研体制，引进高端技术人才，严格相关项目的审批、考核，寻找与港澳台甚至国外机构建立合作创新中心的机制和途径，果断退出自己并无明显优势的领域，扬长避短，集中资源搞好重点突破。而且，实践证明，技术因素是影响生态环境重要的可变因素，技术既是污染物排放的引起者，又是污染防治的创造者，决定环境质量的变化状况及趋势。所以，产业核心技术应该符合生态化的要求。

（二）实施面向环境的设计

设计发明是技术的起点也是产业的起点，生态化是技术发展的必然趋势，是技术人性化的重要内容，是技术创新的必然方向，东南大学夏保华教授认为“技术创新生态化是指技术创新与自然生态系统密切结合，着眼于维护自然生态系统的稳定与和谐，节约自然资源，保护生态环境，创建与生态环境相协调的技术生产系统，从而推出有利于生态环境改善的新产品”①。面向环境的设计（Design for Environment）是产业生态学的重要理念，也是实现技术和产业生态化的重要方法。

面向环境的设计不是指向过去的“先污染，后治理”，修复由于过去不恰当处置工业废物或对技术的误用所造成的环境、生态危害；也不是只关注现在的“遵纪守法”，遵守相关环境法律法规的要求，强调废物减量化，避免使用已知的有害物质，采用“末端”治理措施控制废物的排放，避免过去一些明显的错误，并负责任地开展生产经营活动；而是面向未来的“防患于未然”，倡导、要求发明家和工程师在进行技术创新和工程建设时，从所需能源、所用材料、技术结构、产业生产和运输、产品使用和用品处置等各个角度考虑产品的生态影响，全面系统地将环境因素纳入产品、服务的设计开发过程中，使产品低毒、少废、材料环保、节能、易升

① 夏保华：《技术创新的社会文化实践本质与方向》，《科学学研究》2006年第2期。

级、易回收，通过资源的充分循环和能源的高效利用，来实现产业与环境兼容、人与自然和谐的可持续发展目标。

## 三 企业建构的内容

企业是北部湾经济区的主要实体，是实现产业生态化最重要的主体，是产业政策的具体实施者，也是消费产品的提供方，还是各类产业服务的需求人，是将其他建构主体联结起来的纽带，地位和作用非同一般，其建构内容主要有：

### （一）畅通技术产业化渠道

产业化是技术社会化的必由之路，无法实现产业化的技术早晚会被市场淘汰。可根据实际情况采取战略联盟的方式加强与科研机构、其他企业和服务组织的合作，提高技术产业化效率，降低技术产业化成本。尤其是中小企业，可借助战略联盟的方式实现资源集聚、风险分解、优势互补、共同发展，实现“1+1>2”的效果。人才是企业发展的第一资源，对战略性新兴产业来说尤其如此，所以要完善人才政策，通过提供平台、提高待遇、技术入股等方式引进新的高端人才，同时提高已有人才的素质。由于战略性新兴产业是政府选定的，而非市场认定，所以企业应该充分理解把握相关产业政策，争取政府支持。同时关注新技术和新流程，建立风险规避机制。此外，还要根据产品价值、顾客需求、资源禀赋、核心能力、成本结构、盈利方式等创新商业模式，通过制度创新来促进技术的产业化。

### （二）进行生态化生产

企业不仅是经济组织，也是社会组织，必须承担相应的社会责任，比如生态责任。战略性新兴产业属于生态产业，所以其相关企业应该遵循国家相关的法律法规和 ISO 14000 环境标准，建立环境管理体系（Ecology Management System），制定、实施、评估和维护保护生态所需的组织架构、生产经营活动、职责、程序、过程和资源，重视相应生态技术的开发与应用，并努力实现其产业化。实行生态化生产不仅有利于改变企业，赢得客户的好感，改善企业与社区的关系，获取媒体的认同，争得政府的支持，还有助于突破市场尤其是海外市场的绿色壁垒，扩大产品的销售市场，增强企业的技术实力，进而提高北部湾经济区的产业竞争力和发展水平。

## 四 消费者建构的内容

消费是生产的目的和归宿，在北部湾经济区还没有建成，在“14+4”

战略性新兴产业市场尚未完全培育起来、缺乏忠诚顾客的情况下，消费对于北部湾经济区来讲，意义尤为重要。消费创造出新的生产的需要，因而创造出生产的观念上的动机，后者是生产的前提。消费创造出生产的动力。没有相应的消费，战略性新兴产业的发展既无动力也无意义。消费是战略性新兴产业形成的基础，为产业升级直接提供动力，规范着生产的方向和结构，只有进入消费领域，产品中耗费的具体的个体劳动才能转化为抽象的社会劳动，其价值才能得到实现，产品才能完成“惊险的跳跃”。作为重要的建构主体，消费者也在有意或无意中参与了技术的创新，甚至与企业共同发明（Co - invention）。借助个性化、扩展性和传导性，消费者对战略性新兴产业产品的认识越全面，接受越广泛，就越有利于产业的发展。

但提倡消费绝不意味着赞成制造虚假需求、膨胀物质欲望的消费主义，所以要进行绿色消费，一是节约消费数量，二是增加 LED 灯具、新能源汽车、节能冰箱等生态技术新产品的消费。消费者增加对绿色产品的购买量，可以对企业产生促进作用，刺激企业生产更多、更好的绿色产品，注意产品所用的材料、外形，并考虑产品的处置。在使用过程中，消费者还会有意无意地开发产品中企业没有想到的功能，对其进行二次绿色创新，帮助企业完善自己的产品，使之更“绿”。使用完之后消费者对产品的处置也直接关系到产业的生态化，因为产品的处置属于产业流程的重要环节。最后，绿色消费的前提是绿色认同，即消费者认定其所消费的产品是绿色的，这就要求企业不但生产绿色产品，还要对消费者进行绿色教育，宣传绿色产品和绿色生活方式，提高消费者的绿色意识，这样通过绿色消费，就可以增进全社会的绿色自觉，使绿色消费成为一种时尚，一种风气，又间接地为战略性新兴产业的发展营造良好的社会环境。

### 五　服务组织建构的内容

产业服务是指“一个组织提供给另一个组织的基本无形的、不会导致任何所有权改变的行为或活动，其生产过程可与或不与有形产品联在一起”①。产业服务组织大致可分为两类，一类是纯粹的服务组织，比如广

① Edward G. Brierty，Robert W. Eckles，Robert R. Reeder，*Business Marketing*，中国人民大学出版社 1999 年版，第 308 页。

告、物流、咨询、培训、财会、金融等；另一类是与产业密切相关的产业支持性服务组织，比如行业协会、科研机构、高等院校、律师事务所、相关 NGO 组织等。各类产业服务组织是战略性新兴产业得以运行的支撑平台，其所建构的内容即各类产业服务，比如计算机软件与信息服务、研发与技术检验服务、经营组织服务（包括管理咨询与劳动录用服务）、人力资源开发服务、法律服务、会计服务、建筑和工程服务、技术咨询服务、公司企业管理等。通过这些服务组织，把更多的人财物吸引、凝聚到北部湾经济区和“14+10”战略性新兴产业上来，为其发展提供更多的资源。各服务组织通过商谈与博弈的方式和战略性新兴产业企业进行竞争与合作，弥补其不足，使其如虎添翼，使相应的生态技术可以更好地产业化；北部湾经济区的建设也可以通过这些服务组织辐射到更广的层面，促进传统产业升级和经济发展方式转型。

除此之外，各建构主体还必须进行自我建构，加强自身建设。打铁还需自身硬，建设好北部湾经济区不仅需要强烈的意愿，更需要强大的能力。美国社会学家 A. 英格尔斯对此有着较为深刻的见解和观点：“完善的现代制度以及伴随而来的指导大纲、管理守则，本身是一些空的躯壳。如果一个国家的人民缺乏一种赋予这些制度以真实生命力的广泛现代心理基础，如果执行和运用这些现代制度的人，自己还没有从心理、思想、态度和行为方式上都经历一个向现代化的转变，失败的畸形发展的悲剧是不可避免的。再完美的现代管理制度和方法，再先进的技术工艺，也会在传统人的手中变成废纸一堆。”①

① A. Ingles, D. H. Smith, *Becoming Modern: Individual Changing in Six Developing Countries*, Cambridge: Harvard University Press, 1974: 5.

# 参考文献

## 一 著作类

[1]《马克思恩格斯全集》第42卷，人民出版社1979年版。

[2] 复旦大学欧洲问题研究中心：《欧盟经济发展报告》，复旦大学出版社2005年版。

[3] 陈自元等：《深圳在泛珠三角洲经济圈的定位及发展路向》，人民出版社2005年版。

[4] 郑宇硕、国世平编：《深港科技竞争力比较及合作对策》，人民出版社2005年版。

[5] 陈秀山、张可云：《区域经济理论》，商务印书馆2005年版。

[6] 谢立新：《区域产业竞争力——泉州、温州、苏州实证研究与理论分析》，社会科学文献出版社2004年版。

[7] 古小松主编：《2005年越南国情报告》，社会科学文献出版社2005年版。

[8] 崔功豪：《区域分析与区域规划》，高等教育出版社2000年版。

[9] 陆大道：《区位论及区域研究方法》，科学出版社1991年版。

[10] 陆大道：《区域发展及其空间结构》，科学出版社1995年版。

[11] 李晓帆：《生产力流动论》，人民出版社1993年版。

[12] 史良忠主编：《经济发展战略布局》，经济管理出版社1999年版。

[13] 宋栋：《中国区域经济转型发展的实证研究——以珠江三角洲为例》，经济科学出版社2001年版。

[14] 张培刚主编：《发展经济学教程》，经济科学出版社2001年版。

[15] 徐建国等：《从澜沧江到湄公河》，云南民族出版社2001年版。

[16] 贺圣达等：《走向21世纪的东南亚与中国》，云南大学出版社1998年版。

[17] 宫占奎等：《APEC 贸易投资自由化和经济技术合作研究——兼论 APEC 制度创新》，南开大学出版社 1999 年版。
[18] 李毅：《马来西亚工业化进程中的技术学习与技术进步》，厦门大学出版社 2003 年版。
[19] 宋玉华：《开放的地区主义与亚太经济合作组织》，商务印书馆 2001 年版。
[20] 广西社会科学院编：《广西经济社会形势分析与预测》（2005 年广西蓝皮书），广西人民出版社 2005 年版。
[21] 古小松：《中国—东盟自由贸易区与广西》，广西人民出版社 2002 年版。
[22] 刘咸岳、黄铮、古小松：《2001 年越南国情报告》，广西人民出版社 2002 年版。
[23] 古小松：《2007 年越南国情报告》，社会科学文献出版社 2007 年版。
[24] 车志敏等：《澜沧江—湄公河国际航运》，云南民族出版社 1992 年版。
[25] 澜沧江—湄公河流域基础数据汇编课题组：《澜沧江—湄公河流域基础资料汇编》，云南省澜沧江—湄公河区域合作开发前期研究协调领导小组办公室内部资料，1998 年版。
[26] 王燕祥等：《西部边境城市发展模式研究》，东北财经大学出版社 2002 年版。
[27] 宫占奎：《亚太经济发展报告 2001》，南开大学出版社 2001 年版。
[28] 谢闻歌：《世界各国商务指南——亚太卷》，中国社会科学出版社 1996 年版。
[29] 丁斗：《东亚地区的次区域经济合作》，北京大学出版社 2001 年版。
[30] 叶卫平：《东盟经济圈与中国企业》，中国经济出版社 1996 年版。
[31] 郭梁：《东南亚华侨华人经济简史》，经济科学出版社 1998 年版。
[32] 李延凌等：《战后东南亚政治与经济研究》，广西人民出版社 1997 年版。
[33] 国庆：《深港经济一体化》，人民出版社 2005 年版。
[34] 唐文琳等：《中国—东盟投资环境分析——兼论广西的投资环境》，接力出版社 2004 年版。

[35] 《广西壮族自治区地图集》编纂委员会：《广西壮族自治区地图集》，星球地图出版社 2003 年版。

[36] 广西生产力学会编：《合作与共荣——广西发展生产力和东盟经济合作研究论文集》，广西民族出版社 2005 年版。

[37] 许家康、古小松：《中国—东盟年鉴》，线装书局 2004 年版。

[38] 上海大证研究所：《长江边的中国——大上海国际都市圈建设与国家发展战略》，学林出版社 2003 年版。

[39] 李继东、彭璧玉等：《21 世纪中国地缘经济战略——华南经济圈研究》，中国经济出版社 2001 年版。

[40] 戴晓芙、郭定平等：《东亚发展模式与区域合作》，复旦大学出版社 2005 年版。

[41] 鲁品越：《资本逻辑与当代现实——经济发展观的哲学沉思》，上海财经大学出版社 2006 年版。

[42] 梁琦：《产业集聚论》，商务印书馆 2006 年版。

[43] 葛杨、李晓蓉编著：《西方经济学说史》，南京大学出版社 2003 年版。

[44] 武有德、潘玉军编著：《区域经济学导论》，中国社会科学出版社 2004 年版。

[45] 余明勤：《区域经济利益分析》，经济管理出版社 2004 年版。

[46] 戴宏伟等：《区域产业转移研究——以“大北京”经济圈为例》，中国物价出版社 2003 年版。

[47] 中华人民共和国人事部：《国际化竞争——WTO 带来的机遇与挑战》，人民日报出版社 2001 年版。

[48] 邱石元主编：《中国加入世贸组织与广西发展》，广西民族出版社 2002 年版。

[49] 刘咸岳、黄铮主编：《东南亚蓝皮书——2001—2002 年东南亚发展报告》，广西人民出版社 2002 年版。

[50] 乌杰、赵凯荣：《系统经济学》，湖北人民出版社 1997 年版。

[51] 高伯文：《中国共产党区域经济思想研究》，中共党史出版社 2004 年版。

[52] 万辅彬主编：《中越两国建立“两廊一圈”可行性研究主报告》，

中国商务出版社 2006 年版。
[53] 古小松主编：《广西参与“南宁—河内—海防”经济走廊研究》，中国商务出版社 2006 年版。
[54] 贺圣达、刘稚主编：《“昆明—河内—海防”经济走廊建设研究》，中国商务出版社 2006 年版。
[55] 古小松主编：《广西参与北部湾经济圈合作研究》，中国商务出版社 2006 年版。
[56] 万辅彬主编：《中越两国建立“两廊一圈”相关专题研究》，中国商务出版社 2006 年版。
[57] 古小松：《2008 越南国情研究》，社会科学文献出版社 2008 年版。
[58] 古小松：《2007 泛北部湾合作发展报告》，社会科学文献出版社 2007 年版。
[59] 古小松：《2008 泛北部湾合作发展报告》，社会科学文献出版社 2008 年版。
[60] 张家寿：《中国东盟区域金融合作与壮民族地区中小企业融资发展研究》，广西人民出版社 2007 年版。
[61] 黄刚等：《运用开发性金融解决广西科技型中小企业融资问题研究》，广西人民出版社 2007 年版。
[62] 章远新主编：《大湄公河次区域经济合作研究与广西》，电子科技大学出版社 2006 年版。
[63] 高歌：《广西与东盟经贸合作研究》，中国商务出版社 2007 年版。
[64] 贺圣达等：《世纪之交的东盟与中国》，云南民族出版社 2001 年版。
[65] 侯振宇、杨鹏主编：《泛北部湾经济合作概览（东盟篇）》，广西师范大学出版社 2007 年版。
[66] 侯振宇：《出路——广西发展前沿问题思考与研究》，广西师范大学出版社 2007 年版。
[67] 陈俊伟：《中国—东盟自由贸易区区域分工研究》，广西人民出版社 2006 年版。
[68] 叶辅靖主编：《走向 FTA——建立中国东盟自由贸易区的战略与对策》，中国计划出版社 2004 年版。
[69] 庄晋财：《区域要素整合与中小企业发展》，西南财经大学出版社

2004 年版。

[70] 张玉斌、朱文晖编著：《区域优势——WTO 时代地方政府的博弈策略》，江苏人民出版社 2003 年版。

[71] 姚梅镇主编：《国际经济法概论》（修订版），武汉大学出版社 2003 年版。

[72] [美] 艾伯特·赫希曼：《经济发展战略》，经济科学出版社 1991 年版。

[73] [法] 保尔·芒图：《十八世纪产业革命：英国近代大工业初期概况》，陈希秦等译，商务印书馆 1997 年版。

[74] [荷] 皮尔·弗里斯：《从北京回望曼彻斯特：英国、工业革命和中国》，苗婧译，浙江大学出版社 2009 年版。

[75] [美] R. R. 帕尔默：《工业革命：变革世界的引擎》，苏中友等译，http：//lz. book. sohu. com/serialize – id – 20039. html，2011 年 3 月 3 日。

[76] [美] 米歇尔·克提塔热福：《绿色能源革命：硅谷调查记》，传神翻译公司译，中国环境科学出版社 2010 年版。

[77] [美] 弗雷德·克鲁普：《决战新能源：一场影响国家兴衰的产业革命》，陈茂云等译，东方出版社 2010 年版。

[78] [美] 格雷德尔、艾伦比：《产业生态学》（第 2 版），清华大学出版社 2003 年版。

[79] [美] 约瑟夫·熊彼特：《经济发展理论》，孔伟艳译，北京出版社 2000 年版。

[80] [美] 乔治·巴萨拉：《技术发展简史》，周光发译，复旦大学出版社 2000 年版。

[81] [奥] 格于布勒：《技术与全球性变化》，吴晓东等译，清华大学出版社 2003 年版。

[82] 王天伟：《中国产业发展史纲》，社会科学文献出版社 2012 年版。

[83] 王子昌：《东亚区域合作的动力与机制》，中国社会科学出版社 2004 年版。

[84] 中国中央电视台《大国崛起》栏目组：《大国崛起》，中国民主法制出版社 2006 年版。

[85] 张宏杰：《另一面·历史人物的另类传记》，百花文艺出版社 2004

年版。
[86] 高剑平：《中越“两廊一圈”战略的经济哲学研究》，经济管理出版社 2010 年版。

## 二 论文类

[1] 陈雯、吕卫国、孙伟：《空间经济学研究的相关进展与评述》，《世界地理研究》2007 年第 12 期。
[2] 陈修颖：《区域空间结构重组：理论基础、动力机制及其实现》，《经济地理》2003 年第 4 期。
[3] 王合生、李昌峰：《长江沿江区域空间结构系统调控研究》，《长江流域资源与环境》2000 年第 3 期。
[4] 刘卫东、张玉斌：《区域资源结构、产业结构与空间结构的协调机制初探》，《经济地理》1997 年第 4 期。
[5] 潘开荣：《空间经济学的理论发展》，《经济地理》2002 年第 1 期。
[6] 金祥荣、朱希伟：《专业化产业区的起源与演化——一个历史与理论视角的考察》，《经济研究》2002 年第 8 期。
[7] 万家佩、涂人猛：《试论区域发展的空间结构理论》，《江汉论坛》1992 年第 11 期。
[8] 薛普文：《区域经济成长与区域结构的演变》，《地理科学》1988 年第 4 期。
[9] 顾朝林、赵晓斌：《中国区域开发模式的选择》，《地理研究》1995 年第 4 期。
[10] 魏心镇：《国土规划的理论开拓——关于地域结构的研究》，《地理学报》1989 年第 3 期。
[11] 张平宇：《可持续空间结构与区域持续发展》，《经济地理》1997 年第 6 期。
[12] 贾继锋、李晓青：《中国与东盟的贸易互补与竞争》，《世界经济文汇》1997 年第 5 期。
[13] 曹云华：《中国加入 WTO 对中国与东盟关系的影响》，《当代亚太经济》2001 年第 12 期。
[14] 张蕴岭：《东亚合作与中国—东盟自由贸易区的建设》，《当代亚太经济》2002 年第 1 期。

[15] 赵春明、李丽红:《论中国与东盟四国的产业结构及贸易关系》,《现代国际关系》2002年第2期。
[16] 郑一省:《中国与东盟经贸关系发展的机遇与挑战》,《当代亚太》2002年第1期。
[17] 王士录:《中国—东盟自由贸易区的背景、意义及前景》,《云南社会科学》2002年第1期。
[18] 张祖国:《建立中国·东盟自由贸易区的意义和前景》,《世界经济与政治论坛》2002年第1期。
[19] 佟福全:《必然的构想——中国—东盟自由贸易区构想与难题》,《国际贸易》2002年第2期。
[20] 胡正豪:《中国与东盟关系:国际贸易的视角》,《国际观察》2001年第2期。
[21] 贺圣达:《面向21世纪的中国西南与东南亚的经济技术合作》,《东南亚》1996年第4期。
[22] 朱振明:《推进中国与东南亚国家的经济合作》,《亚太研究》1995年第3期。
[23] 王宗颖:《大东盟经济发展的前景》,《当代世界》1997年第4期。
[24] 王栋林等:《论东南亚五国对外开放战略及政策的演变》,《东南亚研究》1995年第3期。
[25] 沈红芳:《东盟四国经济发展模式的形成与逆向转变》,《亚太经济》2000年第5期。
[26] 陈宁:《东盟国家经济2000年回顾与2001年展望》,《亚太经济》2000年第1期。
[27] 詹世亮:《东南亚国家在亚太地区的地位与作用》,《世界经济》1996年第12期。
[28] 贾晓林:《当前东南亚国家面临的主要经济挑战》,《国际商务研究》1998年增刊。
[29] 刘稚:《"大东盟"的形成与云南对东南亚开放》,《云南学术探索》1996年第4期。
[30] 鲁昌:《东盟贸易投资自由化进程及其对云南外向型经济发展的影响》,《云南民族学院学报》1999年第7期。

[31] 周家雷：《新加坡国际竞争力的源泉》，《当代亚太》1999 年第 7 期。
[32] 李澍、刘铁民：《新加坡经济发展中的政府作用》，《世界经济》1997 年第 8 期。
[33] 欧阳良钻、刘志彪：《新加坡高新技术产业发展的启示》，《财经科学》2001 年第 1 期。
[34] 马勇：《90 年代新加坡经济发展的特点和跨世纪发展战略》，《国外社会科学情况》1997 年第 6 期。
[35] 陈洁：《新加坡大力发展知识经济的背景和措施》，《外国经济与管理》1999 年第 6 期。
[36] 王勤：《中马经贸关系的发展：回顾与展望》，《南洋问题研究》2000 年第 2 期。
[37] 赵和曼：《马来西亚经济的发展》，《东南亚纵横》1999 年第 5、6 期。
[38] 廖小健：《马来西亚经济发展策略》，《东南亚研究》2001 年第 5 期。
[39] 马勇：《中马关系的现状与前景》，《东南亚》1999 年第 4 期。
[40] 杨小强：《中国与印度尼西亚双边贸易的现状与问题》，《亚太经济》1998 年第 7 期。
[41] [泰国] 马龙山：《贸易与投资的双剑》，《东南亚纵横》2001 年第 11 期。
[42] 张建红：《论中越经贸合作》，《世界经济研究》1998 年第 6 期。
[43] 李振民：《中越贸易发展现状与建议》，《东南亚纵横》2001 年第 10 期。
[44] 杨然：《越南对中越经贸关系的看法与我们的对策》，《东南亚纵横》1999 年第 3 期。
[45] 李碧华：《中国加入 WTO 与越南》，《东南亚纵横》2001 年第 11 期。
[46] 陶玉荣：《1991—2001 年越中经贸合作》，《东南亚纵横》2002 年第 1 期。
[47] 李振民：《中越贸易发展现状与建议》，《东南亚纵横》2001 年第 10 期。
[48] 陈明华：《菲律宾进口替代战略的实施及其不利影响》，《东南亚》

1999 年第 2 期。
[49] 曹云华：《菲律宾出口持续增长动因浅析》，《亚太经济》1998 年第 3 期。
[50] 周明伟：《金融危机后的菲律宾经济》，《亚太经济》2001 年第 1 期。
[51] 吴伟杰：《菲律宾政治文化的发展过程及其特点》，《东南亚研究》2001 年第 3 期。
[52] 姜贵善：《菲律宾的矿业现状》，《国土资源》2002 年第 3 期。
[53] 喻常森：《明清时期中国与西属菲律宾的贸易》，《中国经济史研究》2001 年第 1 期。
[54] 郝红梅、吕博：《泰国的经济状况及其发展计划》，《国际经济合作》1996 年第 12 期。
[55] 周健、马东升：《新世纪泰国经济形势展望》，《暨南学报·哲社版》2000 年第 4 期。
[56] 王文良、赵子诚：《泰国的对外开放与市场开拓》，《东南亚纵横》1997 年第 2 期。
[57] 张志文：《中泰贸易互补性日趋成熟》，《东南亚纵横》2001 年第 10 期。
[58] 王沛：《泰国经济与中泰贸易》，《中国中小企业》1997 年第 7 期。
[59] 庞荣谦：《中泰贸易与投资》，《东南亚纵横》2001 年第 11 期。
[60] 谢志鹏：《澜沧江—湄公河流域经济合作前景》，《厦门大学学报》1995 年第 4 期。
[61] 马燕冰：《澜沧江—湄公河流域合作开发形势及其影响》，《现代国际关系》1996 年第 7 期。
[62] 刘诗嵩：《澜沧江—湄公河次区域经济合作与开发》，《云南地理环境研究》1996 年第 2 期。
[63] 贺圣达、王士录：《积极参与三大合作开发，着力推进次区域合作——新形势下云南与东南亚的次区域经济合作研究》，《学术探索》2000 年第 5 期。
[64] 杨宏常：《湄公河次区域合作的多元化整合模式对中国西部开发的启示》，《四川大学学报》2001 年第 1 期。

[65] 吴德烈：《亚洲次区域“经济增长三角”》，《环渤海经济瞭望》1997 年第 6 期。

[66] 傅清萍：《东南亚金融风暴后台湾制造业在当地（马来西亚、越南）投资环境评估》，《东南亚投资（台湾经济研究院）》1999 年第 11 期。

[67] 萧世辉：《越南投资环境评估及台商投资模式分析》，《东南亚投资（台湾经济研究院）》2000 年第 11 期。

[68] 黄旭成：《广西对越边贸口岸的空间分析》，《世界地理研究》2000 年第 6 期。

[69] 彭永岸：《北部湾经济圈的形成和开发设想》，《热带地理》1998 年第 1 期。

[70] 李振民：《浅谈越南旅游业的发展》，《东南亚纵横》1998 年第 1 期。

[71] 杨清震等：《当前广西边贸的问题与发展对策》，《中南民族学院学报》2001 年第 11 期。

[72] 何湘：《广西边境贸易的现状，特征与发展思路》，《广西商业经济》1999 年第 2 期。

[73] 农立夫：《广西开展对东南亚贸易现状与前景分析》，《东南亚纵横》2002 年第 3 期。

[74] 甘霖：《发展中的广西中越边境贸易》，《广西民族学院学报》1999 年第 7 期。

[75] 腾智艺：《浅谈中越边境贸易发展态势》，《广西经贸》1999 年第 6 期。

[76] 陈明华：《越南与周边国家的边境贸易》，《东南亚研究》1997 年第 6 期。

[77] 王淑玲：《云南边境上的“口岸明珠”——瑞丽市边贸调查与思考》，《民主研究》1995 年第 1 期。

[78] 胡鞍钢、温军、王志：《西南国际大通道建设与贸易自由化》，《中国软科学》2001 年第 6 期。

[79] 舒昉、毛禹功等：《北部湾：亚太地区新的“增长三角”》，《西南开发研究》1994 年第 3 期。

[80] 杨帆：《比较优势的动态性与中国加入 WTO 的政策导向》，《管理世

界》2001 年第 6 期。
[81] 弗朗索瓦·佩鲁:《增长极概念》,《经济学译丛》1988 年第 9 期。
[82] 陈庆德:《论区域经济发展与民族发展》,《开发研究》1999 年第 1 期。
[83] 符正平:《比较优势与竞争优势的比较分析——兼论新竞争经济学及其启示》,《国际贸易问题》1999 年第 8 期。
[84] 陈佳贵、张金昌:《实现利润优势——中美具有国际竞争力产业的比较》,《国际贸易》2002 年第 5 期。
[85] 赵玉敏等:《总体趋于恶化——中国贸易条件变化趋势分析》,《国际贸易》2002 年第 7 期。
[86] 岳昌君:《我国外贸出口结构变化与比较优势实证分析》,《国际经贸探索》2000 年第 3 期。
[87] 张小蒂、李晓钟:《经济全球化与我国比较优势理论的拓展》,《学术月刊》2001 年第 6 期。
[88] 朱英华、尹翔硕:《论东亚地区产业内贸易发展趋势及其对中国的意义》,《亚太经济》2000 年第 4 期。
[89] 于李娜:《产业内贸易对我国的适用性分析》,《国际贸易探索》2001 年第 5 期。
[90] 刘文鹃:《浅析西南边境贸易与开拓东南亚市场》,《东南亚纵横》1998 年第 2 期。
[91] 左安嵩:《云南如何发展对缅边境贸易》,《创造》2001 年第 4 期。
[92] 王仕莲:《云南省边境贸易的下滑原因及相关对策》,《世界地理研究》2000 年第 9 期。
[93] 陈明华:《缅甸与周边国家的边境贸易》,《东南亚研究》1997 年第 6 期。
[94] 林锡星:《中缅边境贸易发展进程》,《东南亚研究》1997 年第 5 期。
[95] 杨荣新:《边贸及边贸出口加工业发展前景与对策》,《世界经济》1997 年第 1 期。
[96] 邓雪琴、张琴:《关于云南边境贸易发展现状、问题及对策》,《西南民族学院学报》(哲学社会科学版)1995 年第 4 期。

[97] 曹晓蕾：《论中国的“美元化”与人民币的国际化——中国货币替代问题研究》，《世界经济与政治论坛》2004 年第 6 期。
[98] 沈国兵：《汇率制度的选择：文献综述》，《世界经济》2003 年第 12 期。
[99] 方卫星：《汇率制度、路径依赖与东亚货币合作》，《华东师范大学学报》2002 年第 1 期。
[100] 陈支农：《东盟主要国家汇率制度变迁、波动与选择》，《农金纵横》2004 年第 1 期。
[101] 李晓、李俊久、丁一兵：《论人民币的亚洲化》，《世界经济》2004 年第 2 期。
[102] 储幼阳：《人民币汇率制度转换的实证研究》，《上海金融》2004 年第 3 期。
[103] 刘新华：《对创建区域性金融中心的基点思考》，《中国金融》2001 年第 3 期。
[104] 长幼文：《国际金融中心发展的经验教训——世界若干案例的启示》，《社会科学》2003 年第 1 期。
[105] 倪克湖：《形成金融中心的条件与建立西部金融中心的方案》，《甘肃金融》2001 年第 2 期。
[106] 唐旭：《论区域性金融中心的形成》，《城市金融》1996 年第 7 期。
[107] 古小松：《越南：稳定、改革、发展》，《东南亚纵横》2003 年第 2 期。
[108] 国家统计局国际统计信息中心：《国际经济信息》2003 年各期。
[109] 古小松：《越南形势 2004—2005 年回顾与前瞻》，《东南亚纵横》2005 年第 2 期。
[110] 刘学敏：《中国与东南亚的生态环境合作》，《东南亚纵横》2005 年第 4 期。
[111] 于平福、梁贤：《构建广西与东盟农业科技合作平台及对策研究》，《科技情报开发与经济》2004 年第 4 期。
[112] 谭冠晖：《面向中国—东盟经贸　发展广西信息产业》，《广西经济管理干部学院学报》2005 年第 1 期。
[113] 齐欢、高玉梅、曾爱民：《越南科技发展状况解读》，《云南科技管

理》2004 年第 1 期。
[114] 吕进中：《抓住建立中国—东盟自由贸易区的机遇 引导和鼓励对越南投资》，《南方金融》2004 年第 11 期。
[115] [越南] 陈廷武海：《中越边境旅游可持续发展》，《西南民族大学学报》（人文社科版）2005 年第 1 期。
[116] 刘正良、刘厚俊：《东盟次区域合作模式中的问题与展望》，《东南亚纵横》2004 年第 12 期。
[117] 吕玲丽：《广西与东盟国家次区域农业合作的现状及措施》，《东南亚纵横》2004 年第 12 期。
[118] 甘驰：《从广西与越南的经贸关系现状探"两廊一圈"建设的对策》，《东南亚纵横》2005 年第 4 期。
[119] 丹尼斯·胡（Denis Hew）：《区域经济发展趋势》，刘雪芹译，《东南亚纵横》2005 年第 4 期。
[120] M. 沙伊杜·伊斯兰：《东盟十国经济发展趋势》，《东南亚纵横》2005 年第 4 期。
[121] [越南] 武大略：《推动各国改革实现东亚区域经济一体化》，广西民族学院外语学院译，《东南亚纵横》2004 年第 1 期。
[122] 古小松：《建立南宁—曼谷经济走廊 发展华南与中南半岛的合作》，《东南亚纵横》2004 年第 10 期。
[123] 施本植：《中泰蔬菜水果零关税协议及其效应》，《东南亚纵横》2004 年第 1 期。
[124] 李玖宇：《以博弈论分析广西、云南在中国—东盟自由贸易区的地位》，《东南亚纵横》2004 年第 1 期。
[125] 综合开发研究院（中国·深圳）西南分院：《国际边境、跨境合作的案例及借鉴》，《脑库快参》2005 年第 7 期。
[126] 综合开发研究院（中国·深圳）西南分院：《深港边境合作的基本设想及对广西的启示》，《脑库快参》2005 年第 8 期。
[127] 综合开发研究院西南分院、广西社会科学院区域发展研究所：《广西在湄公河次区域合作中的战略地位和作用》，《脑库快参》2005 年第 2、4 期。
[128] 综合开发研究院西南分院：《广西构建中国—东盟区域性物流中心

的政策建议》,《脑库快参》2005 年第 1 期。
[129] 周明钧、谭秋贤:《整合广西沿海港口资源的战略思考》,《脑库快参》2005 年第 3 期。
[130] 郑山水、刘礼花:《CAFTE 下的国际货运需求与分析——首届中国—东盟博览会后的思考》,《东南亚纵横》2005 年第 2 期。
[131] 林明华:《关于当前的越南经济形势》,《东南亚纵横》2005 年第 3 期。
[132] 农立夫:《建设南宁—谅山—河内—海防—广宁经济走廊构想》,《东南亚纵横》2005 年第 3 期。
[133] 曾欢:《浅析生态技术》,《华中师范大学学报》(人文社会科学版)1998 年第 S2 期。
[134] 潘睿:《生态技术社会选择的困境及克服》,《贵州社会科学》2010 年第 6 期。
[135] 李锐锋、刘带:《生态技术缺位的原因分析》,《科学技术与辩证法》2007 年第 4 期。
[136] 邹成效、胡志刚:《生态文明建设视野中的绿色技术》,《光明日报》2009 年 8 月 12 日。
[137] 王昌林、姜江:《关于加快培育和发展战略性新兴产业的思考》,《中国经济导报》2010 年 6 月 29 日。
[138] 朱瑞博:《中国战略性新兴产业集群培育及其政策取向》,《改革》2010 年第 3 期。
[139] 王忠宏、石光:《发展战略性新兴产业　推进产业结构调整》,《中国发展观察》2010 年第 1 期。
[140] 施平、郑江淮:《战略性新兴产业的特征与发展思路》,《贵州社会科学》2010 年第 12 期。
[141] 胡莺、赵景兰:《应用因子分析法对战略性新兴产业的选择研究》,《社会科学辑刊》2010 年第 6 期。
[142] 贺正楚、张训、周震虹:《战略性新兴产业的选择与评价及实证分析》,《科学学与科学技术管理》2011 年第 12 期。
[143] 梁春秋、熊勇清:《传统产业优化升级模式研究:基于战略性新兴产业培育外部效应的分析》,《中国科技论坛》2011 年第 5 期。

[144] 张超武、程来炳:《低碳经济下欠发达地区战略性新兴产业发展研究》,《贵州社会科学》2011 年第 5 期。

[145] 李姝、姜春海:《战略性新兴产业主导的产业结构调整对能源消费影响分析》,《宏观经济研究》2011 年第 1 期。

[146] 朱瑞博、刘芸:《我国战略性新兴产业发展的总体特征、制度障碍与机制创新》,《社会科学》2011 年第 5 期。

[147] 王镝、黄成明:《加快培育战略性新兴产业发展的对策研究》,《宏观经济管理》2010 年第 8 期。

[148] 陈文峰、刘薇:《战略性新兴产业发展的国际经验与我国的对策》,《经济纵横》2010 年第 9 期。

[149] 王新新:《战略性新兴产业发展规律及发展对策分析研究》,《科学学管理》2011 年第 4 期。

[150] 宋江飞:《北部湾经济区空间结构合理度判断及集聚趋势分析》,《学术论坛》2009 年第 9 期。

[151] 朱继胜、高剑平:《论现代技术生存的危机及其出路》,《学术论坛》2009 年第 10 期。

[152] 沈立君:《北部湾经济区经济发展的金融支持》,《区域金融》2012 年第 3 期。

[153] 陆泰百、刘志雄:《北部湾经济区经济增长的财政支持研究》,《江苏商论》2013 年第 2 期。

[154] 王逸舟:《气候与环境:国际政治第一焦点》,《世界知识》2009 年第 24 期。

[155] 王兰军:《战略性新兴产业需要金融创新》,《中国金融》2011 年第 3 期。

[156] 覃成林、姜文仙:《区域协调发展:内涵、动因与机制体系》,《开发研究》2011 年第 1 期。

[157] 颜飞、王建伟、赵雪峰:《中国城市空间扩张和区域时空收敛的动力机制》,《特区经济》2011 年第 5 期。

[158] 欧向军、沈正平:《江苏省产业带建设效应与演化动力》,《地理研究》2011 年第 3 期。

[159] 广西科技厅:《科技支撑北部湾经济区发展的战略规划研究》

2010 年。

[160] 刘战雄:《基于生态技术的广东战略性新兴产业发展研究》,硕士学位论文,华南理工大学,2013 年。

[161] 王琼:《北部湾经济区(广西)经济区沿海工业发展影响因素的实证分析》,硕士学位论文,中南大学,2007 年。

[162] 李玉倩:《广西北部湾经济区产业集群发展中的政府行为研究》,硕士学位论文,广西师范大学,2011 年。

[163] 李部芬:《广西北部湾经济区产业空间布局政府作用研究》,硕士学位论文,华南理工大学,2010 年。

[164] 王鑫:《广西北部湾经济区竞争力研究》,硕士学位论文,广西大学,2008 年。

[165] 罗贤新:《广西北部湾经济区临海工业发展研究》,博士学位论文,中南大学,2009 年。

[166] 顾跃:《广西北部湾经济区石化产业发展研究》,博士学位论文,中南大学,2010 年。

[167] 李志:《广西北部湾经济区投资软环境分析》,硕士学位论文,广西大学,2008 年。

[168] 韦城宇:《广西北部湾经济区政府合作机制研究》,硕士学位论文,广西师范大学,2011 年。

[169] 黎东梅:《环北部湾经济合作模式研究》,硕士学位论文,广东海洋大学,2010 年。

[170] 周映萍:《科学发展观视野下的环北部湾海陆统筹问题研究》,硕士学位论文,广东海洋大学,2010 年。

[171] 桂许寿:《资本市场促进北部湾经济区经济增长的研究》,硕士学位论文,广西师范大学,2010 年。

[172] 赵锋、王鹏:《产业结构高级化促进经济发展方式转变的机理及实证分析——以广西北部湾经济区为例》,《学术论坛》2012 年第 11 期。

[173] 汪德荣:《北部湾港口产业集群发展中的政府治理探讨》,《中国经贸导刊》2011 年第 12 期。

[174] 梁芷铭:《北部湾经济区地方政府间合作的制度化协调》,《特区经

济》2012 年第 4 期。
[175] 陈秋平：《北部湾经济区与珠三角经济区的发展比较研究》，《改革与战略》2011 年第 6 期。
[176] 刘祥、葛彬：《广西北部湾经济区产业转型路径》，《开放导报》2013 年第 2 期。
[177] 韦胜强：《广西北部湾经济区建设与广西民族关系的发展》，《广西民族研究》2009 年第 3 期。
[178] 蔡旺：《广西北部湾经济区科技人才开发研究》，《广东农业科学》2012 年第 23 期。
[179] 黄昊：《广西北部湾经济区科技投入存在的问题及其对策研究》，《未来与发展》2011 年第 1 期。
[180] 玉文娟：《广西北部湾经济区人力资源开发与整合》，《山西财经大学学报》2011 年第 4 期。
[181] 杨兴华：《广西北部湾经济区新型工业化道路探索》，《学术论坛》2009 年第 5 期。
[182] 韩国丽：《广西北部湾经济区主要领域的产业开放研究》，《科技进步与对策》2008 年第 12 期。
[183] 龚三乐：《广西工业化城镇化建设面临的问题及路径探析》，《江苏商论》2000 年第 9 期。
[184] 曾鹏：《基于城市生态位的广西北部湾经济区城市群发展战略调整》，《桂林理工大学学报》2010 年第 5 期。
[185] 黄昊：《上海浦东新区科技投入对广西北部湾经济区科技投入的启示》，《未来与发展》2011 年第 7 期。
[186] 林冠：《北部湾经济区开放开发中的城乡关系问题与政府统筹初探》，《学术论坛》2011 年第 12 期。
[187] 朱传耿：《跨国公司空间组织研究》，博士学位论文，南京大学，2002 年。

**三 年鉴、统计公报、报告类**

[1] 历年《广西统计年鉴》。
[2] 历年《广东统计年鉴》。
[3] 历年《云南统计年鉴》。

[4] 历年《海南统计年鉴》。
[5]《2001、2002、2003、2004 年广西年度统计公报》。
[6]《2001、2002、2003、2004 年广东年度统计公报》。
[7]《2001、2002、2003、2004 年云南年度统计公报》。
[8]《2001、2002、2003、2004 年海南年度统计公报》。
[9] 中投顾问产业研究中心：《2013—2017 年广西北部湾经济区产业投资环境分析及前景预测报告》（上下卷），www. ocn. com. cn。

**四 相关网站文献**

[1] 中国外交部网站：http：//www. fmprc. gov. cn/chn/wjb/zzjg/yzs/gjlb/1338/default. htm。
[2] 中国商务部：http：//www. mofcom. gov. cn/。
[3] 中国统计局：http：//www. stats. gov. cn/。
[4] 中国海关总署：http：//www. customs. gov. cn/index. asp。
[5] 广西边贸网：http：//www. gxbt. com/bjmy/index. cfm。
[6] 广西质量监督信息网：http：//www. gxzl. org. cn/xwbd/xwbd_ nr. asp? id =1514。
[7] 国家标准化管理委员会网站：http：//www. sac. gov. cn/home. asp。
[8] 广东省质量技术监督局网站：http：//www. gdqts. gov. cn/law. asp。
[9] 中国无锡标准服务网：http：//www. wxzl. net/0wxbz/index. asp。
[10] 中国标准服务网：http：//www. cssn. net. cn/pages/ref/ref. jsp。
[11] 南洋渔业信息网：http：//www. nhyzchina. com/other/beibuwan. asp。
[12] 商务部国际贸易经济合作研究院信息咨询中心：http：//www. how-top. com/booknews/displaynews。
[13] 法律法规网：http：//www. 86148. com/chinafa/。
[14] 中华人民共和国驻越南社会主义共和国大使馆网站：http：//www. fmprc. gov. cn/ce/。
[15] 广西外经贸信息网：http：//www. gxec. com. cn/ft_ open/zcfg_ list. asp? ccode =&page =2。
[16]《广西与越南科技合作天地宽》，广西科技合作网，2005 年 5 月 11 日。
[17]《农行广西分行与越南农行合作》，中经网，2004 年 7 月 23 日。

## 五 重要文献

[1]《中华人民共和国与东南亚国家联盟全面经济合作框架协议》，2002年11月4日签署于柬埔寨金边。

[2]《中华人民共和国与东盟国家领导人联合宣言》，2003年10月8日签署于印度尼西亚巴厘岛。

[3]《中越联合声明》，2001年12月3日签署于中国北京。

[4]《中华人民共和国和越南社会主义共和国关于两国在北部湾领海、专属经济区和大陆架的划界协议》，2004年6月中国全国人大常委会和越南国会分别批准。

[5]《中越两国合作建设"两廊一圈"的意向》，2004年5月越南总经理潘文凯访问中国。同年10月中国总理温家宝访问越南，在这两次会谈中双方确定合作建设"两廊一圈"的意向。

[6]《国务院关于加快发展循环经济的若干意见》，http://www.gov.cn/gongbao/content/2005/content_64318.htm，2005年7月2日。

[7]《关于加快培育和发展战略性新兴产业的决定》。

[8]《广西北部湾经济区发展规划》。

[9]《广西壮族自治区人民政府关于加快培育发展战略性新兴产业的意见》。

## 六 条例、报告、发展规划类

[1] 广西五大经济区规划组编制：《广西五大经济区发展总体规划纲要》，2000年。

[2] 中俄朝图们江次区域经济技术贸易合作区规划研究课题组：《中俄朝图们江次区域经济技术贸易合作区规划研究》。

[3]《关于促进广西北部湾经济区开放开发的若干政策规定》。

[4]《广西北部湾经济区2008—2015年人才发展规划》。

[5]《广西北部湾经济区条例（征求意见稿）》。

[6]《中共中央国务院关于深入实施西部大开发战略的若干意见》。